Arnulf Zitelmann
Nur dass ich ein Mensch sei

Kant mit 67 Jahren. Stahlstich von Johann Leonhard Raab nach einem Gemälde von Gottlieb Döbler, 1791.

Arnulf Zitelmann

Nur dass ich ein Mensch sei

Die Lebensgeschichte des
Immanuel Kant

Arnulf Zitelmann, geb. 1929, studierte Philosophie und Theologie und lebt als freischaffender Autor in der Nähe von Darmstadt. Bei Beltz & Gelberg erschienen von ihm zahlreiche Abenteuer-Romane für Kinder und Jugendliche, wie *Unter Gauklern, Unterwegs nach Bigorra* (Friedrich-Gerstäcker-Preis) und *Mose, der Mann der Wüste*, sowie viele Biographien, darunter *»Keiner dreht mich um«, Die Lebensgeschichte des Martin Luther King* und *»Widerrufen kann ich nicht«, Die Lebensgeschichte des Martin Luther.*
Für sein literarisches Gesamtwerk wurde Arnulf Zitelmann mit dem Friedrich-Bödecker-Preis und dem Großen Preis der Deutschen Akademie für Kinder- und Jugendliteratur ausgezeichnet.

Für Hans und Katja Bödecker, denen so viele
Autorinnen und Autoren so viel verdanken,
besonders auch ich.

www.beltz.de
© 1996, 2009 Beltz & Gelberg
in der Verlagsgruppe Beltz · Weinheim Basel
Vom Autor überarbeitete und aktualisierte Neuausgabe
Einbandgestaltung: Dorothea Göbel, unter Verwendung
einer Abbildung des bpk
Satz und Bindung: Druckhaus »Thomas Müntzer«, Bad Langensalza
Druck: Druck Partner Rübelmann GmbH, Hemsbach
Printed in Germany
ISBN 978-3-407-81051-9
1 2 3 4 5   12 11 10 09

Inhalt

Wer nicht vors Tor gelaufen war, konnte sich über die Begebenheit, kommentiert von Magister Immanuel Kant, in den *Königsbergschen Zeitungen* unterrichten. Da war mitten in der kältesten Jahreszeit, im Februar 1764, aus den Wäldern ein sonderbarer Abenteurer aufgetaucht. Barfuß, mit wallendem Bart, nur in rohe Felle gekleidet, war der Mann mit einer Herde von Kühen, Schafen und Ziegen bis nach Königsberg gekommen, die Bibel in der Hand, »aus welcher er jedem, der ihm etwa Fragen vorlegte, bald einen passenden, oft aber auch ganz unpassenden Spruch zitierte«[1]. Der »Ziegenprophet«, wie ihn die Leute bald nannten, gab an, er habe »Jesum mehrere Male gesehen« und ihm das Gelübde einer siebenjährigen Wallfahrt getan, woran nur noch zwei Jahre fehlten.

Am Pregelfluss, wo Mägde und Hausfrauen ihre Wäsche wuschen, in den Sudhäusern der Mälzenbräuer muss der »Ziegenprophet« tagelang Stadtgespräch gewesen sein. Magister Kant, der mit vors Tor gekommen war, wurde von der Zeitung aufgefordert, ein »Raisonnement« über den »neuen Diogenes« abzugeben. Er musste nicht lange gebeten werden. Kant war fasziniert. Vor allen Dingen von dem achtjährigen Jungen, der sich in der Gesellschaft des »Ziegenpropheten« befand. Der »kleine Wilde«[2], in den Wäldern aufgewachsen, mit Milch, Butter und Honig genährt, so erklärte der Magister den Zeitungslesern, war für ihn das Musterbeispiel eines »vollkommenen Kindes«, unverdorben von der »Knechtschaft der feineren Erziehung«. Ein augenfälliger Beweis, dass »die Sätze des Herrn Rousseau« nicht einfach schönen Hirngespinsten beizuzählen seien.

Rousseau, der große französische Zeitgenosse Kants,

Literat und Sozialkritiker, lehrte: »Alles ist gut, was aus den Händen des Schöpfers hervorgeht; alles degeneriert unter den Händen der Menschen.« Herr Rousseau also, erklärt Kant in den *Königsbergschen Zeitungen*, würde seine Freude an dem »kleinen Wilden« haben. Und Kant, Schüler des Franzosen, schreibt geradezu in schwärmerischen Tönen von dem Achtjährigen, der »allen Beschwerlichkeiten der Witterung mit fröhlicher Munterkeit Trotz zu bieten gelernt hat, in seinem Gesicht Freimütigkeit zeiget und von der blöden Verlegenheit nichts an sich hat«, welche für gewöhnlich die Folge der »Zucht der Menschen« ist.

Dachte Kant bei seinem Artikel an die eigene Erziehung? An die fromme Zucht des Elternhauses, an die unerbittlich strenge Schulzucht des Fridericianums, das man in Königsberg als »Pietistenwinkel« verspottete? Es konnte wohl nicht ausbleiben, dass die Gedanken des Magisters beim Schreiben an die Stätten seiner Kindheit zurückkehrten. Doch der enthusiastische Ton, in dem Kant von seiner Begegnung mit dem »jungen Wilden« berichtet, weist auf ein anderes, ungleich stärkeres Gefühl hin: Kant, im Februar 1764 kurz vor seinem vierzigsten Geburtstag, sieht in dem Achtjährigen sein Spiegelbild.

Das klingt merkwürdig. Schließlich hat Kant selbst später einmal zu Papier gegeben, die Jugendjahre seien »die beschwerlichsten Jahre, weil man da sehr unter der Zucht ist, selten einen eigentlichen Freund und noch seltener Freiheit haben kann«[3]. Wie also könnte er sich in dem Jungen des »Ziegenpropheten« wiedererkannt haben? Einer der frühesten Biographen des Philosophen gibt darauf die bündige Antwort: »Kant gehörte zu den Menschen, die keiner Erziehung fähig, aber auch keiner bedürftig sind. Er ward alles durch sich selbst.« Selbstbestimmung, Autonomie sind in der Tat die entscheidenden Antriebskräfte seines Lebens gewesen und um den Begriff der Freiheit hat Kant seine ganze Philosophie gebaut.

Im Winter 1764, als halb Königsberg vors Tor strömte, um den barfüßigen Schwärmer zu begaffen, ist Kant noch weit entfernt von seinem späteren Ruhm. Über die Stadt hinaus ist sein Name bisher kaum gedrungen. Philosophen, »Weltweise«, wie man damals sagte, gab es als Dutzendware in jeder beliebigen europäischen Provinz. Jeder, der nur ein halbwegs gescheites Buch über Gott und die Welt unter die Leute gebracht hatte, durfte sich so nennen. Erst siebzehn Jahre nach Kants Begegnung mit dem »jungen Wilden« erscheint die *Kritik der reinen Vernunft*, jenes Buch eines philosophischen Genies, das den Gelehrten »großen Angstschweiß« auf die Stirn treiben sollte. Kant ist ein Spätentwickler.

Oder er kann einfach warten, lange warten und geduldig arbeiten.

Die Frage, was die Welt im Innersten zusammenhält, die Metaphysik, ließ ihn in all den Jahren nicht los – die Metaphysik, »in welche ich das Schicksal habe verliebt zu sein«[4], wie er seufzend bekennt. Daran ist nichts Titanenhaftes oder gar Esoterisches. Vermutlich demselben Jahr, in welchem der »Ziegenprophet« die Pregelstadt in Aufruhr versetzte, entstammt die private Notiz, in der sich Kant dagegen verwahrt, als eine Art Guru gefeiert zu werden: »Ich habe gar nicht den Ehrgeiz, ein Seraph sein zu wollen, mein Stolz ist nur dieser, daß ich ein Mensch sei.«[5]

1724 – 1740
Vordere Vorstadt 22, Fridericianum

Es ist auch eine notwendige Idee, den Akt der Zeugung
als einen solchen anzusehen, wodurch wir eigenmächtig
eine Person in die Welt herüber gebracht haben; für welche
Tat auf den Eltern nun auch eine Verbindlichkeit haftet[1]

Die Geburtsdaten ihrer neun Kinder hat Anna Regina,
Kants Mutter, sorgfältig in der Hausbibel festgehalten.
Mit siebenundzwanzig Jahren schreibt sie: »Anno 1724 d.
22ten April Sonnabends des Morgens um 5 Uhr ist mein
Sohn Emanuel an diese Welt geboren und hat d. 23ten die
heilige Taufe empfangen.« Dann werden, in Schönschrift,
die Taufpaten des kleinen »Manelchen«, wie Anna Regina
ihn nannte, aufgezählt. Die Eintragung endet mit der Se-
gensbitte: »Gott erhalte ihn in seinem Gnaden-Bunde bis an
sein seliges Ende um J: C: Willen. Amen.«

Die aus der freien Reichsstadt Nürnberg gebürtige Frau
hatte in Königsberg den »Riemermeister« Johann Georg
Kant geheiratet. Leider wissen wir zu wenig, viel zu wenig
über sie. War sie es doch, die nach Kants eigenem Bekunden
seine Begriffe »weckte und erweiterte«, ihm das Herz den
Eindrücken der Natur öffnete, den »ersten Keim des Guten« in ihm pflanzte und nährte.

Wenigstens lässt sich aus Anna Reginas Eintragung einiges zu ihrer Person entnehmen. Vielleicht finden sich in
ihrem Haushalt also Kalender und Uhr. Jedenfalls hat die
Frau des Riemermeisters Datum und Uhrzeit ihrer Nie-
derkunft genau festgehalten. Keine Selbstverständlichkeit
in diesem Jahrhundert, in dem der überwiegende Teil der

Bevölkerung noch ohne Kalender und Uhr lebte. Aber in der Vorderen Vorstadt 22 brachte man seine Kinder gesittet zur Welt. Nicht wie das liebe Vieh. Dabei wird man freilich die Angabe der Mutter »des Morgens um 5 Uhr« nicht zu genau nehmen dürfen. Noch fünfzig Jahre später gab es in der Pregelstadt erst eine einzige Uhr, welche die Zeit genau hielt. Das Aszendentenzeichen (Widder, Stier oder Zwillinge) des im Stierzeichen geborenen Emanuel wird man also aus der Angabe seiner Geburtsstunde nicht herausrechnen können.

Zweitens, so lässt sich aus ihren Eintragungen in der Familienbibel entnehmen, war Kants Mutter keineswegs »an uneducated German woman«, wie in der renommierten *New Encyclopaedia Britannica* zu lesen ist. Anna Reginas Rechtschreibung war um vieles besser als die der meisten vornehmen Damen ihrer Zeit. Ja, sie war sogar besser als die Orthographie ihres später so berühmten Sohnes, der gelegentlich als ein rechter Rechtschreibmuffel daherkommt. Schließlich stammte Kants Mutter aus Nürnberg, wo man sich seit der Reformationszeit schon die öffentliche Schulbildung der Mädchen angelegen sein ließ.

Endlich und überdies sind Anna Reginas Eintragungen ein beredtes Zeugnis ihrer Frömmigkeit. So dokumentiert sie im besten Pietistendeutsch ihre Eheschließung mit den Worten: »Anno 1715 d. 13. November habe ich Anna Regina Reuterin mit meinem lieben Mann Johann Georg Kant unseren hochzeitlichen Ehrentag gehalten. Der HErr unser GOtt erhalte uns von dem Tau des Himmels und der Fettigkeit der Erde so lange bis er uns zusammenbringen wird zu der Hochzeit des Lammes um Jesu Christi seines Sohnes willen. Amen.« – Bei der Namensgebung ihres Sohnes hält sie sich an die fromme Praxis, das Kind auf den Namen des zuständigen Tagesheiligen im alten preußischen Kalender taufen zu lassen. Die Namen aus dem Heiligenkalender sollten, wie es kirchenamtlich hieß, ein »stetiges Denkmal und Zeugnis der heiligen Taufe jederzeit und sonderlich in Anfechtung« sein. Und in einer zeitgenössischen Bibelauslegung heißt es: »Er ist Emanuel, das ist, Gott mit uns. Siehe! bey solchem Namen ruffe Ihn, JEsum CHristum, das ist, du must in deinem Hertzen Ihn allein dafür halten, Er sey dein Seligmacher.«

Anna Regina, so können wir doch mit Sicherheit aus ihren Notizen herauslesen, war eine selbstbewusste, fromme Frau. In ihrer Hochzeitseintragung setzt sie unbekümmert den eigenen Namen vor den ihres Mannes und nennt den kleinen Emanuel »meinen Sohn«, so als hätte es seinen Vater nicht gegeben. – »Ich werde meine Mutter nie vergessen«, erklärte der Philosoph einem seiner Biographen. Wie hat die starke Frau Kants Frauenbild beeinflusst?

Leicht kann es für den Jungen nicht gewesen sein, die eigene Geschlechtsidentität in einem fast reinen Frauenhaushalt zu behaupten. Emanuel war der ältere der beiden nicht im Kindesalter verstorbenen Söhne. Über ihm war eine um fünf Jahre ältere Schwester und nach ihm hatte Anna Regina drei weitere Mädchen zur Welt gebracht. Johann Heinrich, der Bruder, wurde als letztes Kind geboren. Emanuel war damals schon fast elf.

Ob der Vater in diesem Frauenhaus ein nennenswertes Gewicht in die Waagschale werfen konnte, mag man bezweifeln. Von Johann Georg wissen wir aber so gut wie nichts. Auch Kant äußert sich nur gelegentlich und dann ganz beiläufig über ihn. Das spricht wohl für sich.

Für sein Leben gezeichnet blieb Kant durch die pietistische Frömmigkeit seiner Eltern. Und auch hier war Anna Regina ganz eindeutig die treibende Kraft. Sie besuchte die frommen Hauskreise der Stadt. 1728 wurde in dreißig

Familien und Häusern Königsbergs »täglich Gottes Wort traktiert und Sonntags Betstunde gehalten«. Die »wiedergeborenen« Gotteskinder, im Geist vereinte »Brüder und Schwestern im Herrn«, beanspruchten, in und neben der offiziellen Kirche die einzig wahre Kirche zu sein.

Ähnlich wie Rousseau, dem Voltaire spöttisch vorhielt, er wolle »zurück zur Natur«, wieder auf allen vieren gehen gleich dem Vieh, gab der Pietismus die Devise aus: Zurück zum Urchristentum! Gerade Frauen spielten in dieser religiösen Protestbewegung von Anfang an eine starke Rolle. Lange vor der bürgerlichen Frauenemanzipation hatte der pietistische Protest die mündige Frau entdeckt.

Ist es zu weit hergeholt, von einer Mutterdominanz bei dem jungen Kant zu sprechen? Kants frühe Biographen haben natürlich so etwas gar nicht erst in Erwägung gezogen. Sie berichten lieber, dass die Augen des alten Professors vor Tränen der Rührung glänzten, wenn er von Anna Regina sprach. Immerhin ist ihnen wie allen seinen späteren Bekannten und Freunden aufgefallen, dass Kant »detaillierte Gespräche über seine Jugend absichtlich zu vermeiden schien«. Und das deutet auf eine schwierige Gefühlslage.

Kants philosophische Reflexionen geben mehr Material dazu ab, die dunklen Seiten seiner Kindheit aufzuhellen. Nur ein vom Freiheitsdrang geradezu besessener Mensch konnte doch die folgende Bemerkung zu Papier bringen: »Das Kind, welches sich nur eben dem mütterlichen Schoße entwunden hat, scheint, zum Unterschied von allen anderen Tieren, bloß deswegen mit lautem Geschrei in die Welt zu treten, weil es sein Unvermögen, sich seiner Gliedmaße zu bedienen, für Zwang ansieht und so seinen Anspruch auf Freiheit (wovon kein anderes Tier eine Vorstellung hat) sofort ankündigt.«[2] So sieht also Kant noch mit vierundsiebzig Jahren auf seinen Eintritt in die Welt zurück. Natur und

Freiheit stehen sich von Anfang an unversöhnlich gegenüber. Und gegen die beschönigende Erklärung der Geburtswut durch ein bloß körperliches »Gefühl der Unbehaglichkeit« wendet Kant ein, das Protestgeschrei sei nicht etwa auf Schmerzempfindungen zurückzuführen, sondern rühre eben »von einer dunklen Idee von Freiheit« her und dem »Hindernis derselben, dem Unrecht«. Er bezieht sich dabei auf die Beobachtung der sich später »mit seinem Geschrei verbindenden Tränen: welches eine Art von Verbitterung anzeigt«, wenn das Kind »sich gewissen Gegenständen zu nähern oder überhaupt nur seinen Zustand zu verändern bestrebt ist und daran sich gehindert fühlt ... Dieser Trieb, seinen Willen zu haben und die Verhinderung daran als eine Beleidigung aufzunehmen, zeichnet sich auch durch seinen Ton besonders aus und läßt eine Bösartigkeit hervorscheinen, welche die Mutter sich zu bestrafen genötigt sieht, aber gewöhnlich durch noch heftigeres Schreien erwidert wird.«[3]

In seiner Kindheit hatte Emanuel reichlich Gelegenheit, dieses Trotzverhalten bei seinen jüngeren Geschwistern zu beobachten. Später, bei seinen Anstellungen als Erzieher in kinderreichen Häusern, wird er jene Beobachtungen noch vertieft haben. Wie ein Blinder von der Farbe redet der unverheiratete, kinderlos gebliebene Philosoph also nicht. Aber auch hier gilt: Wir sehen nur, was wir sehen wollen. Das heißt, Kant sieht seine eigene Kindheit am Beispiel der Kinder anderer Leute wie in einem vergrößernden Rückspiegel.

Nicht genug damit. Bei anderer Gelegenheit, in seiner *Rechtslehre*, geht Kant von der Geburtswut zurück bis zu dem Zeugungsakt. Er stellt lapidar fest: »Es ist eine ganz richtige und auch notwendige Idee, den Akt der Zeugung als einen solchen anzusehen, wodurch wir eine Person ohne ihre Einwilligung auf die Welt gesetzt und eigenmächtig in sie herübergebracht haben; für welche Tat auf den Eltern nun auch eine Verbindlichkeit haftet, sie, soviel in ihren Kräften ist, mit diesem ihren Zustand zufrieden zu machen.«[4] Daraus erwächst, so weiter im Text, den Eltern die Pflicht, das Kind zu versorgen und zu erziehen, ihm äußeren Halt zu geben, bis das Kind sich auf eigenen Füßen behaupten kann. Dabei haben sie sich vor Augen zu halten, dass sie keinesfalls etwa ihr Kind als »Gemächsel« betrachten dürfen. Erziehung muss stets dem Doppelaspekt Rechnung tragen, dass heranwachsende Kinder Personen, also »mit Freiheit begabte Wesen«, wie auch Naturdinge, beides gleichzeitig sind. Mit modernen Begriffen gesagt, leisten Eltern Hilfe zur Selbsthilfe und können ihre Erziehung gerade nur als Entwicklungshilfe verstehen. – Kants Eltern haben es an fürsorglicher Begleitung ihrer Kinder gewiss nicht fehlen lassen. Sollten diese doch einmal kraft des Gnadenbundes der heiligen Taufe die ewige Seligkeit gewinnen, aus Weltbürgern zu Himmelsbürgern werden.

Johann Georg wird geduldig versucht haben, seinen Ältesten zu handwerklichen Arbeiten anzuhalten. Die Werkstatt müssen wir wohl im Hof des Hauses Vordere Vorstadt 22 suchen. Häute wurden dort zu Riemen verarbeitet und Riemenzeug brauchte zum Beispiel die Königsberger Garnison in Mengen. Bis ein preußischer Grenadier feldmarschmäßig antreten konnte, war er »bebündelt wie ein Esel«, schildert der Schweizer Söldner Ulrich Bräker. Arbeit gab's also genug in der Garnisonsstadt für einen fleißigen Riemermeister.

Auch für die kleinen Hände von Manelchen. Der aber hatte einen zarten, ja gebrechlichen Körperbau. Eine eingezogene, enge Brust, dazu eine leichte Schiefstellung der Wirbelsäule, vermutlich die Folge einer rachitischen Erkrankung, behinderten ihn zeitlebens. Überdies war Emanuel ein relativ kleinwüchsiges Kind. Ausgewachsen brachte er es später gerade auf fünf preußische Fuß, knapp 157 Zentimeter. Sonst freilich war der Junge mit den strahlend blauen Augen, dem flachsblonden Haar über der hohen Stirn ein ausgesprochen anmutiges Kind. Zu schwerer Arbeit in der Lederwerkstatt war er allerdings überhaupt nicht zu gebrauchen. Das wird Johann Georg bald gemerkt haben. Außerdem war der Kleine auch noch praktisch völlig unbegabt. Wasianski, sein ehrlichster Biograph, hat diese Tatsache besonders hervorgehoben: »So geschickt Kant zu Kopfarbeiten war, so unbeholfen war er in Handarbeiten. Nur die Schreibfeder verstand er zu regieren, aber nicht das Federmesser«, mit dem die Gänsekiele zugeschnitten wurden. »Ich mußte ihm daher gemeiniglich die Federn nach seiner Hand schneiden.« – Seine Ungeschicklichkeit, das Federmesser zu führen, wird Emanuel in der Schule manches Scheltwort eingebracht haben. Und zu Arbeit mit der Lederschere und dem Locheisen taugten solche Hände schon gar nicht. Erzogen, behilflich, gefällig zu sein, wird Emanuel sich seiner tollpatschigen Hände geschämt haben.

Als Erwachsener notiert er für sich privat: »Wenn ich in die Werkstatt des Handwerkers gehe, so wünsche ich nicht, daß er in meinen Gedanken lesen könnte.«[5] Der Magister schämt sich seiner besseren Verhältnisse, die er angesichts der arbeitenden Männer als aufgesetzt, gekünstelt empfindet. »Denn ich weiß wohl, daß ich nicht einen Tag ohne seine Arbeitsamkeit leben könnte und daß seine Kinder zu nützlichen Leuten erzogen werden.« Aus diesem Geständnis spricht eine den Erwachsenen irritierende soziale Scham. Und beschämend unnütz wird sich Emanuel auch in des Vaters Werkstatt vorgekommen sein.

Wohler war es dem Jungen in Anna Reginas Nähe. Besonders wenn sie mit ihrem Ältesten an der Hand aus der abgelegenen Straße hinüber in die Stadt ging. Etwa um säumige Schuldner zu mahnen oder um am Kreuztor einer befreundeten Hauskreis-Schwester einen Besuch abzustatten.

Königsberg mit seinen 40 000 Einwohnern ist eine Großstadt. An Einwohnerzahl steht sie Berlin im fernen Land Brandenburg nur wenig nach. Eigentlich besteht die Pregelstadt aus drei in sich abgeschlossenen Städten: der Altstadt, dem »Löbenicht« und dem Kneiphof. Dazu kommen diesseits und jenseits des Pregels die neuen Vorstädte und alles wird umspannt von einem Festungswall.

Man sagt, Königsberg sei wie Rom auf sieben Hügeln erbaut. Die Stadt zählt sieben Brücken, achtzehn Kirchen. Davon sind vierzehn lutherischen Bekenntnisses, drei reformierte und eine katholische. Überragt wird alles von einem »magnifiquen Schloß«. In Königsberg ist man nicht wenig stolz auf die Ehre, »daß Ao. 1701 Churfürst Fridrich III. zu Brandenburg, sich allda, als seiner Geburts-Stadt, die königl. Krone von Preußen aufgesetzet«. Nicht in Berlin. Der Name Preußen ist zu Kants Zeiten dem Herzogtum vorbehalten, dessen Hauptstadt Königsberg ist. Eine von Kants Frühschriften ist noch »Herrn Friederich, Könige von Preußen, Markgrafen von Brandenburg, Meinem Allergnädigsten Könige und Herrn« gewidmet.

In der Vorderen Vorstadt jenseits des Pregels erwartet Mutter und Sohn das enge Haus. Man wird sich kaum vorstellen können, wie beengt es darin zugeht. Die Familie zählt acht Köpfe und am Mittagstisch sitzen auch Gesellen aus der Werkstatt. Anna Regina weiß, dass ihr Ältester wegen seiner eingefallenen Brust viel Bewegung braucht. Auch sie selbst, berichtet Kant, war von der Rachitis gezeichnet. So tat es beiden gut, draußen auf den Pregelwiesen Auslauf zu suchen. Ganz sicher ist Anna Regina mit Emanuel vielmals den »Philosophenweg« entlanggegangen, der bereits damals diesen Namen trug. Als regelmäßige Wegrunde des Professors erlangte er später Berühmtheit.

An die Wiesenpfade den Fluss entlang erinnerte sich Kant bis ins hohe Alter, bis in die kleinsten Einzelheiten. So schilderte er einmal Freunden, »wie er einst eine Schwalbe in den Händen gehabt, ihr ins Auge gesehen habe und wie ihm dabei so gewesen sei, als hätte er in den Himmel gesehen«. Hätte er an so etwas wie Seelenwanderung geglaubt, würde Kant sich gewünscht haben, im nächsten Leben als Vogel wiedergeboren zu werden. Er kannte die Zeiten und Wege der Strich- und Zugvögel, unterschied ihre Stimmen, wusste jede Vogelart zu klassifizieren. Wen wundert's, schließlich sind Vögel die freiesten Geschöpfe unter dem Himmel. – Es muss die Mutter gewesen sein, der er die Kenntnisse über die Lebenswelt seiner gefiederten Freunde verdankte. Hatte Anna Regina ihm doch das »Herz für die Eindrücke der Natur« geöffnet.

Und für die Mutter war Naturkunde zugleich Religionsunterricht. Führte doch »das große Welt-Buch der Natur zu Gott«, wie man damals sagte. Und gewiss wird Anna Regina Emanuels Blick auch hinauf in den »bestirnten Himmel« geführt haben. Ungezählte Gesangbuchverse aus dieser Zeit taten desgleichen. Ob Anna Regina nicht auch ihren Kindern aus dem Gesangbuch vorgesungen hat? Gewiss doch. Und dann Lieder wie dieses: »In hoher weiter Ferne / ziehn Millionen Sterne, / in dem gewölbten Kreise, / gleichförmig ihre Gleise. // Nichts fehlt zum Zweck des Ganzen, / vom Staub bis zu den Pflanzen / ist keine Kraft vergessen, / ist alles abgemessen. // Laß, o GOtt, vor Dir mich beugen, / und voll Erstaunen schweigen.«

Der Philosoph und fromme Atheist hat, wie Newton, sein großes Vorbild, später nie mehr eine Kirche von innen gesehen (Religionsspezialisten stand er reserviert gegenüber), geschweige, dass er noch Gefallen an frommen Liedern gefunden hätte. Doch noch aus dem berühmten Schlusswort seiner *Kritik der praktischen Vernunft* glaubt man, transzendental überhöht, die Stimme der frommen Anna Regina herauszuhören, wenn es dort heißt: »Zwei Dinge erfüllen das Gemüt mit immer neuer und immer zunehmender Bewunderung und Ehrfurcht, je öfter und anhaltender sich das Nachdenken damit beschäftigt: der bestirnte Himmel über mir und das moralische Gesetz in mir.«[6] Dieser Text ist auf Kants Grabplatte in Königsberg verewigt, völlig zu Recht. Denn er bringt Kants ganze Philosophie in wenigen Worten auf den Punkt – in ihrer Gegensätzlichkeit wie in ihrer erträumten Versöhnung.

Kants Schulzeit fällt in die Regierungszeit Friedrich Wilhelms I. (1713–1740). Der Preußenkönig versteht sich, genau wie seine übrigen europäischen Kollegen, als absoluter Herrscher. »Die Seele für Gott, alles andere muß mein sein« ist sein Wahlspruch. Dabei ist Friedrich Wilhelm ein tiefreligiöser Mann, streng gegen sich und andere, ein entschiedener Förderer der innerkirchlichen Frömmigkeitsbewegung. Entschlossen, seine Länder »wohl zu regieren«, stützt er sich auf die Frommen im Lande, auf deren soziales Engagement.

In diesem Zusammenhang ist besonders August Hermann Francke zu nennen. Francke ruft »Armenschulen« ins Leben, durchbricht mit seinen »Bürgerschulen« die ständischen Adelsvorrechte, und er schafft, zum ersten Mal in der Geschichte der Pädagogik Deutschlands, spezielle Lehrerausbildungsstätten.

Mittelpunkt von Franckes Tätigkeit ist das so genannte »Halle'sche Waisenhaus«. Auf den Hallenser ist zurückzuführen, dass Friedrich Wilhelm I. die allgemeine Schulpflicht in seinen Landen einführte, wenigstens »an den Orten, wo Schulen sein«. Und ein solcher Erlass war bitter nötig. Selbst in größeren Gemeinden besuchten kaum mehr als zwanzig Kinder regelmäßig den Unterricht. Im Sommer brauchte man die Kinder draußen zur Feldarbeit; Überschwemmungen, schlechte Kleidung, Wölfe behinderten den Schulbesuch im Winter.

Und die Lehrerausbildung? Nun, wer gerade notdürftig lesen und schreiben konnte, hielt sich schon für einen Schulmeister. Neben Studenten betrieben Schuster, Schreiner, Leinweber, Maurer, Hirten, Witwen und abgesetzte Beamte das Geschäft, das mit dem Schulgeld doch ein schmales Zubrot versprach. – So fand Friedrich Wilhelm I., der seine unterentwickelten Länder nach vorn bringen wollte, in August Hermann Francke, dem schulmissionarischen Eiferer, einen natürlichen Bundesgenossen.

Diese schulspezifische Situation muss man sich vor Augen halten, wenn man versucht, die Schulbedingungen des jungen Kant einzuschätzen. Denn, wie gesagt, von Kant selbst erfahren wir darüber so gut wie nichts. Der hüllte sich in Schweigen, wenn ihn jemand auf seine Kindheit ansprach. Jachmann zum Beispiel, einer von Kants ersten Biographen, ließ dem »edlen, ehrwürdigen Mann« bei Gelegenheit einen Bogen mit sechsundfünfzig sehr spezifischen Fragen zu seinem Werdegang zukommen. Den Adressaten bat er in einem Begleitschreiben, der »wohlgeborne Herr Professor« möge sich bitte der Mühe unterziehen, einige Punkte zu klären: »... 8. sein Verhältnis zu den übrigen Geschwistern in der Jugend, 9. Wie waren die Gesundheitsumstände in der Jugend, ... 12. Das Temperament, die besonderen Züge der Sinnesart und des Charakters in der Jugend, 13. Welches waren die hervorstehendsten Neigungen in früher Jugend und inwiefern wurden sie befriedigt, 14. die jugendlichen

Spiele, ... 20. Welches waren die jugendlichen Schulfreunde und welchen Einfluß hatten Lehrer und Jugendfreunde auf die Verstandesbildung und Denkungsart? ... 33. Hat nicht ein Frauenzimmer das Glück gehabt, ausschließliche Liebe und Achtung auf sich zu ziehen? ...« Und so weiter. Hätte Kant nur geantwortet! Dann müssten wir nicht an den schwarzen Löchern in seiner Biographie herumrätseln. Doch der Professor, damals sechsundsiebzig, reagierte nicht auf Jachmanns Schreiben. Nicht etwa aus Altersgründen, wie man vermuten möchte. Denn das unvollendete Alterswerk, Kants so genanntes Opus postumum, beweist, dass sein Geist und Scharfsinn zu diesem Zeitpunkt noch nichts an Klarheit eingebüßt hatten. Nein, der »edle, verehrungswürdige Mann« wollte einfach nicht. Sollte doch sein Werk für ihn sprechen, so mag er gedacht haben.

Dabei war Kant durchaus darauf bedacht, sich ins rechte Licht zu setzen. Er konnte regelrecht grantig, ja ausfällig werden, wenn ihm etwa ein Porträt unterkam, das sein Gesicht nicht von der Schokoladenseite zeigte. Und einmal verriet er aufgeräumt einer Tischgesellschaft, »weshalb er keine schwarzen Strümpfe trage, weil in schwarzen Strümpfen die Waden dünner als sie sind erschienen und er eben keinen sträflichen Überfluß an Waden habe«. Wer will ihm die kleine Eitelkeit verargen?

»De nobis ipsis silemus – Über uns selbst reden wir nicht«[7], mit diesem Bacon-Zitat leitet Kant seine berühmte *Kritik der reinen Vernunft* ein. Lasst allein die Fakten sprechen! Indessen konnte das doch wohl nicht den Grund abgeben, sich derart rigoros von seiner Kindheit abzuschneiden? Sich von der Jugendzeit stillschweigend zu distanzieren?

Ostern 1730 wurde der sechsjährige Emanuel Kant in die Elementarschule der Hinteren Vorstadt eingeschult. Manche Schüler dort sind fast schon große Leute, zwölf oder

dreizehn Jahre alt. Sie sind erst spät auf die Schulbank gekommen.

Alle Jungen werden in einem einzigen Klassenraum un-
terrichtet. Denn die Schule beim St.-Georgen-Hospital kann
nur einen einzigen Lehrer beschäftigen. Und der »informiert«, lehrt die Kinder, so gut er kann: Lesen, Schreiben,
etwas Rechnen, das ist schon alles, was der Schulmeister
dem kleinen Emanuel Kant zu bieten hat.

Von der Schule am St.-Georgen-Hospital hatte Emanuel
also nicht viel zu erwarten. Die war in einem ebenso de-
solaten Zustand wie das ganze Bildungswesen damals im
Deutschen Reich.

Man fragt sich, was aus dem Jungen wohl geworden
wäre, wenn er keine bessere Chance bekommen hätte.
Nun, er hätte vielleicht seinen Weg trotzdem gemacht. Das
»Selbstdenken«, zu dem Kant später seine Studenten an-
hielt, war ihm als Naturgabe mit in die Wiege gelegt. Aber
ob es jemals zu einer akademischen Karriere gelangt hätte?

Doch der Riemermeistersohn hatte Glück. Er fand einen
mächtigen Gönner und Förderer, den Theologie- und Phi-
losophieprofessor Franz Schulz, der gerade in diesen Jahren
nach Königsberg versetzt worden war. Anna Regina besuchte sonntagabends mit ihren Kindern Schulzens Erweckungs-
und Gebetsstunden im Fridericianum und der hochbegabte
Mann wurde auf die kluge Nürnbergerin und ihren Ältesten aufmerksam. Franz Schulz besuchte das Haus in der
Vorderen Vorstadt und redete den Eltern zu, Emanuel aufs
Fridericianum zu schicken. Die Entscheidung kann ihnen
nicht leicht gefallen sein. Lebte man doch bei Kants von der
Hand in den Mund und das Schulgeld im Fridericianum
war hoch. Schenken lassen wollten sich die Eltern nichts,
versteht sich. Auch keine Freistelle. Irgendwie fand man
dann doch einen Weg. Schulz versprach, der Familie in Zu-

kunft unentgeltlich Holz anfahren zu lassen – als Ausgleich fürs Schulgeld, und Emanuel wurde 1732 ins Fridericianum eingeschrieben, in Kniehosen und weißen Strümpfen, am Kopf den Zopf. Acht Jahre, bis zu seiner Immatrikulation, hat der junge Kant dort die Schulbank gedrückt. Und alles in allem war das Fridericianum für ihn doch ganz bestimmt ein Glück.

Kant hat es seiner Schule nie gedankt. Nicht mit einer Widmung in seinen Büchern, nicht mit einem literarischen »Ehrenmal«. Das wollte er im Alter wenigstens noch Franz Schulz, seinem Gönner und Förderer, setzen, vergaß es aber dann.

Die wenigen Äußerungen über seine Gymnasialzeit, die wir von Kant besitzen, sind bitterböse. Gegenüber Hippel, dem späteren tatkräftigen jungen Oberbürgermeister der Stadt, soll Kant geäußert haben, »daß ihn Schrecken und Bangigkeit überfiele, wenn er an jene Jugendsklaverei zurückdenke«. Ein anderer Bekannter des Philosophen zitiert ihn mit den Worten: »Diese Herren konnten wohl keinen Funken, der in uns zum Studium der Philosophie oder Mathese lag, zur Flamme bringen.« – Das Gedächtnis kann uns betrügen, wir wissen es. Jeder Verkehrsrichter weiß: Fünf Zeugen schildern sechs verschiedene Unfallabläufe. Es gibt falsche Erinnerungen.

Tatsache ist, dass Kant die Schulzeit als die »beschwerlichsten Jahre«[8] bezeichnet hat. Es muss seine Situation noch verschärft haben, als am 18. Dezember 1737 völlig unerwartet die Mutter verstarb, gerade erst vierzig Jahre alt. Anna Regina hatte sich, so wird erzählt, bei der Pflege ihrer kranken Freundin angesteckt und starb bald darauf, »ein Opfer der Freundschaft«. Wir wissen nicht, wie der Junge den Schock verarbeitete.

»Der Vater forderte Arbeit und Ehrlichkeit, besonders

Vermeidung jeder Lüge«, resümiert Jachmann, der von Kant selbst autorisierte Biograph, wie er gern betont, und »die Mutter noch Heiligkeit dazu. So wuchs K. vor ihren Augen auf, bei dem gerade das dahin gewirkt haben mag, in seiner Moral eine unerbittliche Strenge zu beweisen und das Prinzip der Heiligkeit hoch aufzustellen, das bei seiner Unerreichbarkeit uns die Gewißheit einer anderen Welt zusichert.« Fühlte der Dreizehn-, Vierzehnjährige nach dem Tod der Mutter nun erst recht die Verpflichtung, »unter ihren Augen« zu bleiben?

Emanuel befindet sich mitten in der Pubertät. Im Fridericianum zog man während dieser Zeit die Zügel noch mal kräftig an. In Franckes pädagogischen Schriften ist dazu Einschlägiges zu lesen: »Wenn die Kinder von 13 bis 14 Jahre sind, hat man fürnehmlich Ursache, wohl acht auf sie zu haben. Von den Lüsten der Jugend sind sie mit aller Sorgfältigkeit abzumahnen, indem man sucht, die Wollust und derselben anklebenden Neben-Laster auszurotten. Wird aber einer durch sein sündliches Fleisch und Blut zu bösen Lüsten gereizt, soll er ernstlich dawider beten, als wodurch denn alle unreine Liebe verzehrt wird.« Emanuel wird es getan haben, aufrichtig und ehrlich, befand er sich doch unter den Augen seiner Inspektoren und der seligen Mutter zugleich. Beide ließen ihm keine Wahl: »Heiliger oder Tier«, eins von beiden, nein, nur eins musste er sein.

Wie hätte Emanuel unter der doppelten Aufsicht mogeln können? Das war ausgeschlossen für diesen Jungen. Obwohl die Lüge jetzt schon fast lebensnotwendig gewesen wäre. Viele seiner Schulkameraden werden sich damit beholfen haben. Anna Reginas Sohn aber bestimmt nicht. Er hat sich »ausgespäht«, wie es den Zöglingen vorgeschrieben wurde, »daß ein jeder sich selbst prüfe, zu welcher Klasse er gehört, zu den Unbekehrten oder den Bekehrten«. – »Was sagest du, der du bis daher dich in Sünden hast herum gewälzet, und darin die Lüste der Jugend hast herrschen lassen, willst du dieselben noch weiter ausüben? Ach! sehet doch nun alle zu, daß ihr euch dergestalt prüfet, daß niemand von dannen gehe, dessen Herz nicht gerühret, erweichet und gebrochen sey.« Genug, genug. Kant hat später eine derartige »Selbstausspähung« mit dem Begriff des »Terrorism«[9] belegt und das war genau der treffende Begriff: Was Kant dem Fridericianum nie verziehen hat, war die erzwungene Selbstentblößung. Berichte über den Seelenzustand schriftlich abfassen, fremden Augen preisgeben zu müssen. Jedes Schuldbekenntnis im dunklen Beichtstuhl wäre gnädiger gewesen.

Aber man kann sich vorstellen, wie Emanuel sich von diesem »Gesetz der Freiheit«, wie man's in Halle nannte, innerlich hat gefangen nehmen lassen. Guten Willens, wie er war. Aber auch, wie es ihn später angewidert hat: jener Missbrauch der Freiheit, die erzwungene Selbstentblößung. Irgendwann muss der junge Kant mit dem Pietismus gebrochen haben, für immer, und hat Franckes moralischem Terrorismus den Rücken zugekehrt. Aber wie schwierig muss das alles gewesen sein. Hieß es doch, die geliebte Mutter gleichsam ein zweites Mal zu verlieren.

De nobis ipsis silemus. Seine Studenten warnte der Professor gar davor, Tagebücher anzulegen. Eine solche »Höllenfahrt der Selbsterkenntnis«, die Manie, sich zu »belauschen«, könne »leichthin zu Schwärmerei und Wahnsinn«[10] führen. Kein Wunder, dass sich Kant von seiner Jugend abschnitt, sie innerlich ausblendete. Max Frisch schreibt: »Jeder Mensch erfindet sich früher oder später eine Geschichte, die er, oft unter gewaltigen Opfern, für sein Leben hält.« Immanuel Kants Lebensgeschichte beginnt für ihn irgendwo im vierten Lebensjahrzehnt. So lange hatte er gebraucht, bis er sich selbst zur Welt gebracht hatte: »Die wichtigste Revolution in dem Inneren des Menschen ist: der Ausgang aus seiner selbstverschuldeten Unmündigkeit. Statt dessen, daß bis dahin andere für ihn dachten und er bloß nachahmte, oder am Gängelband sich leiten ließ, wagt er es jetzt, mit eigenen Füßen auf dem Boden der Erfahrung, wenn gleich noch wackelnd, fortzuschreiten.«[11] So weit war Emanuel im Todesjahr seiner Mutter aber noch nicht.

Die Biographen Kants haben später immer wieder seinen Unabhängigkeitssinn hervorgehoben. Und im selben Atemzug unterstrichen sie übereinstimmend dessen Ordnung und Pünktlichkeit, die Mustertugenden einer erwachenden Industriegesellschaft. Auch in dieser Hinsicht hat das Fridericianum Kant geprägt. Zu den pietistischen Erziehungszielen gehörte beispielsweise auch »Reinlichkeit, ohne allen Stolz in der Kleidung«. Francke schärfte seinen Kollegiaten ein: »Er geht nicht stolz und galant in Kleidern, aber auch nicht säuisch, lumpicht und zerissen, sondern reinlich.« Und was Pünktlichkeit angeht, so galt die Regel: »Ordnung und Punktualität in allen Dingen!« Das heißt, »alle seine Dinge suchet er in guter Ordnung zu halten, und ein jedes fein zur rechten Zeit zu tun«. Und ein geducktes, muckerhaftes Wesen mochte Francke bei seinen Zöglingen schon gar nicht dulden, sondern hielt sie zur »Freimütigkeit ohne Frechheit« an, indem er seinen Zöglingen empfahl: »Er geht freimütig jedermann unter die Augen, jedoch ohne Unbescheidenheit.« Ob seine Biographen sich klar waren, wie sehr Kants korrektes, manchmal überkorrektes Verhalten sich auch dem pietistischen Lebensstil verdankte?

Das Collegium Fridericianum entließ Emanuel Kant, nachdem er acht Jahre die verschiedenen Klassen durchlaufen hatte. Es lohnt nicht, einzelne Unterrichtsfächer, die Lehrpläne vorzustellen, den einen oder anderen von Kants

Lehrern zu nennen. Die Schulen Deutschlands insgesamt, so sieht es der Historiker, waren um 1740 auf den tiefsten Stand der öffentlichen Wertschätzung gesunken. Was die Lehrer trieben, galt draußen nicht mehr, und was draußen galt, ging an der Schule vorbei. Es genügt, festzuhalten, dass Emanuel sich stets durch gute Leistungen auszeichnete, aber doch kein überragender Schüler war. Andere zum Beispiel absolvierten das Schulpensum schneller als er. Der geniale Mathematiker Euler nahm sein Hochschulstudium bereits mit dreizehn auf, wieder andere auch mit vierzehn oder fünfzehn. Immerhin bescheinigt David Ruhnken seinem ehemaligen Mitschüler: »Man hegte damals von Deinen Geistesanlagen allgemein die rühmliche Meinung, Du könnest, wenn Du, ohne in Deinem Eifer nachzulassen, weiter strebtest, die höchsten Höhen der Wissenschaft erreichen.« Man muss dieses Zeugnis eines Mitschülers (Abschlusszeugnisse gab's noch nicht) so lesen, wie es gemeint war. Von einem überfliegenden Verstand, von früher Genialität gar ist bei Ruhnken nicht die Rede, sondern von Fleiß und großer Beharrlichkeit, die den Jungen auszeichneten. Das jedoch genügte, um dem Sohn kleiner Leute, der seine Schullaufbahn in der Hinteren Vorstadt begonnen hatte, die Tür zur Universität aufzuschließen.

Bald nach Kants Schulentlassung stirbt, am 31. Mai 1740, Preußens Soldatenkönig. Wenige Tage zuvor hatte er den ostpreußischen Schulen noch 654 Taler gesandt (ungefähr das doppelte Jahresgehalt eines Ratsherrn), die er beiseitegelegt hatte. Der sparsame Monarch hinterließ Friedrich, seinem Nachfolger, eine geordnete Finanzverwaltung und ein schlagkräftiges stehendes Heer. »Ich sterbe zufrieden mit einem so würdigen Sohn als meinem Nachfolger«, hatte er in seinen letzten Tagen erklärt.

So ungetrübt war das Verhältnis von Vater und Sohn

nicht immer gewesen. Zehn Jahre zuvor hatte Friedrich seinen Onkel, den König von England, um Asyl gebeten. Ehe er seinen Fluchtplan in die Tat umsetzen konnte, wurde er mit seinem Freund Katte verhaftet. Vor seinen Augen ließ der Vater den Freund enthaupten. Der erschütterte Kronprinz beugte sich dem väterlichen Willen. Der Vater steckte Friedrich zunächst in die Verwaltung, unterstellte ihm nach einiger Zeit ein eigenes Regiment und verheiratete ihn schließlich. In ständiger Furcht vor neuen Zornesausbrüchen ließ Friedrich alles mit sich geschehen. Der ehelichen Pflicht gegenüber seiner liebreizenden jungen Frau unterzog er sich allerdings nur widerstrebend. Dem drängenden Vater beschied er mit spitzem Federkiel: »Königreiche finden immer Nachfolger.« Schließlich sei es ganz ohne Beispiel, dass ein Thron jemals leer geblieben wäre.

Am 16. Juli ließ sich der junge Monarch in Königsberg huldigen. Als er in seiner Kutsche, voran die Kavallerie, durch das »Brandenburger Tor« in die Stadt einfuhr und in der Nähe von Johann Georgs Haus durch die Vorstadt rollte, lag bereits eine mehrtägige, strapaziöse Reise hinter dem jungen König und seinem Hofstaat. Doch das Huldigungszeremoniell musste sein. Denn mit Berlin und Brandenburg war nur die Kurfürstenwürde verbunden, die Krone konnte sich Friedrich erst in Königsberg aufs Haupt setzen.

Gewiss ließ sich auch Emanuel mit seinen Freunden Ruhnken und Cunde im Trubel mittreiben. Möglicherweise gelang es den Freunden sogar, nach der Zeremonie einen Fetzen vom Tuch des Huldigungsbalkons zu ergattern. Dass ihn dabei besonders patriotische Gefühle überkamen, mag man eher bezweifeln. Während der Besetzung Königsbergs durch russische Truppen im Siebenjährigen Krieg hat Magister Kant ohne Zögern der Zarin den Treueeid geleistet. Großpreußen gab es 1740 noch nicht. Ein Preuße im Herzogtum Preußen an dem Pregel, das ist Kant jedoch immer und bewusst geblieben. Im Sinne von landsmannschaftlicher Zugehörigkeit.

Gewiss, es fehlte später nicht an artigen Verbeugungen vor dem König, dem Kant als Aufklärer zugetan war. Gegenseitige Wertschätzung entwickelte sich daraus aber nicht. Es ist unwahrscheinlich, dass Friedrich der Große je eine Schrift Kants auch nur in die Hand genommen hätte. Er war sich für die deutsche Sprache zu schade, nannte sie »halb barbarisch« und erklärte Gottsched, dem deutschen Dichterfürsten: »Ich habe von Jugend an kein deutsch Buch gelesen, und ich rede es wie ein Kutscher.« Friedrichs Muttersprache war die Sprache Voltaires.

Und an der gemessen, kam Kants Sprache tatsächlich halb barbarisch, hölzern wie ein Pinocchio daher. Emanuel, der am königlichen Gymnasium zwanzig Wochenstunden Latein über sich ergehen lassen musste, hat die deutsche Sprache, wenn überhaupt, an der lateinischen gelernt. So muss man sich seinen Deutschunterricht vorstellen. Was dabei herauskam, nannte Heinrich Heine Kants »grauen, trockenen Packpapierstil«.

Nun, ganz so schlimm ist's nicht. Gelegentlich brilliert auch seine Sprache. Am ehesten, wenn Kant witzelt. Und präzis sind seine Sätze allemal oder doch meistens. Vielleicht hätte jemand die eine oder andere Schrift des Königsberger Philosophen seinem König ins Französische übertragen sollen. Dann wären der Philosoph auf dem Thron und der König unter den Philosophen einander vielleicht doch noch begegnet.

1740 – 1755
Studium und Hofmeisterjahre

Ich habe mir die Bahn schon vorgezeichnet, die ich halten will. Ich werde meinen Lauf antreten, und nichts soll mich hindern, ihn fortzusetzen[1]

Man hätte dem jungen Studiosus gern eine andere Universität gewünscht als die altersgraue Krähwinkel-Akademie von Königsberg. Am südlichen Ufer der Pregelinsel neben dem kneiphöfschen Dom gelegen, »gemahnt sie an den abgetragenen Frack eines Magisters, ein schlottriges Gebäude mit wenigen Hörsälen und vielen Hörwinkeln«, beschreibt sie ein Reisender des 19. Jahrhunderts. Hier wurde »Emanuel Kandt« ein Vierteljahr nach seiner Entlassung vom Fridericianum, am 24. September, immatrikuliert. Der innere Zustand der Akademie entsprach genau ihrem griesgrämigen, verlotterten Erscheinungsbild.

Die Albertina war im Verfall. Gerade mal drei- bis vierhundert Studenten zählten die eingeschriebenen Hörer, und die Zahl derer, die wirklich studierten, war sicher noch geringer. Dabei besaß Königsberg unter allen Städten im Osten weit und breit die einzige Universität. Doch wer etwas auf sich hielt, ließ seine Söhne lieber woanders im Reich studieren, schickte sie etwa nach Leipzig oder Jena. In Königsberg blieben die Studenten hängen, die sich einen Auslandsaufenthalt nicht leisten konnten. Oder Leute, die mit dem Studieren ohnehin nichts im Sinn hatten, Faulenzer und Bummelanten. Einer von diesen Studiosi stellt sich in einer zeitgenössischen Königsberger Satire mit den Worten vor: »Ich gehe in mein 17tes oder achtzehendes Jahr und kan weder recht lesen noch recht schreiben noch auch gut rechnen. Ich denke mich aber doch klug genug. Mein Vortrag im Teutschen ist schlecht, vom lateinischen habe ich nichts gelernet. Französisch kan ich auch nicht.«

Schon der Soldatenkönig hatte über die Albertina geschimpft. Sollte die Akademie ihm doch tüchtige Staatsdiener liefern. Er hatte sogar befohlen, dass faule Dozenten »ihres Unfleißes halber entweder am Gelde oder am Leibe gestraft würden«; helfen tat auch das nicht. Tüchtige Lehrkräfte mieden die Pregelstadt. Zumal die Stellen an der Albertina »sehr mäßig« dotiert waren. So blieb die Pregeluniversität, was sie war: Stiefkind der Berliner Regierung. Kant musste eben zusehen, wie er das Beste aus seinem Studium machte.

Auch bei Kants Studienzeit bleibt vieles, eigentlich das meiste, für uns im Dunkeln. Die wenigen Hinweise auf seinen Studiengang sind außerdem noch widersprüchlich. Wollen wir seinen ersten Biographen glauben, hat Kant es zuerst mit der Theologie versucht, ausgerechnet. Zwar hat der Professor das später energisch bestritten, doch vielleicht betrügt ihn auch hier sein Gedächtnis, die schamvolle Erinnerung. Man kann sich doch gut vorstellen, dass der junge Emanuel zunächst unsicher hier und dort einen Einstieg versuchte und irgendwann auch in der theologischen Fakultät landete. Hätte er doch mit dem Predigerberuf einen Herzenswunsch der verewigten Mutter erfüllt. Dann muss ihm aber sehr schnell klar geworden sein, worauf er sich da einlassen würde, zumal in Königsberg. Nämlich wieder auf die pietistische Glaubenszucht. Und das wollte er nicht, nicht noch einmal.

Mittlerweile war der junge Mann auch von zu Hause ausgezogen, hatte also Familiendistanz gewonnen. Unter Umständen mit dem heimlichen Seufzer: A pietate hallensi libera nos! Erlöse uns von dem Übel der hallensischen Theologie. Ob man Kants Auszug schon als heimlichen Bruch mit dem frommen, einengenden Elternhaus werten muss? Vielleicht doch.

Immerhin wäre so eher verständlich, was Kants wohlmeinende Biographen bis heute mit einem verständnislosen Kopfschütteln vermerken: dass Kant seine Familie jahrelang geschnitten hat. Borowski: »Mit seinen Blutsverwandten sah ich ihn nie zusammen.« Das Gleiche lesen wir bei Jachmann und der versucht sich einen Vers darauf zu machen: »Ich erkläre mir diese auffallende Erscheinung dadurch, daß sein Geist und seine Beschäftigung als Gelehrter ihn ganz aus der Sphäre seiner Familie hob.« Schön gesagt, nur wie ging das praktisch zu? Man sah sich doch auf der Straße, begegnete sich zufällig auf der »Grünen Brücke«. – Wir erinnern uns, wie seine Biographen allen Fleiß darauf verwandten, den Professor über seine Jugend auszuhorchen, und dabei nicht fündig wurden. Dabei hätten sie aber leicht vor der Tür nähere Auskünfte einholen können, bei seinen zahlreichen Geschwistern in der Stadt. Es wäre doch das Nächstliegende gewesen, oder? Sie haben's nicht getan. Weder Borowski noch Jachmann und auch nicht Wasianski. Wenigstens findet sich kein einziger Hinweis auf familieninterne Informationen in ihren Büchern. Fürchteten seine Biographen den Zorn ihres Helden? Jedenfalls lässt diese »auffallende Erscheinung«, dass Emanuel sich zu irgendeinem unbekannten Zeitpunkt innerlich von seiner Familie restlos verabschiedete, auf eine schwierige Konfliktlage schließen. Kant hat sie lebenslänglich kaschiert. Kaschiert vor anderen, aber anscheinend auch vor sich selbst. Eine andere Erklärung gibt es wohl nicht. Die »Höllenfahrt der Selbsterkenntnis« ist eben das, was sie ist.

Die neu gewonnene Freiheit vom Elternhaus und von der

Schule mag Emanuel zunächst ratlos gemacht haben. Ein Studienkollege erinnert sich: »Was Kant für einen Studienplan verfolgte, ist seinen Freunden unbekannt geblieben.« Er konnte und mochte sich nicht zu früh festlegen. Freunden gegenüber äußerte er: »Man müsse suchen, von allen Wissenschaften Kenntnis zu nehmen, keine auszuschließen, auch nicht die Theologie, wenn man dabey auch nicht sein Brot suchte.« Auch Schulz gegenüber blieb er ausweichend. Er studiere aus reiner »Wißbegierde«, erklärte er seinem früheren Gönner. Doch könne er sich zum Beispiel vorstellen, »ein Medicus werden zu wollen«. Seine Freunde aus dem Fridericianum fielen aus allen Wolken. In der Schule hatte sich Emanuel vor allen Dingen in den geisteswissenschaftlichen Fächern hervorgetan, und so schien ausgemacht, dass Kant dort seinen Weg machen werde. Und jetzt liebäugelte er mit einem Medizinstudium? Kant schien plötzlich eine »ganz unerwartete Richtung« einzuschlagen. Das tat er denn auch. Die tastenden Versuche quer durch alle Studienfächer zahlten sich überraschend aus. Er stieß auf Martin Knutsen, der sein Lieblingsprofessor wurde.

Knutsen, ein überaus begabter junger Mann, unterrichtete, wie damals üblich, eine Vielzahl von Fächern. Darunter Mathematik, Astronomie, Naturrecht, wissenschaftliche Psychologie. Bereits mit einundzwanzig Jahren war er von der Berliner Behörde zum Privatdozenten für Logik und Metaphysik ernannt worden. Man rühmte Knutsens »durchdringenden Verstand«, und der junge Gelehrte verstand es, »seinen Hörsaal mit einer zahlreichen Menge ansehnlicher Zuhörer zu füllen«. Ein ansehnlicher Zuhörer war Emanuel Kant damals noch nicht, doch Martin Knutsen muss rasch Gefallen an dem wissensdurstigen jungen Mann gefunden haben. Er gewährte Emanuel sogar Zugang zu seiner »herrlichen, reich versehenen« Privatbibliothek. Die war mit den neuesten wissenschaftlichen Veröffentlichungen bestückt. Neben den Schriften der englischen Philosophen und Newtons Untersuchungen zur Himmelsmechanik befanden sich auch die Werke Christian Wolffs darunter, des großen deutschen Aufklärungsphilosophen. Martin Knutsen fühlte sich zwar auch dem Pietismus innerlich verpflichtet, aber eher einem undogmatischen, existenziellen, der mit dem bornierten Hallenser Fundamentalismus wenig gemein hatte. Das nun gerade prädestinierte den Magister zum idealen Ansprechpartner für den jungen Kant. Martin Knutsen war es, so sah man's später, der Kants »Genie aufschloß«.

Also warf sich der junge Studiosus auf die Philosophie. Der philosophische Fachbereich umschloss im 18. Jahrhundert auch die »harten« Wissenschaften Mathematik, Physik, Astronomie. Sie machte Kant, unter dem Einfluss von Knutsen, zum Hauptgegenstand seiner Studien.

Mag sein, dass er nebenher sogar medizinische Vorlesungen besuchte. Der Mediziner Doktor Bohlius las an der Albertina, und Kant bezeichnet den Mann in seiner Erstlingsschrift, die er Bohlius widmete, als seinen Gönner. Das Interesse an dem Fach verließ ihn zeitlebens nicht. So wohnte Kant später zum Beispiel Augenoperationen bei, diskutierte mit Leidenschaft das Für und Wider der Pockenschutzimpfung. Im Alter stand er im Briefverkehr mit Hufeland, dem berühmten Arzt von Herder, Goethe, Schiller und Wieland.

Anna Regina hatte Emanuel das Herz den »Eindrücken der Natur« geöffnet, seine Begriffe »geweckt und erweitert«. Nun trat an Mutters Stelle die Wissenschaft, an deren Brüsten Emanuel Nahrung fand. Ein geglückter Übergang zu einem Leben in erweiterter Selbstbestimmung hatte stattgefunden. Kant war dabei, sich abzunabeln.

Knutsen stellte Kants Weltbild auf wissenschaftlichen Boden. Er führte ihn in die höhere Mathematik und in die moderne Astronomie, in Newtons Himmelsmechanik, ein. Mit fast allen Wissenschaftlern seiner Zeit teilte Kants Lehrer das ganzheitliche, holistische Weltbild. Naturwissenschaft war für sie alle kein Selbstzweck. Sie mündete ein in eine physikalische Theologie, die so genannte »Physiko-Theologie«, die es sich angelegen sein ließ, »durch Betrachtung der Natur und der Geschöpfe die Menschen zu Gott zu führen«. So verstand auch Isaac Newton (1643–1727) sein Werk. Emanuel lernte den Engländer durch Knutsens Vermittlung kennen und Newton blieb fortan Kants wissenschaftliches Idol. Er glaube nicht, versicherte er als Vierundvierzigjähriger, dass man nach Newton »noch neue, wichtige Entdeckungen in der Astronomie« zu erwarten hätte. Und in einer privaten Aufzeichnung aus diesen Jahren heißt es: »Newton sahe zu allererst Ordnung und Regelmäßigkeit mit großer Einfachheit verbunden, wo vor ihm Unordnung und schlimm gepaarte Mannigfaltigkeit anzutreffen war, und seitdem laufen Cometen in geometrischen Bahnen.«[2] Newtons Kometenbahntheorie hielt zwar nicht, was sie versprach, das wissen wir heute, sie machte auf die Zeitgenossen jedoch einen ungeheuren Eindruck. Hatten doch die Kometenängste über Jahrtausende die Menschheit begleitet. Jetzt schien der wissenschaftliche Zugriff den apokalyptischen Ängsten ein Ende zu setzen.

Und Königsberg triumphierte, als im Januar 1744 ein Komet am Winterhimmel aufkreuzte, dessen Erscheinen Martin Knutsen sieben Jahre zuvor angekündigt hatte. Knutsen hatte einfach Glück gehabt, stellte sich später heraus: Der Komet von 1744 war nämlich nicht identisch mit dem Schweifstern von 1698, dessen Wiederkehr Knutsen für das gegenwärtige Jahr vorausberechnet hatte. Unpräzises Messgerät und mangelhafte Berechnungen hatten Kants

Lehrer einem Irrtum aufsitzen lassen. Im Augenblick aber war die Sensation perfekt. Die Krähwinkel-Universität der Pregelstadt stand für Monate im Blickpunkt des gelehrten Interesses der deutschen Länder.

Emanuel Kant befand sich damals in der Mitte seiner Studienzeit. Als er unter dem Winterhimmel neben seinem Lehrer am Teleskop stand, wird ihn Knutsens spektakulärer Erfolg noch einmal in dem Gefühl bestärkt haben, die Wahl seines Studiums richtig getroffen zu haben. »Ich habe mir die Bahn schon vorgezeichnet, die ich halten will. Ich werde meinen Lauf antreten und nichts soll mich hindern, ihn fortzusetzen«[3], brachte er drei Jahre später zu Papier.

Im Kometenjahr traf den Vater Johann Georg ein Schlaganfall, von dem er sich nie wieder richtig erholte. Anderthalb Jahre später erlag der Riemermeister seinen Leiden.

Hat Kant den kranken Vater besucht? Die Frage erscheint respektlos. Borowski aber weiß zu berichten: »Er sah sehr ungern seine Freunde durch den Tod aus seiner Nähe gerissen, erkundigte sich sorgfältig nach dem Befinden, aber er besuchte nicht leicht einen Kranken. Wenn aber die vorzüglich ihn interessierenden Freunde dann doch der Krankheit unterliegen mußten, so mochte er nicht weiter die Erinnerung durch andere bei sich aufregen lassen. Es ist vorbei, sagte er dann.« Taktvolle Worte für ein taktloses Verhalten. Aber man merkt dem Biographen an, wie schwer er sich tut mit seinen gewundenen Erklärungen. Doch es hilft nichts, wir müssen zur Kenntnis nehmen, dass Kant offenbar die Nähe des Todes nicht ertragen konnte. Als sein Freund Hippel, Oberbürgermeister von Königsberg und über Jahre Kants Tischgast, starb, erklärte er kalt am »Tag nach seinem Tode in einer großen Mittagsgesellschaft, wo man über den Heimgang Hippels ein Gespräch anknüpfen wollte: Man müßte den Toten bei den Toten ruhen lassen«. Dass der Student, Magister oder Professor je die Gräber seiner Eltern auf dem Königsberger Friedhof besucht hat, ist also eher unwahrscheinlich.

Die Beisetzung des Vaters auszurichten fiel ihm als dem Ältesten natürlich zu. Der Vater war in Armut gestorben, und so wurde er, wie schon Anna Regina sieben Jahre zuvor, »still und arm«, das heißt ohne Leichenkondukt und auf Gemeindekosten, unter die Erde gebracht. Johann Georg mag ein guter Handwerker gewesen sein, geschäftstüchtig war er kaum. Seinen Kindern hinterließ er nichts.

Damit stellt sich die Frage, wie Emanuel Kant sein Studium finanzierte. Die Immatrikulationsgebühr von neun Talern (der Jahreslohn einer Magd) hat der Studiosus entrichtet. Um Nachlassung hätte er bitten können, allein Emanuel setzte seinen Stolz darein, nicht als bedürftig zu erscheinen. Auch von der Möglichkeit, im universitätseigenen Internat unterzukommen, dem »Pauperhaus, in welchem eine gewisse Zahl armer Knaben mit allem Notwendigen versehen wird«, machte er keinen Gebrauch. Lieber wohnte er mit Kommilitonen zusammen auf einer Stube und zahlte seinen Mietanteil.

Viele Studenten lebten einfach auf Pump. Da erzählt einer in Lenzens Komödie *Der Hofmeister* wohlgemut: »Die schreiben alles auf, Hausmiete, Kaffee, Tabak, alles, was ich verlange, und dann zahl ich die Rechnung alle Jahre, wenn mein Wechsel kommt. Diesmal haben sie's mir aber arg gemacht. Mein ganzer Wechsel hat herhalten müssen, bis auf den letzten Pfennig, und mein Rock, den ich tags zuvor versetzt hatte, steht noch zu Gevattern. Aber was macht das? des Abends geh ich im Schlafrock spazieren.« – Aber freilich, Kant machte keine Schulden, niemals im Leben! Das hätte ja geheißen, sich in Abhängigkeit von anderen zu begeben.

Allerdings gab es eine sprudelnde Erwerbsquelle – das Glücksspiel. Nicht die »Königlich Preußische Lotterie«, mit der sich Lenzens Student aus der Patsche helfen konnte. Nein, um in der Lotterie zu spielen, war Kant zu intelligent. Man fand ihn in Kaffeegärten oder im »Hotel Zornich« in der Junkergasse, vielleicht auch im »Palmbaum« am Billardtisch. Kant und seine Freunde besserten ihre »Erwerbs-Artickel« dadurch auf, dass sie gut betuchte Gäste ausnahmen. Die Freunde beherrschten die Karambolagetechnik so perfekt, »daß in Folge niemand mehr mit uns spielen wollte; so gaben wir diesen Erwerbs-Artickel ganz auf und wählten das Lomber-Spiel«, eine Art Skat. Jachmann, der immer die Schwächen seines Helden bemäntelt und darum auch dem Leser vorenthält, dass Kant sich über Jahre mit Glücksspiel über Wasser hielt, weiß immerhin zu berichten: »Er war ein großer Freund dieses Spiels und erklärte es nicht allein für eine nützliche Verstandesübung, sondern auch, in anständiger Gesellschaft gespielt, selbst für eine Übung in der Selbstbeherrschung, mithin für eine Kultur der Moralität.« Wenn das stimmte, hätte man auch im Halleschen Waisenhaus aus des »Teufels Gebetbuch« singen können. Jachmann scheint selbst nicht recht glücklich mit seiner Exkulpationsstrategie gewesen zu sein, denn er fährt fort: »Erst der Umgang mit Green unterbrach dieses Spiel auf immer. Kant hatte aber auch schon zuvor den Entschluß gefaßt, es aufzugeben, weil er sehr rasch spielte und das Zögern der Mitspielenden ihm öfters Langeweile machte.« Dem Kaufmann Green begegnete Kant allerdings erst zwanzig Jahre später. Und bis dahin blieb er dem Lomberspiel treu, wie ein anderer Gewährsmann berichtet: »Kant paßte um so mehr in jede große und kleine Gesellschaft, da er das Kartenspiel liebte und nicht gerne einen Abend ohne seine kleine Lomberpartie zubrachte. Er hielt dies für das einzige, stets sichere

Mittel, den Kopf vom anstrengenden Denken abzuziehen und zu beruhigen.« In seiner *Anthropologie* spricht Kant von dem »heftigen Reiz«, den das Glücksspiel bei sich führt, »einander mit der größten Höflichkeit zu plündern«[4]. Im selben Zusammenhang stellt er fest, Leute von nicht hellen Begriffen, »wie zum Beispiel auch Lotteriespieler«, seien insgesamt abergläubisch. – Also, er kannte sich schon aus in der Materie.

Freilich wüssten wir gern sehr viel mehr von dem Studenten Kant, der sich immer deutlicher von seinem Elternhaus abnabelt. Hans Georg Kant, der Vater, hätte nie ein Kartenspiel in die Hand genommen. Und Anna Regina? Die wäre fassungslos gewesen, wenn sie ihren Sohn am Billardtisch gesehen hätte. Emanuel Kant ist also dabei, sich eine eigene, nämlich selbst gewählte Identität zu verschaffen.

Spätestens seit seiner Immatrikulation trägt er als akademischer Bürger die weiß gepuderte Perücke, die Nacken und Ohren freilässt. Bei der so genannten »Beutelperücke« steckt man das Nackenhaar in einen großen, schleifendrapierten Beutel und von dort aus wird ein breites schwarzes Seidenzierband um den Hals geführt. Das erste erhaltene Kantbildnis (1755) zeigt den Magister in diesem Haarschmuck, und seiner Perücke ist Kant, anders als Rousseau, bis ins Alter treu geblieben. Weste und Rock sind überaus komplizierte und aufwändig herzustellende Tuchgebilde: mit Wachstuch, Rosshaar oder Papier abgefüttert, damit die Schöße weit von den Hüften abstehen und so einen Kontrast zu dem schmalen Oberkörper bilden. Die Kniehose schließt mit einer Spange, welche die weißen Wadenstrümpfe festhält. Der silberne Zierdegen, ein eckiger Dreispitz (der wegen der gepuderten Perücke in der Regel unter dem Arm getragen wird), eng gearbeitete Schuhe vervollständigen die Silhouette der Männertracht. – In diesem liebenswert törichten Kostüm müssen wir Kant vor uns sehen, dessen Maxime es war, lieber als ein Modenarr daherzukommen, statt als Modemuffel abseitszustehen.[5] – Versteht sich, dass der Normalbürger sich daheim erst im Negligé, dem Schlafrock, wohl fühlte. Im gelben Negligé mit rotseidener Binde schildert ein Besucher aus späteren Jahren den Philosophen. Es ist eine teure Mode, die das 18. Jahrhundert kreierte. Von Jachmann erfahren wir, in Kants Magisterjahren sei dessen »einziger Rock« so über die Maßen abgetragen gewesen, dass Freunde sich erboten hätten, »ihm auf diskrete Art Geld zu einer neuen Kleidung anzutragen«, was Kant trotz seiner »mißlichen Subsistenz« aber dann doch nicht annehmen wollte.

Wie müssen wir uns das Studentenleben des »akademischen Bürgers« vorstellen? Gab es für Emanuel Kant noch andere Abwechslungen als das Kaffeehaus, als Lomber- und Billardspiel? »Kant liebte keine Belustigungen«, stellen seine Biographen übereinstimmend fest. Andererseits, so der Professor in seinen besten Jahren, wollte er »Treibhauszucht bei den jungen Leuten nicht angewandt wissen«. Zustimmend zitiert er Rousseaus Ausspruch: »Ihr werdet niemals einen tüchtigen Mann bilden, wenn ihr nicht vorher einen Gassenjungen habt.«[6] Und weiter: »Nichts ist lächerlicher als altkluge Sittsamkeit.«

Nun war Königsberg kein Ort, welcher die Sittsamkeit eines jungen Mannes auf die Probe gestellt hätte. Gewiss, da gab's das verrufene Hafen- und Speicherviertel, die »Lastadie«. Die bot alles, wovon Seeleute träumten. Spelunken, lockere Mädchen, Tanz, Bordelle, Musik, Schausteller, Trubel und Spektakel, wenn das kräftige löbenichtsche Dunkelbier durch die Kehle rann und die Fäuste flogen. Aber die Lastadie war eine Stadt außerhalb der gesitteten Pregelstadt. Mit Leuten, die dort wohnten, machte sich der Bürger nicht gemein. Nüchterner Handelsgeist, die pedantische Prüderie pietistischer Lebensart, unterkühltes nordisches Sentiment gaben in der Hauptstadt den Ton an. Ein Ort, »um Tanzbären aufzuziehen«, wie der junge Kronprinz befand.

Und da war etwas Wahres dran. Königsberg war keine offene, es war eine geschlossene Gesellschaft. Studentisches Treiben bestand gerade im Duellieren, Sich-Betrinken und »Turbieren« braver Bürger. Aber das alles war Emanuel Kants Sache gewiss nicht.

Und sein Umgang mit dem »schönen Geschlecht«? Danach hatte sich ja auch Borowski in seinem Fragebogen erkundigt, ob »nicht ein Frauenzimmer das Glück gehabt«, Kants Liebe auf sich zu ziehen? Gab es nicht öffentliche Tanzveranstaltungen, bei denen sich die zwanglose Gelegenheit zu Bekanntschaften geboten hätte? Hatte der Billard- und Lomberspieler sich schon so weit von den elterlichen Erziehungsgrundsätzen entfernt, konnte er sich ja auch dem Tanzvergnügen in die Arme werfen.

Gewiss. Doch Kants Sinn für die schönen Töne war unterentwickelt. Und die Musikerziehung des Fridericianums stand selbstverständlich auch auf »halleschem Fuß«. Franckes Lehrplan sah keinen Musikunterricht vor. Die Schüler konnten sich fakultativ im Flöten- und Klavierspiel unterrichten lassen, das war dann auch schon alles. Ganz nach der Maxime: »Weil aus der Musik insonderheit in jungen Jahren auf Schulen und Universitäten viel Gelegenheit zu einem liederlichen Wesen entsteht, und mehr zur üppigen Wollust als Gott zu Ehren angewandt wird, haben Eltern und Praeceptores sich wohl fürzusehen, daß sie nicht den Kindern dadurch einen Strick legen, darüber sie in reiferen Jahren fallen; wie leider die Erfahrung bezeuget, daß es von den meisten geschehe.« Allein dem Gesangsunterricht »als Gott zu Ehren« wurde am Fridericianum Raum gegeben.

Doch von den Singestunden hatte sich Emanuel schon nach drei Jahren, also mit elf, verabschiedet.

Es muss unentschieden bleiben, ob man's seiner Erziehung zuschreiben soll, dass Kant als musikalischer Krüppel durchs Leben gehen musste. Oder hatte ihm die Natur eine ihrer schönsten Gaben versagt? Dazu Kant selbst: »Es gibt mehr Leute als man wohl glaubt, die von gutem, ja sogar von äußerst feinem, aber schlechterdings nicht musikalischem Gehör sind, deren Sinn für Töne, nicht bloß um sie nachzumachen (zu singen), sondern auch nur von bloßem Schall zu unterscheiden, ganz unempfindlich ist.«[7] Der Professor mochte dabei seinen Freund Green vor Augen haben, vermutlich aber auch sich selbst. Allenfalls der Gesangskunst mochte Kant Geschmack abgewinnen, Musik jedoch als »lauter Empfindungen ohne Begriffe«[8] rangierte in seiner späteren Kunsttheorie ganz am Ende der schönen Künste.[9] Entzog sie sich doch als »bloße Mitteilung des Gefühls« jedem rationalen Zugriff. Bedauernswerter Mann. Dies war ja das Jahrhundert von Haydn, Bach, Mozart, dem jungen Beethoven, deren Werken sich auch die Salons der Pregelstadt geöffnet hatten. Nein, Kant ist unseres Wissens nie in ein Konzert gegangen. Unterhaltung gewährte ihm die Blechmusik beim Aufzug der Wachparade, »an rauschender Kriegsmusik« fand er also allenfalls Gefallen, »praevalierte sie vor jeder anderen Art«. Seinen Studenten riet er im Ernst von jeder Beschäftigung mit Musik ab, »weil man durch sie zu leicht von wissenschaftlichen Beschäftigungen abgehalten« wurde.

Also, Tanzvergnügen konnten dem jungen Herrn nicht die Tür zum königsbergischen Frauenzimmer öffnen. Doch Kant war kein misogyner, frauenfeindlicher Mann! Er war durchaus empfänglich für weibliche Reize. Nicht nur in einer Art von interesselosem Wohlgefallen, sondern recht

konkret. Ein durchreisender Literat, der dem mehr als Sieb-
zigjährigen seine Aufwartung machte, wunderte sich über
den Modeverstand des Philosophen und meinte: »Keine
Dame ist eine größere Kennerin als Kant ein Kenner von
Blonden, Muselinen, Boussanten, Hauben, Halstüchern
und Spencern«, ein Kenner von Seidenspitzen und sonstigen Accessoires bis zu den modischen Unterhemden. – Über
sein Verhältnis zu Frauen wird später noch näher Auskunft
zu geben sein.

Nun müssten solche intimen Details auch niemanden interessieren. Doch sind sie ein weiteres Indiz der Gewalt jener Erziehungsmuster, die Kant konditionierten, die Natur
und Freiheit in ihm zu einem unversöhnlichen Gegensatz
auseinandertreten ließen. »Heiliger oder Tier« zu sein, das
war die Wahl, vor die Anna Regina ihn gestellt hatte, und
beides sind furchtbare Gegner. »So ist es aber nur theoretisch. Denn es sind ja nicht nur die zwei Gegner da, sondern
auch noch er selbst, und wer kennt eigentlich seine Absichten?«, heißt es bei Kafka. Wie ein Echo auf diese schwierige
Zeit des Heranwachsens lesen sich Kants Bemerkungen in
seiner *Anthropologie*. Spätestens »in seinem 15ten Lebensjahr«, führt Kant dort aus, wird der Mensch »durch den
Geschlechtsinstinkt angetrieben. Doch wenn der Jüngling
gleich früh genug das Vermögen hat, seines und eines Weibes Neigung zu befriedigen, hat er noch lange nicht das
Vermögen, sein Weib und Kind zu erhalten. Er muß ein Ge-
werbe lernen, worüber aber in der geschliffenen Volksklas-
se auch wohl das 25te Jahr verfließen kann, ehe er zu seiner
Bestimmung reif wird. Womit füllt er nun diesen Zwischen-
raum einer abgenötigten und unnatürlichen Enthaltsamkeit
aus? Kaum anders als mit Lastern.«[10]

Laster meint hier wohl vor allen Dingen die von Kant
in der Regel so genannte »Selbstschändung«[11], die sexu-

elle Selbstbefriedigung. Vor ihr zu warnen eiferten in dem aufgeklärten Nützlichkeitsjahrhundert Geistliche, Erzieher, Mediziner um die Wette. Hufeland, der berühmte Arzt der Weimarer Klassiker, glaubte seiner Tochter Lotte, vierzehn Jahre alt, diesen drastischen Aufklärungsunterricht erteilen zu müssen: »Siehst du jenen abgelebten, bleichen, entnervten und kraftlosen Jüngling, welcher an Schwäche und Hinfälligkeit dem zitternden Greise gleicht? Bemerkst du jenes schwächliche, trauernde, hinwelkende, nervenkranke Mädchen, welches in der Blüte ihrer Jugend und in den Jahren der Freude, wie eine junge, vom Wurm gestochene Pflanze, das Haupt zur Erde geneigt, und zu einer Zeit, da sie für das Leben erst recht reifen sollte, schon lebenssatt und kummervoll zum frühen Grabe schwankt?« – Man empfand es als unsagbar skandalös, als schockierend, dass der gefeierte Jean-Jacques Rousseau diesem gefährlichen »Ersatz, der die Natur betrügt« auch noch positive Seiten abgewinnen wollte. In seinen hinterlassenen *Bekenntnissen* erklärte der schwärmerische Enthüllungsfanatiker, er habe zeitlebens der heimlichen Selbstwollust gefrönt. Erläuternd setzte er hinzu, dieses »Laster« ziehe eben seinen großen Reiz daraus, »die Art von Schönheit, die gerade am meisten verlockt, genießen zu können, ohne deren Einwilligung zu bedürfen«. – Rousseaus Bild hing über Kants Schreibpult. Es blieb auch dort. Was immer Kant selbst gegen diese Art von »verkehrter Wollust« sagen oder schreiben mochte. Schließlich konzedierte er ja: »Die Natur hat gewiß nicht Instinkte und Vermögen in lebende Geschöpfe gelegt, damit sie solche bekämpfen und unterdrücken sollten.«[12] Eine »vollkommene bürgerliche Verfassung«, hoffte er, werde einst die Menschen von jenen Lastern und ihren Folgen, »dem mannigfaltigen menschlichen Elende«, befreien.

Für die Gegenwart blieb ihm die Wissenschaft. Die Metaphysik, in die er »das Schicksal hatte verliebt zu sein«. Gewiss mehr als ein schaler Ersatz für gestundete Hoffnung. Das Verlangen zu ergründen, was die Welt im Innersten zusammenhält, Heilung an einer heilen Welt zu finden, war übermächtig. Nichts zwischen Gott und Welt konnte diesen metaphysischen Hunger stillen als eben nur die Metaphysik. Sie allein versprach ein letztes Identischwerden mit sich selbst.

Und Emanuel war während seiner Studienjahre mit dem Umbau seiner Identität weitergekommen. Ein winziges Indiz bestätigt das. Auf dem Titelblatt seiner Erstlingsschrift, die er während der letzten Studiensemester zu Papier brachte, nennt er sich zum ersten Mal »Immanuel«: Er war dabei, sich selbst einen Namen zu machen. Nomen est omen? Ganz sicher die eigene Namenswahl, wenn sie die ungefragte Namensgebung der Eltern korrigiert. Ein Selbständigkeitspathos, das die Fiktion nährt, sich selbst zur Welt gebracht, den Zufall der Geburt in Notwendigkeit überführt zu haben.

Jenes neue Selbstwertgefühl des Dreiundzwanzigjährigen begegnet dem Leser allenthalben in Kants Erstlingsschrift: *Gedanken von der wahren Schätzung der lebendigen Kräfte und Beurteilung der Beweise, deren sich Herr von Leibniz und andere Mechaniker in dieser Streitsache bedient haben, nebst einigen vorhergehenden Betrachtungen, welche die Kraft der Körper überhaupt betreffen, durch Immanuel Kant.*[13] Ermüdend zu lesen wie der Titel ist die ganze Schrift. Es hat auch kein Mensch von ihr Notiz genommen. Am allerwenigsten die »Mechaniker«, also die zeitgenössischen Physiker und Mathematiker. Wenn auch Borowski bemerkt, »Kenner« hätten sie »reif und vorzüglich« gefunden. Das 240 Seiten starke Buch scheint sogar einige Zeit verschollen gewesen zu sein. Das hatte seinen Grund. Die

Streitfrage, die Kant sich anheischig machte zu entscheiden, war bereits Jahre zuvor von dem Franzosen d'Alembert gelöst worden. Rein mathematisch. Das hatte sich bis zu Knutsen und Kant bloß noch nicht herumgesprochen. Heute interessiert an der Schrift fast nur noch das biographische Detail.

Da erfahren wir beispielsweise beiläufig von ballistischen Versuchen Kants: mit der Flinte, einem Vorderlader! Kaum vorzustellen bei dem engbrüstigen, kleinwüchsigen jungen Mann. Ein Riese aber an Selbstbewusstsein stand da am Schießstand. »Die Wahrheit, um die sich die größten Meister der menschlichen Erkenntnis vergeblich beworben haben, hat sich meinem Verstand zuerst dargestellt«[14], heißt es gleich in der Einführung. In Sperrsatz. Und dann folgt der schon angeführte Text: »Ich habe mir die Bahn schon vorgezeichnet ... Ich werde meinen Lauf antreten und nichts soll mich hindern, ihn fortzusetzen.« Welch ein Überschwang von Größenphantasien. Ich bin der Größte, verkündet ein bis dahin Unbekannter der Wissenschaftswelt. Und seinen Namen sollen sich die Herren wohl merken: Es ist Immanuel Kant. Aus Königsberg. Aber die Vordere Vorstadt 22 ist mittlerweile weit weggerückt: Die Wissenschaften sind fortan Kants Zuhause.

Zu dem erlauchten Kreis der Wissenschaftler Europas, mit denen Kant sich anlegte, gehörte auch die Marquise Emilie du Chatelet. Wie begegnete Kant einer weiblichen Kollegin? Oder ist Wissenschaft geschlechtsneutral?

Emilie du Chatelet arbeitete an demselben Problem wie Kant und sie war der Lösung näher als dieser. Der junge Gelehrte setzt sich seitenlang sachlich mit der Kollegin auseinander, ohne dass ihm ein frauenfeindlicher Ton unterkäme. Die Stringenz ihrer Beweise, ihr experimenteller Scharfsinn müssen ihn beeindruckt haben. Dennoch, ganz wohl ist ihm nicht. Er glaubt, der Marquise argumentativ nachhelfen zu müssen. Madame habe eben zu viel Esprit, um eine Untersuchung emotionsfrei zu Ende zu führen: Sie lasse wissenschaftliche Seriosität vermissen. »Die Anmerkung, die ich hier mache, würde gegen jede andere Person ihres Geschlechtes das Ansehen eines ungesitteten Betragens an sich haben«[15], entschuldigt der Dreiundzwanzigjährige sein pedantisches Vorgehen. »Allein der Vorzug des Verstandes an der jenigen Person, von der ich rede, der sie über alle übrigen ihres Geschlechtes, und auch über einen großen Teil des anderen hinweg setzt, beraubt sie zugleich desjenigen, was das eigentliche Vorrecht des schöneren Teils der Menschen ist, nämlich der Schmeichelei.« Begibt man sich ins Getümmel der wissenschaftlichen Arena, setzt man sich der fachlichen Kritik von Mitbewerbern aus, und eine Frau büßt damit, so will es das Vorurteil, ihren natürlichen Geschlechtsbonus ein. Ein Klischee seiner Zeit, dem der junge Kant unreflektiert aufsitzt.

Sich über Frauen zu mokieren, die »bärtig« daherkommen, gehört zum guten Ton. Da macht Kant keine Ausnahme. Wissenschaft im Aufklärungsjahrhundert begreift sich als Emanzipation von der Natur: Da versteht es sich von selbst, dass eigentlich schon der Begriff »weibliche Gelehrsamkeit« in sich widersprüchlich ist. Frauen sind eben Naturwesen. Mehr jedenfalls als der Mann. Wenn auch, zugegeben, der Philosoph in seinem »ergötzlichen Nachdenken« über das große Himmelsgebäude leichthin durch ein kleines braunes Mädchen »aus der Fassung geraten kann«, wie Kant später, Hume zitierend, in seinen *Bemerkungen* notiert.[16]

Wie gesagt, Kants *Schätzung* liest man unter Gähnen. Im Hintergrund steht allerdings ein theologischer Grundsatzdisput. Die Gelehrten in der Wissenschaftstradition von Descartes berechneten die Kraft bewegter Körper nach dem Produkt der Masse und einfacher Geschwindigkeit. Übertrug man diese Gleichung auf die Himmelsmechanik, dann musste das Sonnensystem früher oder später kollabieren. Wollte der Schöpfergott einem völligen Systemabsturz zuvorkommen, musste er von Zeit zu Zeit seine Werte nachbessern. Pfuscharbeit? Das ging den Leuten um Leibniz entschieden gegen Gottes Ehre. Sie setzten das wahre Kraftmaß als Produkt von Masse und dem Quadrat der Geschwindigkeit, und sie behaupteten, damit würde die Himmelsmechanik erst richtig funktionieren.

Die beiden Gelehrtenschulen trugen ihren Kampf mit einer wahren Verbissenheit aus. Und das wiederum ging dem jungen Kant gegen die Ehre der Wissenschaft, die er inzwischen vergötterte. Er versuchte, und darin sah er seinen genialen Beitrag, eine gewisse Mittelstellung zwischen den beiden verfeindeten Lagern einzunehmen. Eine Stellung, die der »Logik der Wahrscheinlichkeit« am ehesten entspreche, in der das »Wahre von beiden Seiten« zusammenfalle.[17]

Völlig befriedigen konnte ihn sein Lösungsversuch aber wohl auch nicht. Denn er bemerkte mit einem Seufzer: »Unsere Metaphysik ist, wie viele andere Wissenschaften, in der Tat nur an der Schwelle einer recht gründlichen Erkenntnis; Gott weiß, wann man sie selbige wird überschreiten sehen.«[18] In seiner nächsten Schrift, die er sieben Jahre darauf vorlegte, transportierte er das Problem der kosmischen Instabilität auf eine ganz neue Ebene. Und dort erst gelingt es ihm, Newtons Himmelsmechanik mit einem vernünftigen Gottesbild zu versöhnen.

Seit Knutsens Kometen hatte Kant drei Jahre mit der Abfassung seiner Erstschrift zugebracht. Und vergebliche Liebesmühe war diese Zeit nicht. Der Student hatte dabei gelernt, methodisch zu denken, und er war nebenher auf eine Menge anderer Probleme gestoßen, die ihn interessierten.

Besonders das Problem der räumlichen Verfassung der Welt drängte sich ihm auf. Eine kniffelige Frage, die sich stellte, wenn man die Struktur und Natur der Materie diskutierte. In den einführenden Paragraphen der *Schätzung* entwickelte Kant die These: »Wenn die Substanzen keine Kraft hätten, außer sich zu wirken, so würde keine Ausdehnung, auch kein Raum sein.«[19] Ein Votum, das den gesunden Menschenverstand auf den Kopf stellt. Denn nach landläufiger Überzeugung schuf Gott zunächst den leeren Raum als Rahmenbedingung der Materie und füllte danach den Behälter mit Inhalt. Die *Schätzung* dagegen definiert den Raum als Produkt der dynamischen Materie: Die Substanzen sind es, die aus sich heraus den Raum erschaffen, so sieht es Kant.

Denkt man seine Gedanken weiter, dann sieht es beinah so aus, als hätte der Königsberger Student bereits in der Mitte des 18. Jahrhunderts das kosmologische Standardmodell unserer Gegenwart vorausgeahnt. Danach beginnt der kosmische Prozess in der Tat mit einem mathematischen, also raumlosen Energiepunkt, der zu einer superheißen Urblase anschwillt, welche heiße Materie und Strahlung ausstößt und schließlich explosionsartig zu einem Raumgebilde von 20 Milliarden Lichtjahren anwächst. Alles kraft jener Dynamik, die den raumschaffenden »lebendigen Kräften« der Materie von Anfang an innewohnt. – In diesem Zusammenhang spricht Kant außerdem das Problem der Raumdimensionierung an: Dass die Schwerkraft mit dem Quadrat der Entfernung abnehme, heißt es in der *Schätzung*, sei eben allein in einem Raum mit drei Ausdehnungen möglich.[20] Computersimulationen geben Kant Recht: Nur ein dreidimensionaler Raum verbürgt langfristig die Bahnstabilität von Himmelskörpern. – Was für Genieblitze eines gerade erst dreiundzwanzigjährigen Studenten!

All diese Gedanken bleiben in Kants Erstlingsschrift allerdings eher flüchtige Randnotizen. Immerhin taucht ebenfalls schon der erkenntnistheoretische Aspekt des Raumproblems auf, der später in der *Kritik der reinen Vernunft* eine so eminente Rolle einnehmen wird. Kant weist nämlich in der *Schätzung* auf folgenden Umstand hin: »Die Unmöglichkeit, die wir bei uns bemerken, einen Raum von mehr als drei Abmessungen uns vorzustellen, scheint mir daher zu rühren, weil unsere Seele selber dazu gemacht ist, auf diese Weise außer sich zu wirken.«[21] Ein Aspekt der späteren Transzendentalphilosophie ist damit bereits deutlich angesprochen: der Raum als Form des äußeren Sinnes. Die Transzendentalphilosophie hinterfragt unser Erkennen hinsichtlich seiner erkenntnistheoretischen Voraussetzungen, die Erkenntnis für uns allererst möglich machen. – Mehr dazu in dem Kapitel zur *Kritik der reinen Vernunft*. Kant muss schon bei der Abfassung der *Schätzung* gespürt haben, dass hier noch eine große Aufgabe auf ihn wartete. Denn er beschließt seine Diskussion des Raumproblems mit der Ankündigung: »Diese Gedanken können der Entwurf zu einer Betrachtung sein, die ich mir vorbehalte.« Es sollten allerdings mehr als drei Jahrzehnte verstreichen, bis die *Kritik der reinen Vernunft* geschrieben war.

Jetzt aber musste es einfach ein großes Gefühl sein, das erste Buch aus eigener Feder in der Hand zu halten. Es war auch in prächtiger Ausstattung erschienen. Ein freundlicher Schuhfabrikant aus der Verwandtschaft hatte die Druckkosten übernommen.

Einige Exemplare der *Schätzung* ließ Kant verschiedenen Wissenschaftlern zur Begutachtung zukommen. Darunter auch Euler an der Preußischen Akademie. Eine Antwort des Universalgelehrten traf nicht ein – und wie wird der junge Student ihr entgegengefiebert haben! Ein weiteres Exemplar ging an den Dekan der Philosophischen Fakultät, sozusagen als Abschlussarbeit. Denn Abschlussexamina waren noch nicht üblich.

Damit verabschiedete sich Immanuel Kant nach achtjährigem Studium von der Albertina, ein mittelloser Student.

Wohin mit dem mittellosen Studenten? Immanuel verließ im Herbst 1748 seine Heimatstadt. Er hatte eine Hauslehrerstelle in Judschen angenommen. Von dort wechselte er drei Jahre später nach Groß-Arnsdorf und kehrte, wohl im Sommer 1755, in die Pregelstadt zurück. Insgesamt fast sieben Jahre hat er seinen Unterhalt als Hauslehrer bestritten. Warum ist der »studiosus philosophiae«, so führte ihn das Judschener Kirchregister, nicht in Königsberg geblieben? Gleich an der Albertina, um dort seine Magisterprüfung abzulegen? Und wieso hatte es ihn gerade in das abgelegene Judschen verschlagen?

Wieder: Wir wissen es nicht. Aus Kants Hauslehrerzeit kennen wir nur wenige Namen, ein paar Daten. Seine ersten Biographen streifen die Jahre in der Provinz bloß mit flüchtigen Bemerkungen. Und das ist dann schon alles. – Vermutlich hatte das Prunkexemplar von Buch, die *Schätzung*, alle finanziellen Mittel des jungen Mannes erschöpft. Das wäre schon ein Teil der Antwort, warum Kant nicht gleich die akademische Laufbahn einschlug. Außerdem, seinen Gönnern länger auf dem Geldbeutel liegen, das mochte er bestimmt auch nicht. Also entschloss er sich, vorübergehend als Hauslehrer sein Brot zu suchen.

Und das war für einen unbemittelten Studenten auch fast der typische Werdegang. Fichte, Schelling und Hegel, das Dreigestirn des deutschen Idealismus, haben zunächst

ebenso mit dem harten Brot eines Privaterziehers vorliebnehmen müssen. Das allgemeine Schulsystem war noch
unterentwickelt, Adelige, Domänenpächter und Großgrundbesitzer, die ihre Kinder nicht zum gemeinen Volk ins
Schulhaus stecken mochten, stellten eigenes Lehrpersonal
ein. Als »Hofmeister« bezeichnete man, ein wenig hoch-
trabend, die jungen Akademiker. Schon um das hauseigene
Lehrpersonal von den gewöhnlichen Lehrern zu unterscheiden. Die waren nämlich in der Regel unstudierte, weithin
ungebildete Leute.

Judschen lag auf dem flachen Land, ungefähr hundert
Kilometer östlich von Königsberg. Eingepfercht zwischen
Kisten und Kasten, musste der junge Kant eine lange, wohl
mehrtägige Wagenfahrt hinter sich bringen. Preußen, also
Ostpreußen, besaß um diese Zeit gerade eine einzige Meile
ausgebauter Chaussee. Der Wagen quälte sich über ausge-
fahrene Fahrbahnen, die Räder hatten unzähligen Schlamm-
und Schlaglöchern auszuweichen. Rechts und links lauerten
Moraste, dehnte sich endlos die Heide. Wasserläufe waren
zu überwinden und auf der anderen Seite landeten die Rei-
senden plötzlich im freien Feld, die Straße verlor sich im
Ungewissen. – Oder hatte Immanuel sich für die Fahrt nach
Judschen einem der flachen Riesenkähne, den Wittinen, anvertraut, die Königsbergs Handelshäuser mit Hanf, Flachs
und Getreide aus Polen belieferten? Die nahmen den gewundenen Pregel aufwärts auch Reisende mit an Bord. –
So oder so, eine Spazierfahrt war's nicht. Es ging durch
menschenleeres, verödetes Land. Die Folgen der großen
Pest waren noch immer zu spüren, die ein Menschenalter
zuvor ganze Landstriche entvölkert hatte. Seitdem hatten
die Preußenherrscher Einwanderer aus allen Teilen Europas nach Preußen gezogen. Preußen »bildete sich aus dem
Zusammenschluß von Kolonisten der verschiedenen Völker

mit den alten Bewohnern«, schrieb Friedrich II. in seinem Geschichtswerk. Das Preußen der Hohenzollern war ein Vielvölkerstaat.

Eins der neuen Kolonistendörfer war Judschen. Die Mehrzahl der Menschen kam aus der französischen Schweiz, Einzelne waren auch aus Nordfrankreich und den Niederlanden hierhergezogen. Sie alle wurden zu Pionieren eines freien Bauernstandes. In der Umgebung und Nachbarschaft von Judschen ging's ebenso bunt zu. Dort siedelten Hessen, Nassauer, Pfälzer, Salzburger und deutschsprachige Schweizer. Die meisten waren vor der religiösen Intoleranz ihrer Landesfürsten geflüchtet. Die Hohenzollernherrscher hatten sie mit offenen Armen aufgenommen. Es galt, das Land zu »peuplieren«, zu bevölkern. Berühmt ist die Antwort, mit der Friedrich II. eine Anfrage des Magistrats von Frankfurt/Oder beschied, ob auch Katholiken in der Stadt Bürgerrecht erwerben dürften: »Alle Religionen sindt gleich und guth, wan nuhr die leute Ehrliche leute seindt, und wen Türken und Heihden kämen und wollten das Land pöblieren, so wollen wir sie Mosqueen und Kirchen bauen lassen.« – Der Königsberger Kant dachte gleichermaßen weltbürgerlich. Und in Judschen sah er's mit eigenen Augen, wie »Kinder verschiedener Völker« einträchtig unter demselben Himmel miteinander leben und auskommen konnten.

Der Philosophiestudent unterrichtete in Judschen die fünf Söhne des Pfarrers Daniel Andersch, wohnte auch wohl mit in dessen Haus. Ihm stand freies Logis zu und er bezog ein Jahressalär von 50 bis 60 Talern. Neben den Rücklagen, die der sparsame junge Mann bilden konnte, reichte das Gehalt, um sich mit fachwissenschaftlicher Literatur weiter auf dem Laufenden zu halten.

Es sei ihm schwer gefallen, erzählt Kant später, sich zu den »Begriffen der Kinder herabzustimmen«. Und es sei »in der Welt vielleicht nie ein schlechterer Hofmeister gewesen als er«, scherzte er einmal. Man glaubt's ihm nur halb. Denn Immanuel besaß zwei Talente, die ihm die Herzen der Kinder öffnen konnten: eine humoristische Ader und sein naturwüchsiges Erzähltalent.

Ein Beispiel seiner Erzählkunst liefert uns seine kosmologische Schrift aus dem Jahr 1755, die er größtenteils während seiner Hofmeisterzeit verfasst haben dürfte. Dort lässt er vor den Augen der Leser ein plastisches Panorama des Sonnengestirns aus der Nahperspektive entstehen: »Man sieht in einem Anblicke weite Feuerseen, die ihre Flammen gen Himmel erheben, rasende Stürme, deren Wut die Heftigkeit der Flammen verdoppelt. Sie lassen die Feuerseen über ihre Ufer aufschwellen, daß sie die höhergelegenen Gegenden dieses Weltkörpers bedecken, um sie dann wieder in ihre Grenzen zurücksinken zu lassen; ausgebrannte Felsen, die aus den flammenden Schlünden ihre fürchterlichen Spitzen heraustecken, und deren Überschwemmung oder Entblößung von dem wallenden Feuerelemente das abwechselnde Erscheinen und Verschwinden der Sonnenflecken verursacht; dicke Dämpfe, die das Feuer ersticken, und die, durch die Gewalt der Winde erhoben, finstere Wolken ausmachen, welche in feurigen Regengüssen wiederum herabstürzen und als brennende Ströme von den Höhen des festen Sonnenlandes sich in die flammenden Täler ergießen, das Krachen der Elemente, den Schutt ausgebrannter Materien und die mit der Zerstörung ringende Natur, welche sogar mit dem abscheulichsten Zustande ihrer Zerrüttungen die Schönheit der Welt und den Nutzen für ihre Geschöpfe bewirkt.«[22] Ein dramatischer Stil – wie sollte der Kinderohren nicht fesseln!

Genau mit diesen Gegenständen ist Kant während seiner Hauslehrerzeit in Judschen und Groß-Arnsdorf beschäftigt.

Was ihm vorschwebt, ist eine Theorie von der Entstehung des Weltalls. Ein Riesenprojekt. Bescheiden ist Kant in seinen Theorieansprüchen nie gewesen.

Es konnte doch wohl nicht ausbleiben, dass einiges davon in seinen Unterricht einfloss. Möglicherweise führte er die Kinder und das Pfarrerehepaar auch hinaus unter den bestirnten Himmel. Und dann erklärte er seinen Zuhörern den Lauf der Planeten dort oben und erzählte von deren exotischen Bewohnern, den Geschwistern der Menschheit zwischen den Sternen. Fragen über Fragen stellten sich da von selbst. Sie gingen am nächsten Vormittag mühelos in den Rechenunterricht ein. Mit den Planetennamen wiederum fand man nachmittags leicht in die Lateinlektüre. Und Kant, dessen ungewöhnliche Gedächtniskraft bis ins Alter seine Umgebung erstaunte, verfügte über einen unerschöpflichen Vorrat von Daten aus der Naturgeschichte. Er konnte den Pfarrerskindern von der Bernsteingewinnung am Haff berichten und dass man Muscheln und versteinerte Seetiere hoch oben in den Bergen fand, die früher das Meer bedeckt hatte. Ja, Kant konnte spannend erzählen, wie später seine Besucher, die den Gelehrten bisher nur von seinen Büchern her kannten, immer wieder verwundert feststellten. Dennoch, das »Herabstimmen der Begriffe« war nicht seine Stärke. Meistens, wenn Kant in seinen Büchern zu Bildern greift, um einen komplizierten Sachverhalt zu illustrieren, missrät es ihm. – Alles in allem aber waren die Judschener Pfarrerskinder mit ihrem neuen Hofmeister nicht schlecht bedient. Wer weiß, vielleicht verehrten sie ihn sogar. Wie später seine Studenten, denen der Vortrag des jungen Magisters oft der einzige Lichtblick im tristen Universitätsalltag der Königsberger Albertina war.

Während Kant in Judschen pädagogisches Lehrgeld zahlt, befindet sich Friedrich II. zum zweiten Mal im Krieg. Bei

Andersch ist der Schlesische Krieg natürlich Tag für Tag das Tischgespräch. Kant hat den jungen Monarchen 1740 in der Hauptstadt mit eigenen Augen gesehen, er muss erzählen. Und Kant bewundert den König, der gleich nach seinem Amtsantritt als erster europäischer Herrscher die Folter abschaffte. Friedrich setzte in seinen Landen auch die »Hals-Gerichts-Ordnung« außer Kraft, nach der bis dahin eine des Kindesmordes überführte Frau »mit einem Hunde, einem Hane, einer slangen und katzen in einem sack vereinigt und im wasser ertrenckett« wurde. Den »Tierhetzgarten« in Königsberg hatte er kurzerhand schließen lassen. Dass Friedrich obendrein sogar die Pressefreiheit in einem gewissen Umfang garantierte, brachte ihm unter den Aufklärern viel Bewunderung ein. Zwei Jahre darauf verbot er allerdings die »Collegia pietatis«, jene Bet- und Erbauungsstunden, die Anna Regina mit ihrer Familie regelmäßig besucht hatte. Da hatte sich alter Groll entladen: Der Kronprinz war auf Geheiß seines Vaters zu oft von seinen pietistischen Erziehern »auf die Knie« gebracht worden. Auch sonst war des Königs Haltung als Aufklärer nicht immer geradlinig. In Friedrichs Landen durften beispielsweise die Bauern nicht länger malträtiert und kujoniert werden; über des Königs Soldaten aber herrschte die Knute. – Und nun befand sich Friedrich schon zum zweiten Mal wegen Schlesien mit Österreich im Krieg. Friedrich rechtfertigte seinen Einfall in das Land durch Besitzansprüche des Hauses Brandenburg auf drei kleinere Herzogtümer in Mittelschlesien.

Daniel Andersch, der Pfarrer von Judschen, war Schlesier. Er wird dem König die Stange gehalten haben. Hatte ihn dieser doch gegen den anfänglichen Widerstand der französischen Siedler nach Judschen berufen. Und Immanuel Kant? Wie stand der zu Friedrichs Krieg?

Uns ist keine Äußerung Kants über Friedrichs militärische Unternehmungen bekannt. Auch aus seiner Umgebung ließ sich offenbar niemand zu einer öffentlichen Äußerung in dieser Sache bewegen. Und genauso wollte es Friedrich: Krieg sei Sache der Könige, nicht ihrer Völker, befand er. Dass Kant aber »Fritzisch gesinnt« war wie der junge Goethe, ist wohl unbestritten. Es war nach Goethe »die Persönlichkeit des großen Königs, die auf alle Gemüter wirkte«. Auch auf Kants.

Zu den Friedenstaten des großen Friedrichs, wie er bald genannt wurde, gehört die Einführung der Kartoffel als Nahrungsmittel. Das geschah just in den Jahren, als Kant bei Pfarrer Andersch mit am Tisch saß.

Der »Seefahrer und aufrechte Bürger« Joachim Nettelbeck aus dem brandenburgischen Kolmar erzählt über den »Kartoffelerlaß« in seinen Lebenserinnerungen: »Im nächstfolgenden Jahre (1745) erhielt Kolberg durch des großen Friedrichs versorgende Güte ein Geschenk, das damals hierzulande noch völlig unbekannt war. Ein großer Frachtwagen nämlich voll Kartoffeln langte auf dem Markte an; und durch Trommelschlag erging die Bekanntmachung, daß jeder Gartenbesitzer sich vor dem Rathause einzufinden habe. Die Herren vom Rat zeigten der Versammlung die neue Frucht, die hier noch keiner gesehen hatte. Daneben wurde eine umständliche Anweisung verlesen, wie diese Kartoffeln gepflanzt, bewirtschaftet, desgleichen wie sie gekocht und zubereitet werden sollten. Allein in dem Getümmel achteten die wenigsten auf jene Vorlesung. Dagegen nahmen die guten Leute die hochgepriesenen Kartoffeln verwundert in die Hände, rochen, schmeckten und leckten dran; kopfschüttelnd bot sie ein Nachbar dem andern; man brach sie voneinander und warf sie den Hunden vor, die daran schnupperten und sie gleichmäßig verschmähten. Nun war ihnen das Urteil gesprochen. – Die Dinger, hieß es, riechen nicht und schmecken nicht, und nicht einmal die Hunde mögen sie fressen; was wäre uns damit geholfen! – Alles dies ward auf dem Markte, dicht vor meiner Eltern Türe verhandelt. – Das Jahr nachher erneuerte der König seine wohltätige Spende. Zugleich wurde ein Landreiter mitgeschickt, der des Kartoffelbaues kundig und den Leuten bei der Auspflanzung behilflich war und ihre weitere Pflege besorgte. So kam diese neue Frucht zuerst ins Land und hat seitdem kräftig gewehrt, daß nie wieder eine Hungersnot so allgemein und drückend bei uns hat um sich greifen können.« Also wird auch Kant die neue Frucht in diesen Jahren zum ersten Mal gekostet haben. Vielleicht am Tisch von Andersch.

Dass Immanuel Kant ein ausgesprochener Feinschmecker war, war in Königsberg später stadtbekannt. Sein Freund Hippel zog ihn gern damit auf und drängte den kritischen Philosophen, sich doch mal an einer *Kritik der Kochkunst* zu versuchen. Die Frau Pfarrer in Judschen wird sich nicht schlecht gewundert haben, was da für ein Gast an ihrem Tisch Platz genommen hatte. »Denn er liebte überhaupt das Gespräch über die Kochkunst, hatte selbst viele Kenntnisse darin und suchte sie durch seine Unterhaltung mit den Damen noch zu vermehren. Deshalb fürchtete jede Wirtin diesen scharfen Kritiker und war ängstlich bemüht, seinen feinen Kennergeschmack zu befriedigen.« Gelang es der Hausfrau, belohnte der weltmännische Gourmet sie mit galanten Komplimenten. – Artigkeiten auszuteilen, darin muss Kant wahrhaft Talent bewiesen haben. Sein galanter Charme machte ihn zu einem Gesellschafter, den man gern zu Tische lud.

Wo mag er die Schule der Galanterie absolviert haben? Nun, das ist keine schwierige Frage. Der Mann war ein Meisterdieb, er stahl mit den Augen, er stahl mit den Ohren.

Und sein phänomenales Gedächtnis behielt alles Gesehene und Gehörte bis ins mimische Detail. Seine Biographen wissen zu berichten, wie der Professor sich gelegentlich einen Spaß daraus machte, Leute zu imitieren, ihre Gebärden, ihren Gang nachzumachen, »komische Nachahmungen der Dialekte« vorzuführen. So wuchs Kant wie von selbst auch in die feinen Umgangsformen seiner Zeit hinein. Eine adelige Dame bescheinigt ihm: »Anmutsvoller Witz stand ihm zu Gebote; und bisweilen war sein Gespräch mit leichter Satyre gewürzt, die er immer, mit der trockensten Miene, anspruchslos hervorbrachte.« – Nein, ein muffeliger Mann war das nicht. Die Pfarrersleute in Judschen werden im Gegenteil die reich facettierte Persönlichkeit ihres Hofmeisters geschätzt haben.

Das nächste Buch beginnt sich in seinem Kopf zu formen. Er muss lesen, nachdenken, Klarheit finden, um »die metaphysischen Sätze mit den Regeln der Mathematik«[23] zu verknüpfen, die unzähligen Schlupflöcher zu verstopfen, »wohin der Gegner sich retten kann, ohne daß ihn der andere zu verfolgen oder daraus hervorzuziehen im Stande ist«[24]. – Blättert man in seiner 1755 erschienenen *Allgemeinen Naturgeschichte des Himmels*, fragt man sich unwillkürlich, wie Kant in seiner Hauslehrerzeit an all die Literatur gekommen ist, die er darin verarbeitet. Wie er überhaupt neben seiner Erziehertätigkeit Zeit zu einer derart aufwändigen Recherche fand.

Nach drei Jahren verabschiedete sich Immanuel Kant von den Pfarrersleuten und ihren fünf Söhnen. Er siedelte nach Groß-Arnsdorf um. Der kleine Flecken lag in einem anderen Landesteil des Herzogtums, im so genannten Oberland, ungefähr hundertvierzig Kilometer südwestlich von Königsberg.

In Judschen war der Student freien Bauern auf dem Do-

mänenland der Krone begegnet. In Groß-Arnsdorf machte
er nun Bekanntschaft mit der preußischen Gutsherrschaft:
Kant trat in die Dienste des Majors und Freiherrn Friedrich
von Hülsen.

Der herrschaftliche Hof bildet den Mittelpunkt eines
weitläufigen landwirtschaftlichen Betriebes. Beim Herren-
haus befinden sich die ausgedehnten Wirtschaftsgebäude
und dazu rechnen außerdem Mühlen, Ziegeleien, Bierbraue-
reien und Branntweindestillen. Die Leute sind verpflichtet,
in den gutseigenen Mühlen ihr Korn zu vermahlen, Bier
und Branntwein vom Gutshof zu beziehen. Das Recht auf
körperliche Züchtigung ist unbestritten, bis Friedrich der
Große die Rechtstellung der Kleinbauern verbessert. Die
meisten Familien, die der Gutsherrschaft dienen, befinden
sich im Stand der »Erbuntertänigkeit«, fast noch zu verglichen mit der mittelalterlichen Leibeigenschaft.

So war es auch auf dem Gut des Freiherrn von Hülsen. Die
Rechtlosigkeit der »Kossäten«, der »Häusler« oder »Einlie-
ger«, kann den jungen Kant nicht unberührt gelassen haben. Königsberg und sein Rat hatten sich immer schon mas-
siv für die Freiheitsrechte der Bauern verwendet. Mitten im
Dreißigjährigen Krieg widersetzte sich der Rat landesfürst-
lichen Zwangsmaßnahmen gegen die Bauern. Die Bauern
seien »freie Leute«, ihre Söhne und Töchter nicht anders
als die Kinder der Adeligen »zu Gottes Ebenbild geschaffen« und müssten doch »ihren Junkern in aller Genauigkeit
und schlechtem Lohn, bei harter Arbeit und unter vielen
Schlägen fortdienen«, protestierte der Magistrat. Wie Pha-
rao den Kindern Israels legten die Junker auch heute noch
den Leuten »das höllische Gift der Dienstbarkeit vor die
Nase«. – Der Einspruch hatte zwar nichts geholfen, doch
die Königsberger hatten wenigstens versucht, den Bauern
Erleichterung zu verschaffen. Es hat also auch etwas mit

dem freien Geist der Pregelstadt zu tun, wenn Kant sich später mit so starken Worten für die Freiheit starkmachte.

Es lag im Trend der Zeit, gewiss, war aber wiederum doch nicht selbstverständlich. Kants Gegenbeispiel ist der populäre Philosoph Christian Grave. In seiner Schrift *Über den Charakter der Bauern* (1786) brachte der Professor naserümpfend zu Papier: »Der Charakter des Bauern nähert sich dem eines Wilden. Ihre Faulheit steht immer im Verhältnisse mit ihrer Grobheit und Dummheit. Es ist ein allgemein bekannter und schon oft bemerkter Charakterzug, daß der Bauer gern beym Alten bleibt. Die meisten Vorschläge zu Verbesserungen kommen von der Obrigkeit, oder von den Gutsherrn, oder von den Gelehrten, wovon er den einen nicht die nötige Einsicht, den andern keinen guten Willen gegen sich zutraut. Er ist nicht fähig, allgemeine Gründe zu durchdenken, schon aus Mangel an Begierde nach einem bessern Zustande, als sein gegenwärtiger ist.«

Anders, ganz anders als der Leipziger Professor unterschied Kant, wenn er die »Verhaustierung« des Menschen ansprach, Ursache und Wirkung. In seiner Schrift *Was ist Aufklärung?* zeigt Kant auf die wahren Schuldigen, die Obrigkeit, die Herren der Schöpfung: »Nachdem sie ihr Hausvieh zuerst dumm gemacht haben und sorgfältig verhüten, daß diese ruhigen Geschöpfe ja keinen Schritt außer dem Gängelwagen, darin man sie einsperrte, wagen durften, so zeigen sie ihnen nachher die Gefahr, die ihnen droht, wenn sie es versuchen, allein zu gehen.«[25] Kants großer moderner Biograph, Karl Vorländer, weiß zu berichten, dass Georg Friedrich von Hülsen, den Kant als Sechsjährigen unterrichtete, später einer der ersten Großgrundbesitzer Preußens war, der seinen »Erbuntertänigen« die Freiheit schenkte. Wer weiß, meint Vorländer, »eine Nachwirkung der von seinem früheren Lehrer empfangenen Eindrücke«. Nein,

Kant kann das gewohnte Elend der Untertanen seines neuen Dienstherrn, deren Verhaustierung nicht kalt gelassen haben. Über die Lage der Bauern in Preußen äußerte er sich rückblickend, »die Eingeweide drehten sich ihm im Leibe um, wenn er daran dächte«. – Wer, wenn er nicht müsste, wollte da Hofmeister sein!

Zu denen da oben wollte Immanuel Kant nie gehören. Mit »philosophischem Kaltsinn« schlug er (anders als Goethe und Schiller) aus, in den Adelsstand erhoben zu werden. Ein »grundloses Praerogativ«, eine »Anomalie«[26], nennt er in seiner *Rechtslehre* den Erbadel. »Weil von keinem Menschen angenommen werden kann, er werde die Freiheit wegwerfen«, indem er einen »Stand von Personen über sich« setzt, »die zwar Untertanen, aber doch in Ansehung des Volkes geborene Befehlshaber sind«. Schließlich gebe es ja auch keine »Erbprofessoren«[27], meint er spöttelnd. Dem Staat empfiehlt er pragmatisch, den Erbadel auslaufen zu lassen. – Ebenso pragmatisch hielt er's selbst mit dem Adel. In Adelshäusern hat der Professor gern verkehrt, zumal wenn eine attraktive und geistvolle Dame das Haus führte. Dabei blieb er jedoch souverän in seinem Verhalten, wie ihm die Zeitgenossen attestierten. Genau nach Franckes Maxime: »Er gehet freimütig jedermann unter die Augen!« Oder in Kants eigenen Worten: »Mein Stolz ist nur dieser, daß ich ein Mensch sei.«[28]

Seine Tätigkeit in Groß-Arnsdorf beendete Kant ebenfalls nach drei Jahren. Ob er kurzzeitig auch noch eine Hauslehrerstelle bei der gräflichen Familie derer von Keyserlings in Tilsit bekleidet hat, ist nicht mehr mit Sicherheit auszumachen. Jedenfalls hatte er genug gedient. Beinahe sieben Jahre. Wie Jakob, als er um die schöne Rahel freite. Jetzt wollte er sich der »streitbaren Dame Philosophie« (Newton) endlich ganz in die Arme werfen.

Was hatte der nun Dreißigjährige in seinen Wanderjahren gewonnen? Ganz bestimmt mehr Sicherheit in seinen Umgangsformen. Und bestimmt war es dem jungen Kant gut bekommen, die Heimatstadt einmal bloß von weitem zu sehen. – Sein Elternhaus in der Vorderen Vorstadt hatten die Geschwister inzwischen verkauft. Der neue Besitzer hatte es abreißen lassen und auf dem Grundstück neu gebaut. Eine Schwester war verheiratet, die anderen schlugen sich als Dienstmägde durch, Johannes Heinrich studierte Theologie. Und Immanuel ging seine eigenen Wege.

Er kam gern zurück in die Pregelstadt. In seiner *Anthropologie* hat er Königsberg, wie er es sah, ein literarisches Denkmal gesetzt: »Eine große Stadt, der Mittelpunkt eines Reiches, in welchem sich die Landeskollegien desselben befinden, die eine Universität zur Kultur der Wissenschaften und dabei noch die Lage zum Seehandel hat, welche durch Flüsse aus dem Inneren des Landes sowohl mit angrenzenden als auch entlegenen Ländern von verschiedenen Sprachen und Sitten einen Verkehr begünstigt – eine solche Stadt, wie etwa Königsberg am Pregelflusse, kann schon für einen schicklichen Platz zur Erweiterung sowohl der Menschenkenntnis als auch der Weltkenntnis genommen werden, wo diese, auch ohne zu reisen, erworben werden kann.«[29] (Ein Satzgefüge in der für Kant typischen Bauweise: ein halbes tausend Buchstaben, 86 Worte und elf Satzzeichen – das Fridericianum lässt grüßen!)

Mit mehreren Bücherkisten im Gepäck kam er in Königsberg an: eine »ansehnliche und auserlesene Bibliothek«, die sich im Verlauf seiner Buchrecherche zusammengefunden hatte. Und in seinem Geldbeutel befanden sich 20 Friedrichsd'or, preußische Goldmünzen, im Wert von 100 Talern. Bei sparsamer Lebensweise genügte das, um ihn eine Zeit lang über Wasser zu halten. Ja, und er war mit einem Kopf voll neuer Ideen heimgekommen, manche schon völlig ausgearbeitet. Alles in allem, die Wanderjahre hatten sich ausgezahlt.

Seine erste Wohnung bezog er in der Neustadtstraße auf der Pregelinsel, gleich in der Nähe der Albertina. Das Haus gehörte einem Professor Kypke, und vermutlich waren es nur ein paar Zimmerchen, in denen sich der Studiosus häuslich einrichtete. Denn Kant hatte beschlossen, sparsam zu wirtschaften. Seinen »Schatz« griff er gar nicht erst an, sondern veräußerte nach und nach den einen oder anderen Folianten aus seiner Bibliothek. Buchliebhaber ist er nie gewesen, Gedrucktes war für Kant ein reiner Gebrauchsartikel, mehr nicht.

Irgendwann bald nach seiner Ankunft machte er seine Aufwartung im Rektorat der Universität und meldete sich zur Promotion und Habilitation.

Vor den Prüfungen galt es jedoch zunächst, das neue Buch druckfertig zu machen: *Allgemeine Naturgeschichte und Theorie des Himmels, oder Versuch von der Verfassung und dem mechanischen Ursprunge des ganzen Weltgebäudes, nach Newtonschen Grundsätzen abgehandelt.*[30] Unter diesem Titel erschien das Werk, »Herrn Friederich, dem Könige von Preußen« zugeeignet, im Frühling 1755.

Kant selbst hat es bestimmt nicht so gesehen, aber die Parallele drängt sich einem beim Lesen der *Naturgeschichte* auf: Beide, die menschliche wie die kosmische Evolution, folgen demselben Gesetz. Dem Gesetz der Freiheit, der Selbstbestimmung, der Autonomie. Rufen wir uns in Erinnerung: Schon das Kind, das sich dem mütterlichen Schoß entwunden hat, meldet mit lautem Geschrei seinen Anspruch auf Freiheit an. Das macht Erziehung so schwierig, denn Erziehung ist Fremdbestimmung. Doch das Kind braucht vorerst noch einen Außenhalt, bis es lernt, sich auf eigenen Füßen zu halten. Und eben das ist nach Kant das Ziel der Erziehung: die Mündigkeit des Menschen, der in freier Verantwortung seine Anlagen entfaltet und sich selbst den Weg weist. – Nicht anders ist es mit der kosmischen Evolution. Kant lässt seine Leser nachvollziehen, wie sich der kosmische Prozess von seinen Uranfängen an eigengesetzlich entfaltet, frei, autonom, sich selbst organisierend, ohne dass es irgendwelcher äußerer Eingriffe bedürfte. Ja, die Naturgeschichte der kosmischen Evolution bildet das Gesetz der Freiheit sogar in seiner reinsten Form ab. Denn anders als das Menschenkind ist der Kosmos vom Schöpfer so ausgestattet, dass er sich vom ersten Schöpfungsakt an selbstbestimmt fortentwickeln kann. Kurz: Die menschliche Ontogenese der Freiheit entspricht ihrer kosmischen Phylogenese.

Schade, dass Kant diese Zusammenhänge selbst nicht gesehen hat. Doch er konnte es nicht. Noch nicht. Denn die Gesetze der organischen Evolution vermochte erst Darwin zu formulieren, nachdem Wissenschaftler mehrere Generationen lang Fakten zusammengetragen hatten. Fakten, die Darwin dann zu einer einsichtigen Theorie zusammenschließen konnte: zu einer Naturgeschichte, die sich über einfache Organismen, komplexe Pflanzen und Tiere bis zum hochkomplexen Menschen fortschreiben ließ.

Prinzipiell, a priori, hätte Kant gegen Darwins Theorie nichts einzuwenden gehabt. Nein, er wäre glücklich gewesen, Arm in Arm mit Darwin zu gehen. Ist er doch selbst sein Leben lang immer wieder auf das Problem der Evolution zurückgekommen. So merkt er in seiner dritten Kritik, der *Kritik der Urteilskraft*, an: »Eine Hypothese von solcher Art kann man ein gewagtes Abenteuer der Vernunft nennen; es mögen wenige, selbst von den scharfsinnigsten Naturforschern, sein, denen es nicht bisweilen durch den

Kopf gegangen wäre. Zum Beispiel, wenn gewisse Wassertiere sich nach und nach zu Sumpftieren, und aus diesen, nach einigen Zeugungen, zu Landtieren ausbildeten. A priori, im Urteile der bloßen Vernunft, widerstreitet sich das nicht. Allein die Erfahrung zeigt davon kein Beispiel.«[31] Allerdings, und das sah Kant auch, hätte so eine Theorie der Evolution vom Grashalm bis zum Menschen überkomplexen Theorieansprüchen zu genügen. Und er zweifelte, ob die menschliche Vernunft da noch mithalten könnte. In den Worten der *Naturgeschichte*: »Ist man im Stande zu sagen: Gebt mir Materie, ich will euch zeigen, wie eine Raupe daraus gezeuget werden könne?«[32] Mit fast den gleichen Worten wiederholt er fünfunddreißig Jahre später: »Es ist für Menschen ungereimt zu hoffen, daß dereinst ein Newton aufstehen könne, der nur die Erzeugung eines Grashalms nach Naturgesetzen, die keine Absicht geordnet hat, begreiflich machen werde: sondern man muß diese Einsicht dem Menschen schlechterdings absprechen.«[33] Also bleibt es bei den zwei Dingen, »dem bestirnten Himmel über mir und dem moralischen Gesetz in mir«[34]. Eins, eine Einheit, können die zwei Dinge in der menschlichen Vernunft nicht werden: Durch die holistische Welterfahrung zieht ein garstiger Sprung.

Die später so genannte »Kant-Laplace'sche-Theorie« der kosmischen Evolution blieb bis in die ersten Jahrzehnte des 20. Jahrhunderts das Standardmodell der Astronomie. Es war ein genialer Wurf, mit dem der Philosophiestudent seinen Anspruch einlöste, »das Systematische, welches die großen Glieder der Schöpfung in dem ganzen Umfange der Unendlichkeit verbindet, zu entdecken, die Bildung der Weltkörper selber und den Ursprung ihrer Bewegungen aus dem ersten Zustand der Natur durch mechanische Gesetze herzuleiten«[35].

Im »ersten Zustand der Natur«[36] erfüllt eine »Grund-
materie«[37] gleichmäßig den unendlichen Weltraum. Sie ist
schon mit dem Streben begabt, »sich durch eine natürliche Entwicklung zu einer vollkommenen Verfassung«[38]
weiterzubilden. Zuerst entstehen Kondensationskerne, die
Materie verklumpt, bekommt Schwungkraft. Dabei heizt
sie sich auf, das Widerspiel der Newton'schen Anziehungs-
und Abstoßungskräfte gewinnt an Dynamik und damit ist
auch schon alles getan. Sonnen werden geboren, kreiseln,
schleudern Materie von sich, die verdichtet sich zu Planeten, und endlich schließen sich alle Systeme zu kosmischen
Supersystemen, zu Galaxien, zusammen. Das »Weltgebäude« steht nach »Gebirgen von Millionen« Jahren[39]; es
ist vollbracht: Die Selbstorganisation der Materie ist zum
Abschluss gekommen. Und sofort wird der ganze Prozess
rückläufig. Kleine Störeffekte summieren sich, das Gleich-
gewicht zwischen Anziehungs- und Abstoßungskraft wird
kritisch und schließlich stürzt das ganze Weltgebäude in
sich zusammen. Mit einer solchen Gewalt, dass es eine im-
mense Feuersbrunst entfacht, die sämtliche Materieteilchen
wieder zurück in den Urzustand befördert. Irgendwann
aber beginnt der Prozess von neuem. Wie Münchhausen
am Schopf zieht sich das Universum selbst wieder heraus
aus dem Weltraumtopf. Kant entwirft eine zyklische Kos-
mogonie, die wie ein Perpetuum mobile funktioniert. Ohne
jeden Eingriff von außen, ohne Nachbesserungen von fremder Hand, die ein Newton noch um Hilfe bitten musste.
Der junge Kant triumphiert: »Gebet mir Materie, ich will
euch eine Welt daraus bauen! das ist, gebet mir Materie, ich
will euch zeigen, wie eine Welt daraus entstehen soll.«[40] Der
Philosoph als Weltenbaumeister. Das übertrifft das berühmte Gedankenexperiment des Archimedes um Längen, der im
dritten Jahrhundert vor Christus gefordert hatte: »Gebt mir

einen Punkt, wo ich frei stehe, und ich werde die Erde in Bewegung setzen.«

Dabei verbinden Erkennen und Herstellen sich in Kants Theorie zu einer wechselbedingten Einheit. Als erklärt kann in den Naturwissenschaften nur gelten, was sich kausalmechanisch darstellen und herstellen lässt. Ganz im Sinne der neuzeitlichen Wissenschaftshermeneutik. Wie etwas funktioniert, das allein interessiert. Zwar erweist sich der kosmische Prozess als »Abgrund einer wahren Unermeßlichkeit«[41], Kant ist jedoch überzeugt, die darin verborgenen Gesetzmäßigkeiten »durch die Hilfe der Zahlwissenschaft« ans Licht gebracht zu haben. Dabei versteht er seinen Begriff der »Zahlwissenschaft« im weiteren Sinn als mathematisch-physikalische Gesetzmäßigkeit überhaupt.

Absichtlich, merkt er an, wolle er auf das »Gepränge« der rein mathematischen Methode verzichten, seine Theorie allein als »Hypothese« vortragen.[42] Deren mathematische Validierung hätte ihn auch überfordert. Mathematik war nie Kants stärkste Seite. Auch wenn er sie »in allen Teilen vortrug, und dieser Wissenschaft jederzeit zugetan« blieb. Für sein mathematisches Defizit machte er den schlechten Unterricht in »Mathese« verantwortlich. Wohl nicht ganz zu Recht, denn die Eltern hatten ihm in dem Fach sogar Privatunterricht geben lassen. Im Übrigen haben Newton, Leibniz und Euler, die mathematischen Genies ihrer Zeit, sich in der »Zahlwissenschaft« autodidaktisch weitergebracht. Kants Begabung lag eben eindeutig in der Anstrengung des Begriffs. Hier war er »Selbstdenker« und gerade in der *Naturgeschichte* beweist er zum ersten Mal seinen durchdringenden begrifflichen Verstand.

Dem Buch steht ein Zitat von Alexander Pope (1688–1744) voran, seinem Lieblingsdichter: »Seht jene große Wunderkette, die alle Teile dieser Welt / Vereinet und zusammenzieht und die das große Ganz' erhält.«[43] Besser im Original zu lesen: »Look round our World; behold the chain of Love / Combining all below and all above. / See plastic Nature working to this end, / The single atoms each to other tend, / Attract, attracted to, the next in place / Form'd and impell'd its neighbour to embrace ...« Zweifellos, es ist Popes ganzheitliches, holistisches Denken, das Kant die Verse so lieb machte. Die fromme Weltsicht des Engländers: »One all-extending, all-preserving soul / Connects each being, greatest with the least ...«, Popes Bekenntnis »whatever is, is right« verkörperten in ihrer poetischen Form genau jene Metaphysik, in die Kant das Schicksal hatte »verliebt zu sein«. Er hätte es Pope gern nachgesprochen, »whatever is, is right«, doch das eben konnte er nicht. Seine Weltsicht war dualistisch, gespalten, zertrennt in Natur und Freiheit, »Heiliger oder Tier«, Gegensätze, die sich unversöhnlich gegeneinander behaupteten. Aber genau darum übte Popes Einheitsformel eine geradezu hypnotische Kraft auf Kants Denken aus. Und wer weiß, ob er nicht in Popes Versen die Stimme Anna Reginas wiederfand: »Nichts fehlt zum Zweck des Ganzen, / Vom Staub bis zu den Pflanzen / Ist keine Kraft vergessen, / Ist alles abgemessen. / Laß mich, o Gott, vor dir mich beugen, / und voll Erstaunen schweigen ...« Man musste freilich, und das gleichsam ist die »transzendentale« Bedingung des pietistischen Glaubens, herumgebracht worden sein, einen »herrlichen Durchbruch erzielt haben« – Wiedergeburt, Bekehrung mussten einem geschehen sein, um in dieser ganzheitlichen Gnadenerfahrung zu leben. Das machten die Prediger in jeder Betstunde den Besuchern klar. Gerade auf diese Bedingung jedoch konnte und mochte sich Kant nicht einlassen. Popes großes Lehrgedicht stellte solche Forderungen auch nicht, es argumentierte, wenn auch poetisch überhöht, rein philosophisch. Also musste es doch möglich sein, holistische Erfahrung begrifflich einzuholen. Und das versucht Kant in diesen Jahren: Religion ohne Fremdbestimmung zu definieren, den Pietismus gleichsam zu entmythologisieren.

Wo aber bleibt Religion, wo bleibt ein Platz für Gott in Kants evolutionärem Weltmodell? Ausdrücklich erklärt er ja in der Vorrede, es sei sein Bestreben gewesen, »die gute Sache der Religion zu retten«[44] – doch wie geht das vonstatten? Kants Antwort ist ebenso einfach wie für ihn überzeugend: »Es ist ein Gott eben deswegen, weil die Natur auch selbst im Chaos nicht anders als regelmäßig und ordentlich verfahren kann.«[45] Das ist alles und für Kant ist es genug. Denn welche Schöpfertat Gottes könnte erhabener sein, als eine Natur zu erschaffen, die von sich aus dem Gesetz der Freiheit gehorcht? Auf dem Weg der Selbstorganisation sich immer wieder neu erschafft? Und zwar so, dass »ungeachtet aller Verheerungen, die die Vergänglichkeit unaufhörlich anrichtet, der Umfang des Universums dennoch zunimmt«[46]? Das versetzt den Menschen in »ein stilles Erstaunen«, sein Verstand gerät bei diesem Gedanken in eine »Art der Entzückung«[47]. Und was ist das anderes als eben Religion, Rückkopplung ans Große und Ganze, gereinigt von aller Fremdbestimmung?

Von hier aus schlägt der Verstand ohne großen Aufwand Brücken zu fernen Welten. Zu den übrigen Planeten, die vielleicht, ähnlich dem Erdenstern, mit intelligenten Wesen bevölkert sind. Ist doch dies »Zweck der Natur«, ihr Endzweck, die Betrachtung »durch vernünftige Wesen«[48]. Schelling, der Naturphilosoph, hat dafür, Jahrzehnte nach Kant, die Worte gefunden, im Menschen »schlage die Natur ihre Augen auf«, in ihm informiere sich die Materie über sich selbst.

An außerirdisches Leben haben fast alle Wissenschaftler des 18. Jahrhunderts geglaubt. Insofern ist Kant nicht besonders originell. Aber natürlich bietet sich in diesem letzten Kapitel der *Naturgeschichte* die Gelegenheit, die herrschende geo- und anthropozentrische Fixierung von Religion zu problematisieren. »Wer ist so kühn, eine Beantwortung der Frage zu wagen: ob die Sünde ihre Herrschaft auch auf anderen Kugeln des Weltenbaues ausübe, oder ob die Tugend allein ihr Regiment daselbst aufgeschlagen?«[49] Ist doch »der Stoff, woraus die Einwohner verschiedener Planeten, ja sogar die Tiere und Gewächse auf denselben, gebildet sein, desto leichterer und feinerer Art und darum auch vollkommener, nach dem Maße als sie weiter von der Sonne abstehen«[50]. Eine Annahme, die Kant mit den übrigen Wissenschaftlern seiner Zeit teilt. Die ketzerische Frage bleibt jedoch unausgesprochen: Sollte Eva, der Erdenschwere enthoben, etwa auch auf dem Mars dem lieben Gott ans Eingemachte gegangen sein? Aber natürlich, Kant legte sich mit der Kirche nicht an. Er hätte die beamteten Religionsspezialisten mit solch ketzerischen Gedanken in Rage versetzt. Für ihn selbst aber muss damals schon klar gewesen sein, dass man die »positiven, offenbarten« Religionen nur gerade als ein Derivat der großen Vernunftreligion anzusehen habe. Als deren eingängige Ergänzung. Eine eigene Wahrheit mochte Kant den historischen Religionen jedenfalls nicht zugestehen. Nur so konnte er sich der pietistischen Umarmung entziehen.

Verschont von der Kritik durch die evolutionäre Theorie bleiben auch die Wissenschaften nicht. Genüsslich zitiert Kant seinen Pope: Unter den »oberen Wesen«, jenen »erhabenen Klassen vernünftiger Kreaturen, die den Jupiter oder den Saturn bewohnen«, nähme sich selbst der geniale Newton gerade nur »wie ein Affe« aus, recht possierlich eben.[51] Eine ernüchternde Perspektive. Indessen ist doch auch unser irdischer Erkenntnishunger Teil des kosmischen Gesamtprozesses, so müssen wir Kant wohl verstehen, und so gesehen können wir uns mit unseren Unzulänglichkeiten abfinden. »Es ist uns nicht einmal recht bekannt, was der Mensch anjetzo wirklich ist«, meint der junge Philosoph in Anlehnung ans Neue Testament und fährt fort: »Wieviel weniger werden wir erraten können, was er dereinst werden soll.«[52] Das Größte steht uns also noch bevor. »Sollte die unsterbliche Seele wohl an diesem Punkt des Weltraums, an unsere Erde geheftet bleiben? Sollte sie niemals von den übrigen Wundern der Schöpfung eines näheren Anschauens teilhaftig werden? Vielleicht bilden sich darum noch Kugeln des Planetensystems aus, um nach vollendetem Ablauf der Zeit uns in anderen Himmeln neue Wohnplätze zu bereiten. Wer weiß, vielleicht laufen jene Trabanten um den Jupiter, um uns dereinst zu leuchten?«[53] Viele, viele Fragezeichen, doch offene Denkhorizonte.

»Die Himmel rühmen des Ewigen Ehre«, dichtet Christian Fürchtegott Gellert um diese Zeit, »vernimm, o Mensch, ihr göttlich Wort.« Ist doch, wie gesagt, das Weltgebäude zur Betrachtung durch vernünftige Wesen bestimmt. Und so begibt sich die »unsterbliche Seele«, statt zur seligen Schau Gottes aufzufahren, bei Kant auf interstellare Reisen. In der *Naturgeschichte* ist der Kosmos zum Platzhalter Gottes aufgerückt, wird die große Planetentour zum Seelenlohn. Die Vernunftreligion schafft sich ihre eigene Mythologie. Dennoch, es bleibt die Ahnung einer Größe – Schweigen kann deutlich reden. Beim »Anblick eines bestirnten Himmels«, in der »Stille der Natur und der Ruhe der Sinne redet das verborgene Erkenntnisvermögen des unsterblichen Geistes eine unnennbare Sprache«[54], hält Kant fest, ehe er sein Manuskript schließt. Werden seine Leser ihn verstehen?

Kann man sich die Verzweiflung vorstellen, als Kant erfuhr, dass sein Verleger Bankrott machte? Dass dessen Warenlager gerichtlich versiegelt wurden? Nur einige wenige Exemplare kamen im Buchhandel zum Verkauf. Und aus Berlin meldete sich niemand.

Sechs Jahre darauf entwickelte der Mathematiker Lambert zur kosmischen Evolution ähnliche Ansichten wie Kant, ohne dessen *Naturgeschichte* gelesen zu haben, und einundvierzig Jahre später entwarf der Marquis de Laplace seine Nebularentwicklungstheorie. Sie wurde von der Astronomie, kombiniert mit Kants Modell, zur so genannten »Kant-Laplace'schen Theorie« weiterentwickelt. Sie kommt den heutigen Vorstellungen von der Entstehung des Universums bereits sehr nahe.

Immanuel Kant »ließ den Schickungen gern ihren Gang«, behauptet Borowski. Besser gesagt, er war nicht leicht zu entmutigen. »Ich werde meinen Lauf antreten und nichts soll mich hindern, ihn fortzusetzen«[55], dabei blieb es auch jetzt. Trotz aller Widrigkeiten. Kant, der ewige Student, veröffentlichte in den Königsberger Zeitungen einen Aufsatz nach dem anderen.

Er hielt auch seinen Promotionstermin ein. Am 17. April 1755, fünf Tage vor seinem einunddreißigsten Geburtstag, wurde er zum Magister, der heutigen Doktorwürde, promoviert, fünf Monate darauf, am 27. September, habilitierte er sich mit einer lateinischen Schrift über das Erkenntnisvermögen. Damit war er »magister legens«, Mitglied des akademischen Lehrkörpers. Ein staatliches Salär stand ihm als Privatdozent nicht zu. Seinen Unterhalt hatte der Magister aus Vorlesungshonoraren zu bestreiten. Er musste also fleißig sein. Sechzehn Jahre brauchten die Berliner Behörden, bis sie begriffen, was die Albertina an Kant hatte. In seinem siebenundvierzigsten Lebensjahr erst erhielt er seine Bestallung zum Professor.

1755–1762
Erste Magisterjahre

Sein Leben fühlen, sich vergnügen, ist also nicht anderes als: sich kontinuierlich getrieben fühlen, aus dem gegenwärtigen Zustand herauszugehen[1]

»Kant saß etwas erhaben vor einem niedrigen Pulte, über welches er fortsehen konnte. Er faßte bei seinem Vortrage gewöhnlich einen nahe vor ihm sitzenden Zuhörer ins Auge und las gleichsam aus dessen Gesicht, ob er verstanden worden wäre«, erinnert sich sein Biograph Jachmann. Und Borowski merkt an: Das vorgeschriebene Lehrbuch befolgte er niemals sklavisch. »Sie werden, das wiederholte er seinen Schülern unablässig, bei mir nicht Philosophie lernen, aber – *philosophieren*. Nicht Gedanken bloß zum Nachsprechen, sondern *denken*. Selbst denken – selbst forschen, – auf seinen eigenen Füßen stehen, – waren Ausdrücke, die unablässig wieder vorkamen. Ansonsten war seine Vorlesung – freier Diskurs, mit Witz und Laune gewürzt. Oft Zitate und Hinweisungen zu Schriften, die er eben gelesen hatte, bisweilen Anekdoten. Das Zutrauen zu seinen Kenntnissen und der Wunsch, von ihm Unterricht zu erhalten, ging in seinen ersten Magisterjahren so weit, daß man glaubte, er könne und müsse *alles* lehren.«

Gleich im ersten Wintersemester standen drei Vorlesungsreihen nebeneinander auf seinem Stundenplan: Logik, Metaphysik, Mathematik. Möglicherweise auch noch Physik. Im folgenden Semester kamen weitere Vorlesungsthemen dazu, darunter Geographie und Ethik. Ein Riesenpensum für den »kleinen Magister«, wie er jetzt genannt wurde. Während seiner Magisterzeit saß Kant nie weniger als 16 Wochenstunden an seinem Pult, manchmal wurden daraus sogar 26 bis 28 Stunden. Nach den Vorlesungen erteilte er überdies noch Nachhilfeunterricht. Eine beinah unfassliche Arbeitsleistung. Denn nebenher betrieb Kant selbstverständlich weiterhin seine Privatstudien, verfasste Zeitungsartikel, schrieb Bücher. Und fand dann immer noch Zeit für den rasch wachsenden Freundeskreis, für sein geliebtes Lomberspiel, zu Besuchen in den diversen Kaffeehäusern der Stadt. Kant fest im Griff von Michael Endes »grauen Herren«, den Zeitdieben? Nun, der kleine Magister musste sich ranhalten, seinen Lebensunterhalt zusammenzubringen.

Die Einnahmen können nicht üppig gewesen sein. Dennoch konnte er sich nach einigen Jahren einen Bediensteten leisten, der ihn rasierte, die Perücke in Locken legte und in der Stadt Botengänge erledigte. Zum Essen begab sich Kant ins Hotel und auch das ging ins Geld. Doch an einen eigenen Haushalt, gar an den Kauf eines Hauses war in den Magisterjahren nicht zu denken.

Bis Kant dreiundsechzig war, wohnte er zur Miete. Anfangs aus Not, dann hatte er sich so daran gewöhnt, dass er's sich nicht mehr anders vorstellen konnte. Beides gilt auch für Kants Junggesellendasein. »Da ich eine Frau brauchen konnte, konnte ich keine ernähren«, soll er im Alter einem durchreisenden Besucher anvertraut haben. »Und da ich eine ernähren konnte, konnt' ich keine mehr brauchen.« Bei den engen Wohnverhältnissen in Kypkes Haus war an Zweisamkeit ohnehin nicht zu denken. Der Magister konnte schon froh sein, dass ihm der Professor erlaubte, mietweise den im Haus gelegenen »Hörsaal« mitzubenutzen.

Vorlesungen im Universitätsgebäude waren an der Albertina offenbar die Ausnahme. Das gebot schon allein der bauliche Zustand der Akademie. Die meisten Dozenten scheinen im eigenen Haus gelesen zu haben, in einem größeren, zum Hörsaal umfunktionierten Raum. Borowski will sich nach fünfzig Jahren erinnern, dass Kants Vorlesungen gleich immensen Zulauf fanden. Die Hörer hätten nicht allein das Zimmer, sondern auch noch die Treppenstufen gefüllt. Aus Universitätsakten geht hervor, dass es insgesamt dreiundzwanzig Studenten waren, die Kants Vorlesungen im ersten Semester belegt hatten. Ein kleines Grüppchen, immerhin aber fast acht Prozent der Königsberger Immatrikulierten. In den besten Zeiten mag ein Dozent der Albertina vierzig Hörer vor seinem Katheder gesehen haben. Entsprechend schmal muss man sich die Einkünfte des Magisters vorstellen.

Professoraler Dünkel lag ihm fern. Praxisorientierung bestimmte seinen Vorlesungsstil. Die obligate Dankesadresse anlässlich seiner Bestallung zum Magister hatte er unter das Thema gestellt: »Vom leichteren und gründlichen Vortrag der Philosophie«. Der Text ist uns nicht erhalten geblieben, doch der Titel spricht für sich. Es geht um die »Herabstimmung der Begriffe«, um Didaktik also. Die Hauslehrerzeit zahlte sich aus. Kant spricht möglichst frei, Auge in Auge mit seinen Hörern, sein Vortrag folgt Stichwortnotizen. Das ist die eine Seite. Andererseits will sein Vortrag »gründlich« sein, sachbezogen, dem Lehrgegenstand verpflichtet. Kant schenkt seinen Hörern nichts: Fertiges Wissen hat der Philosoph nicht zu bieten. Also auch der Lehrer ist Schüler. Er schwebt nicht über dem Stoff, sondern bleibt als Magister ein Mensch. Das müssen Kants Hörer gespürt haben. Darum »vergötterten« sie ihren Magister, der sie doch so sehr forderte. »Niemals sah man seinen Hörsaal leer.« Leute wie Kant mögen im damaligen Universitätsbetrieb die Ausnahme gewesen sein.

Noch 1809 findet Goethe nur böse Worte für das zeitgenössische Hochschulwesen. »Man treibt die jungen Leute herdenweise in Stuben und Hörsälen zusammen und speist sie in Ermangelung wirklicher Gegenstände mit Zitaten und Worten ab. Das meiste, was getrieben wird, ist doch nur Wiederholung von dem, was dieser oder jener berühmte Vorgänger gesagt hat, von einem selbständigen Wissen ist kaum die Rede ...« Besser kann's in Königsberg nicht gewesen sein.

Auch das kollegiale Verhältnis der Professoren ließ zu wünschen übrig. Man stichelte in den Vorlesungen gegeneinander, riss schäbige Witze über Kollegen, besonders, wenn man einem anderen Dozenten die Hörerzahl neidete. Kant hat in seinen ersten Magisterjahren diesen Kollegenneid zu spüren bekommen. Nicht bloß Einzelne sahen sich von ihm »verdunkelt«, sondern »durchweg« hatte man im Lehrkörper der Albertina nicht viel für den Neuen übrig. Man warf »Insinuationen«, ehrabschneidende Äußerungen, »gegen ihn in den Kreis des Publikums«. Später war es hauptsächlich ein Mediziner namens Metzger, der versuchte, Kant das Leben schwer zu machen. Kein Wunder, dass der Magister gegenüber seinen Kollegen auf höflicher Distanz blieb. Nur ein einziger zählte zu seinem Freundeskreis, Kraus, ein ehemaliger Schüler des Magisters, der ab 1880 eine Professur an der Albertina bekleidete. Mit Martin Knutsen, dem Kometenkollegen, hätte Kant sich am ehesten verstanden. Der hochbegabte Mann war indessen leider eines frühen Todes gestorben. So blieb Kant an der Albertina zeitlebens isoliert. Auch sein späterer Ruhm verschaffte ihm unter Kollegen keine Freunde. »Ich lebe unter weisen und wohlgesitteten Bürgern, nämlich unter denen, die sich darauf verstehen, so zu scheinen«[2], lässt sich Kant in diesen Jahren vernehmen. Eine gallige Bemerkung, aus der man aber auch heraushört, dass Kant sich durch die Insinuationen der Kollegen nicht sonderlich beeindrucken ließ.

Im Spätherbst des ersten Magisterjahres erschütterte die Nachricht von einem Erdbeben in Lissabon ganz Europa. Am Festtag von Allerheiligen, dem 1. November 1755, gegen zehn Uhr in der Frühe, öffnete sich die Erde; dreißigtausend Menschen fanden den Tod. In der Kathedrale Lissabons wurde gerade Messe gelesen. »Alles, was die Einbildungskraft sich Schreckliches vorstellen kann, muß man zusammennehmen, um das Entsetzen sich vorzustellen, darin Menschen sich befinden müssen, wenn die Erde unter ihren Füßen bewegt wird, wenn alles um sie her einstürzt, das Wasser das Unglück durch Überströmen vollkommen macht, wenn die Furcht des Todes, die Verzweiflung wegen des völligen Verlustes aller Güter, endlich der Anblick anderer Elender den standhaftesten Mut niederschlagen«[3], schrieb Kant für die Zeitung. Zwei Drittel der Stadt zerstörte das Beben – und für Europa brach eine Welt zusammen. Lissabon war der Anfang vom Ende der optimistischen Aufklärungsgesellschaft.

Voltaire verfasste ein *Poem über die Zerstörung Lissabons*, randvoll mit bitterem Spott über Leibniz und Pope, deren »beste aller Welten« man in Lissabon besichtigen könne, am Boden zerstört.

Ein Exemplar seines *Poems* ließ Voltaire dem einsiedlerischen Rousseau zukommen, dem utopischen »Naturapostel«, wie Voltaire ihn nannte. Rousseau reagierte gereizt. »Bleiben wir bei Ihrem Gegenstand Lissabon«, schrieb er Voltaire zurück. »Sie werden zugestehen, daß es nicht die Natur war, die dort 20 000 sechs bis sieben Stock hohe Häuser aufgestellt hat. Und wie viele Unglückliche sind umgekommen, weil der eine Kleider, der andere seine Papiere, wieder ein anderer sein Geld retten wollte. Die physischen Übel sind unvermeidlich in jedem System, an dem der Mensch beteiligt ist; die meisten Übel aber sind unser Werk ... Gesättigt mit Ruhm leben Sie frei im Schoße des Überflusses – und trotzdem finden Sie alles schlecht auf der Erde.«

Ja, das literarische Europa schreibt über Lissabon. Auch Kant. Er ist von dem Beben so beeindruckt, dass er in schneller Folge drei Broschüren in den Buchhandel bringt, mit denen er zu dem Unglück Stellung nimmt. Er argumentiert ähnlich wie Rousseau: »Es ist nötig, daß bisweilen Erdbeben geschehen, aber es ist nicht notwendig, daß wir prächtige Wohnplätze darüber erbauten. Muß man also darum über die Wege der Vorsehung ungeduldig werden? Der Mensch muß sich in die Natur schicken lernen, aber will, daß sie sich in ihn schicken soll.«[4] Und weiter, jetzt ganz auf der Linie Popes: »Der Mensch ist so von sich eingenommen, daß er sich lediglich als das einzige Ziel der Anstalten Gottes ansieht. Wir sind ein Teil der Natur und wollen das Ganze sein.«[5] Jedoch ein Strafgericht Gottes? So mag es Kant nicht sehen. Ja, für ihn ist »diese Art des Urteils sträflicher Vorwitz«[6], schlechter Betstundenstil.

Allenthalben jedoch sah man das Unglück mit solchen Augen an. Die Vorsehung hatte gesprochen, Bäume wachsen nicht in den Himmel! Und die Medien machten aus dem Unglück ein Spektakel, damals schon. – Elvira und Alonzo, ein »tugendhaftes Liebespaar«, erzählt eine Zeitung, haben sich bei der Katastrophe verloren. Elvira irrt durch die Trümmer der Stadt, »verzweiflungsvolle Seufzer riefen den Jüngling. Sie fand den Körper des Alonzo; ohnmächtig sank sie zu ihm hin«. Doch es ist noch Leben in dem jungen Mann. Aus seinem Schock erwacht, sieht er die Geliebte an seiner Seite. »Seine Umarmungen gaben auch ihr das Leben. Vergnügt betraten sie ein Schiff, eilten einem sicheren

Strand entgegen und verließen die Ruinen des unglücklichen Lissabons. Ewiges Denkmal der Rache des Himmels! Ziehe hin, glückliches Paar, und vergiß den empfundenen Schmerz! Ziehe hin, genieße die unschuldigen Freuden der zärtlichsten Liebe. Auch bey der allgemeinen Zerrüttung der Elemente verschonet der Himmel tugendhafte Herzen ...« Von solcher »Seelen-Schokolade« (Lichtenberg) ist bei Kant natürlich nichts zu finden. Er untersucht in seinen Schriften und Zeitungsbeiträgen die tektonischen Umstände und kommt zu dem Schluss, »daß in den untersten Höhlen, zu welchen wir nicht gelangen können, beständige Erhitzungen, unauslöschliches Feuer müssen anzutreffen sein, das seine Wärme der obersten Erdrinde mitteilt«[7].

Scheinbar ganz unvermittelt beschwört Kant gegen Ende seiner zweiten Lissabonner Schrift aber dann doch die Moral: »Ein Fürst, der, durch ein edles Herz getrieben, sich durch diese Drangsale des menschlichen Geschlechts bewegen läßt, das Elend des Krieges von denen abzuwenden, welchen von allen Seiten überdem schwere Unglücksfälle drohen, ist ein wohltätiges Werkzeug in der gütigen Hand Gottes und ein Geschenk, das er den Völkern der Erde macht.«[8] Jener »Fürst«, das errät der Leser leicht, ist Friedrich der Große. Der König möge bedenken, dass der Drangsale genug sind, mit denen die Natur den Menschen heimsucht. Sie hat, wie das Unglück von Lissabon beweist, den Menschen nicht »zu ihrem besonderen Liebling aufgenommen und ihn mit Wohltun begünstigt«[9]. Also erspare der König den Völkern wenigstens die selbst ersonnene Plage eines noch fürchterlicheren barbarischen Krieges. – Kants indirekter Appell hatte einen konkreten Anlass. In Königsberg sprach man von Krieg.

Maria Theresia, die deutsche Kaiserin, und Friedrich stehen sich seit den ersten beiden Schlesischen Kriegen unversöhnlicher denn je gegenüber. Dann fällt der »böse Mann«, wie Maria Theresia den Brandenburger nennt, im August 1756 ohne Vorwarnung in das mit Österreich verbündete Sachsen ein. Der Krieg, der als »Siebenjähriger Krieg« in die Geschichtsbücher Europas einging, beginnt mit einer Aggression Friedrichs. Sein Vater, der Soldatenkönig, hatte dem Sohn in seinem Testament ans Herz gelegt: »Mein lieber Succeßor bitte ich umb Gottes willen kein ungerechten krihg anzufangen und nicht ein agressör sein den Gott die ungerechte Krige verboten.« Friedrich will angeblich nur seiner Gegnerin zuvorgekommen sein. Doch schon bei seinem ersten Überfall auf Schlesien hatte er einem Freund gestanden: »Meine Jugend, das Feuer der Leidenschaft, Ruhmeshunger, ja – um nichts vor Dir zu verbergen – sogar der Reiz des Neuen, kurzum ein heimlicher Instinkt hat mich aus den Armen der Ruhe gerissen. Das befriedigende Gefühl, meinen Namen in den Zeitungen und später in den Geschichtsbüchern geschrieben zu sehen, hat mich verführt.« So nehmen denn die Dinge ihren schrecklichen Lauf.

Auch Magister Kant wird in seiner Lebensplanung von dem Kriegsausbruch betroffen. Er bewirbt sich um die seit fünf Jahren nicht wieder besetzte Stelle seines Lehrers Martin Knutsen. Dazu reicht er im März 1756, den Statuten entsprechend, eine lateinische Abhandlung beim Senat ein, seine *Monadologia physica*, in der er sich mit der Philosophie von Leibniz auseinandersetzt.

Bei der Suche nach den letzten Elementarteilchen hatten sich die Wissenschaftsschulen zu Kants Zeiten in zwei Lager zertrennt. Für die Atomisten setzte sich die Materie aus unendlich teilbaren Kleinstteilchen, den Atomen, zusammen; für Leibniz und dessen Schule aus gleichsam immateriellen Massepunkten, den Monaden, deren Zusammenhalt ein ewiges Harmoniegesetz gewährleistete. Beide Theorien versagten nach Kants Meinung. Denn beide Aspekte wurden dem dynamischen Aufbau der Materie nicht gerecht. Kant dagegen definierte Elementarteilchen als raumfüllende Kräfte, gleichsam schon im Sinn der modernen Feldtheorie. Weil aber der Magister seine Begriffskonstruktionen nicht mathematisch formalisieren konnte, blieb seine »Feldtheorie« weithin unbeachtet. Und dass die Königsberger Kollegen sie überhaupt gedanklich nachvollziehen konnten, müssen wir ohnehin bezweifeln.

Jedenfalls hatte Kant der akademischen Form damit Genüge getan. Mit einem Brief vom 8. April bewarb er sich offiziell bei Friedrich um Knutsens Vakanz. Sein König jedoch befand sich bereits in Kriegsvorbereitungen. Vor allem die Kriegskasse musste stimmen. England, Friedrichs Verbündeter, hatte 34 Geldfuhren nach Berlin geliefert, für Kant jedoch war kein Taler dabei. Der König musste sparen, und Kant musste sehen, wie er sich weiter als Privatdozent durchschlug.

Schnell erreichten die Kriegswirren Königsberg. Zarin Elisabeth eilte der deutschen Kaiserin zur Hilfe. Die russische Armee rückte in Ostpreußen ein. Schon am 30. August kam es zur entscheidenden Schlacht 60 Kilometer östlich von Königsberg und am 22. Januar 1758 besetzte die russische Armee kampflos die Pregelstadt. Eine mehr als fünfjährige Besatzungszeit folgte; für die Königsberger war der Krieg, kaum begonnen, schon zu Ende.

Andrej Bolotov, Leutnant in der Armee der Zarin, schildert eindrucksvoll den Einzug in die Stadt: »In den Straßen drängten sich die Menschen, sie hingen in den Fenstern und standen auf den Dächern. Der Auflauf war riesengroß, dazu noch Glockengeläute in der ganzen Stadt sich beigesellte, Trompetenklang und Paukenschlag auf allen Wach- und Glockentürmen während des ganzen Einzugs, so war der Eindruck noch prächtiger und großartiger. Graf Fremor quartierte sich ins königliche Schloß ein, und dort machten ihm die Mitglieder der Königsberger Ratsverwaltung ihre Aufwartung, ebenso der Adel, die hohe Geistlichkeit, die Kaufmannschaft und andere Honoratioren der Stadt. Alle entboten sie ihren Gruß, indem sie sich der Schutzherrschaft der Zarin unterwarfen.« Zu den Honoratioren gehörte auch der Lehrkörper der Albertina, also auch Immanuel Kant.

Den neuen Untertanen der Zarin ersparte Fremor jede Schikane. Nationale Gegensätze waren damals noch nicht zu Ideologien verkommen, die Bevölkerung genoss weiter ihre herkömmlichen Rechte. In der Aufklärungszeit richteten sich Kriege nicht gegen die Bevölkerung eines Landes. Natürlich kam es auf den Kriegsschauplätzen zu Gewaltakten gegen Frauen und Kinder, zu Brandschatzung, Mord und allen erdenklichen Übergriffen. Aber das nahm man wie ein Naturereignis. Den blutigen Händel machten die gekrönten Häupter mit ihren Privatarmeen unter sich aus. Selbst ihre Soldaten konnten zwischendurch die Fronten wechseln, ohne dass man es ihnen als Verrat angelastet hätte. Entsprechend pragmatisch nahm man's in Königsberg mit dem Eid. Wenn Kant später die Magisterzeit als seine »angenehmsten Jahre« bezeichnete, dachte er dabei nicht zuletzt eben an die russische Besatzungszeit. Russische Offiziere, russische Verwaltung, russischer Adel prägten für ein halbes Jahrzehnt die Königsberger Gesellschaft. Und sie alle brachten ein Stück Frankreich mit in die Stadt. Denn die meisten höheren Dienstgrade hatten französische Erziehung genossen, waren selbst in Paris gewesen, kultivierten französische Lebensart. Königsberg erwachte aus seinem Dornröschenschlaf, die Pietistenstadt mauserte sich zu einem Klein-Paris am Pregel. Der Magister Kant hat diese

Zeit in vollen Zügen genossen, »durch einen Strudel gesellschaftlicher Zerstreuungen fortgerissen«, wie Hamann, ein sehr genauer Beobachter, gegenüber seinem Freund Lindner äußert.

Wieder gibt uns Andrej Bolotov, der inzwischen in die Verwaltung übergewechselt war, ein anschauliches Bild dieser stürmischen Jahre unter dem nächsten Gouverneur Korff. »Von überall her reisten die besten Musikanten heran; fast für einen jeden neuen Ball wurden neue Musikanten und Tänze vorgeführt. Kurz gesagt, alles Neue und Gute mußte man bei uns in der Stadt gesehen und gehört haben, und man kann mit Gewißheit sagen, daß die preußischen Einwohner seit den Anfängen ihres Königtums in ihrer Hauptstadt niemals Prunk, Spaß und Vergnügen in solchem Ausmaß gesehen haben und kaum jemals wieder sehen würden. Denn selbst die preußischen Könige konnten so fröhlich, prächtig und großartig nicht leben, wie unser Korff damals gelebt hat.«

Die pietistisch eingeengte Frauenwelt emanzipierte sich. Königsberger Mädchen heirateten russische Offiziere, man sah Frauen im Auditorium maximum der Albertina zu öffentlichen Sitzungen erscheinen, in Komödien, Maskeraden an den Armen von Offizieren. Sie gewöhnten sich an Bälle, Punsch- und Spielpartien der neuen Herren. Und man sah junge Damen, die sich bisher nicht am Fenster und nicht ohne eine ältere Begleiterin auf der Straße zeigen konnten, unter Schlittengeläut mit ihren Kavalieren den Steindamm hinauf bis hinaus vor die Stadt jagen. Was für ein neues, ungeahntes Lebensgefühl!

Und Magister Kant? Auch der feierte die heitere neue Liberalität. Zum Beispiel kleidete er sich nach der neuesten Mode: »Er trug einen kleinen dreieckigen Hut, eine kleine blondhaarige, weißgepuderte Perücke mit einem Haarbeutel; eine schwarze Haarbinde und ein Oberhemde mit einer Halskrause und mit Spitzenmanschetten, ein mit Seide gefüttertes Kleid von feinem, gewöhnlich schwarz, braun und gelb meliertem Tuche, wovon auch die Weste und die Beinkleider verfertigt waren, grauseidene Strümpfe, Schuhe mit silbernen Schnallen und einen Zierdegen. Nach der herrschenden Mode waren Rock, Weste und Beinkleider mit einer Goldschnur eingefaßt und die Knöpfe mit Gold oder Seide besponnen.« Wenn das kein Anblick war – wie ein kleiner Märchenprinz kam der Magister daher. Nie hat die Kostümgeschichte für die Männerkleidung Höheres erreicht: Die Mode verwandelte Männer in raffinierte Kunstwerke – Männer, die sich anschickten, Europa in die Moderne zu katapultieren. Einer ihrer ungeduldigsten Wegbereiter war der in Gold und Seide versponnene Magister Kant.

Woher nahm Kant die »Subsistenz« für seinen glitzernden Aufzug? Nun, die Zeit des russischen Gouvernements brachte der Stadt einen warmen Geldregen. Man schlug kräftige Gewinne aus dem Krieg, die Geschäfte florierten. Der Rubel rollte leichter als der Taler. Auch der Magister in Kypkes Hörsaal bekam ein wenig von dem warmen Geldregen ab. Korff hielt seine Offiziere dazu an, sich auf der Universität weiterzubilden, Vorlesungen zu hören, Privatunterricht zu nehmen. Kant erteilte den Offizieren der Besatzungsmacht Unterricht in Mathematik, »auf Fortifikation und überhaupt Architectura militaris und Pyrotechnic«. Ganz im Sinne der Eidesverpflichtung, »alles was Ihro Kaiserliche Majestät hohes Interesse betrifft, mit innerem Vergnügen zu befördern«. Und das tat er denn auch. Brachte es ihm doch einen kräftigen Zuwachs an Honorareinnahmen.

Am Namenstag der Zarin, am 16. September, sehen wir Kant im Kreis russischer Offiziere Vorbereitungen für das abendliche Feuerwerk treffen. Das Schloss, illuminiert durch ein Meer von vieltausend »Ploschken«, Öllampen, erglänzt über der Stadt. Raketen fahren in den Nachthimmel. Und mitten im festlichen Gedränge hantiert der Magister der Philosophie als Feuerwerksmeister: mit Lust und Laune! Und es brachte Geld, harte Rubel. – In der Tat muss die russische Besatzungszeit Kants »mißliche Subsistenz« vorübergehend sehr verbessert haben.

Korff und der russischen Generalität begegnete Kant auch im Keyserling'schen Palais. Charlotte Caroline, der schönen Reichsgräfin, lagen die Offiziere zu Füßen. Immanuel Kant gehörte schon seit Jahren mit zur Keyserling'schen Familie. Er hatte in deren Schloss Capustigal, ein paar Kilometer südwestlich der Stadt, vorübergehend als Erzieher ausgeholfen. Und Charlotte Caroline verdanken wir das erste Kantbildnis. Es ist eine Kreidezeichnung, die den Magister als dreißigjährigen jungen Mann zeigt.

Der geistvollen Gräfin war Kant überaus zugetan. In seiner *Anthropologie* nennt er Charlotte Caroline »eine Zierde ihres Geschlechts«[10]. Literarisch und philosophisch gebildet, war sie allen Künsten zugetan. Kant liebte den Umgang mit der Reichsgräfin, »die eine sehr geistreiche Frau war«, unterhielt sich mit ihr so liebenswürdig, »daß man nimmer den tief abstrakten Denker in ihm geahnt hätte, der eine solche Revolution in der Philosophie hervorbrachte«, erinnert sich eine befreundete Dame des Hauses in ihren Memoiren.

Charlotte Caroline hielt Hof in Königsberg, gab Bälle und Soiréen. An ihrer Tafel speisten Hippel, Hamann und Kraus, und für gewöhnlich nahm Kant dabei den Ehrenplatz zur Rechten der Hausfrau ein. Auswärtige Besucher sagten, wer der Gräfin von Keyserling nicht begegnet sei, habe Königsberg nicht gesehen.

Das ist die große Welt auf der anderen Seite seines engen Hörsaals, eine Welt, die Kant genießt. In der sich der kleine, goldbetresste Magister zwischen Seidenbändern, Spitzen, Dekolletées und Blumenarrangements mit souveräner Galanterie zu bewegen weiß. Zurück an seinem Vorlesungspult, mag er sich wie Lichtenberg, der Göttinger Kollege, gefühlt haben: »An die Universitätsgaleere geschmiedet«. Seinem Freund Lindner schreibt Kant in diesen Jahren: »Ich meinesteils sitze täglich vor dem Amboß meines Lehrpults und führe den schweren Hammer sich selbst ähnlicher Vorlesungen in einerlei Takte fort. Bisweilen reizt mich irgendwo eine Neigung edlerer Art, mich über diese enge Sphäre etwas auszudehnen. Allein der Mangel treibt mich ohne Verzug zur schweren Arbeit zurück.« Was ihn an der Universität halte, seien die »kleinen Aussichten des Überflusses«, die er sich erlaube. Kleine Aussichten, kleine Fluchten. »Ich befriedige mich mit dem Beifall, womit man mich begünstigt, und mit den Vorteilen, die ich daraus ziehe, und träume mein Leben durch.« Das klingt überaus melancholisch, ein wenig resigniert. Wer weiß, wovon der Magister träumte, wenn er zu später Nachtzeit das Keyserling'sche Palais am Rossgarten verließ? Morgens, mit dem ersten Tageslicht, würde er wieder am Amboss seiner Vorlesungswerkstatt stehen. Hatte das Leben nicht mehr zu bieten? – Auch die »angenehmsten Jahre« haben ihre unangenehmen Stunden.

Doch es waren insgesamt gute Jahre für ihn. Das beweist Kants kleine Abhandlung *Über den Optimismus*, die 1759 entsteht. Die optimistische Stimmung, die aus dem Text spricht, ist unüberhörbar. »Weil Gott diese Welt unter allen möglichen, die er kannte, allein wählte, muß er sie für die beste gehalten haben«[11], argumentiert Kant. Und weiter: »Ich schätze mein Dasein desto höher, weil ich erkoren ward, in dem besten Plane eine Stelle einzunehmen.« Und so beschließt er sein Schriftchen mit dem emphatischen Ausruf: »Ich rufe allem Geschöpf zu: Heil uns, wir sind!«[13] Ja, es ging Kant gut in diesen Jahren.

Zu erinnern ist an den anstößigen Anfang des Mensch-seins. Dass wir gezeugt wurden, ohne gefragt zu sein. »Eigenmächtig« in die Welt »herübergebracht« wurden.[14] Kants Optimismustraktat gibt dem elterlichen Zeugungsakt im Nachhinein Zustimmung, mit einer wahrhaft inbrünsti-gen Überzeugung. Allein die Tatsache, dass wir sind, macht jeden Tag zum Geburtstagsfest. Von dieser starken Gefühls-seite her kennen wir Kant für gewöhnlich sonst nicht.

Doch er kann sich auch noch Jahrzehnte später im Ge-fühlsüberschwang äußern. Jachmann erzählt: »Ach, wie oft rührte er uns bis zu Tränen, wie oft erschütterte er gewalt-sam unser Herz, wie oft erhob er unseren Geist und unser Gefühl zu dem hohen Selbstbewußtsein der reinen Willens-freiheit, zum unbedingten Gehorsam gegen das Vernunftge-setz und zu dem Hochgefühl einer uneigennützigen Pflicht-erfüllung! Der unsterbliche Weltweise schien uns dann von himmlischer Kraft begeistert zu sein und begeisterte auch uns, die wir ihn voll Verwunderung anhörten.« Der Enthu-siasmus des damals 60-jährigen Professors übersprang alle Altersunterschiede. Seine Studenten waren zu beneiden!

Während der russischen Besatzung richtete der Magis-ter ein Bewerbungsschreiben an die Zarin. Sein Vermieter, Professor Kypke, war gestorben und Kant bewarb sich bei der neuen Landesherrin um dessen Lehrstuhl. Natürlich in-teressierten sich mehrere Bewerber für die Stelle. Viele von ihnen hatten sich sogar schon länger als Kant mit einer Pri-vatdozentur durchs Leben schlagen müssen. Während, wie der Senat gutachtete, »Mag. Kant aber nur vor etwa 3 Jah-ren allererst promoviert und auf der Universität zu lesen angefangen«. Im Übrigen war Kant für weite Kreise immer noch eine unbekannte Größe. Also ging die Ernennung an ihm vorbei. Kypkes Lehrstuhl wurde seinem um zwei Jahre älteren Mitbewerber Johann Friedrich Buck zugesprochen. Kant war um eine Hoffnung ärmer. Er musste sich weiter gedulden.

Und jetzt war auch ein Umzug fällig. Der Magister musste heraus aus Kypkes Haus. Er fand in der Köttelstraße auf der Pregelinsel eine neue Bleibe. – Viel war nicht zu packen. Im Nachlass fand sich zwischen wissenschaftlichen Papieren ein Zettel, auf dem Kant seine Habseligkeiten notiert hatte: »Schüssel. Schaff. Tintenfaß. Feder und Messer. Papier, Schriften. Bücher. Pantoffeln. Stiefel. Pelz. Mütze. Nachthosen. Servietten. Tischtuch. Handtuch. Teller. Schüssel. Messer und Gabel. Salzfaß. Bouteille. Wein- und Biergläser. Bouteille Wein. Tobak. Pfeifen. Theezeug. Zucker. Bürste.« Kamen noch die Kleider dazu, die er am Leib trug, die Möbel stellte der Vermieter. Ein karger Haushalt. Doch mehr brauchte der Magister nicht. Er war ein aushäusiger Mann.

Befand er sich nicht im Hörsaal, fand man ihn am Tisch bei Freunden, in den Salons der Stadt, im Keyserling'schen Palais. Oder er verbrachte seine bücherfreie Zeit bei Gesprächen in einem Kaffeehaus. Seine Mahlzeiten nahm er im Hotel ein, im »Palmenbaum« etwa oder dem »Weißen Roß«. An gut geführten Hoteltafeln herrschte in Königsberg kein Mangel. Auf diese Weise war es Kant zur Gewohnheit geworden, nur einmal am Tag eine Mahlzeit zu sich zu nehmen, mittags, aber dazu ließ er sich dann auch Zeit, stundenlang. Die karg eingerichtete Wohnung diente ihm eigentlich bloß als Denk- und Schreibwerkstätte und zum Schlafen.

Vermissen wollte der junge Gelehrte auch nicht den Auslauf, die Pregelwiesen, die Hafenanlagen entlang. Wo Schiffe vor Anker lagen oder stolze Dreimaster mit geschwellten Segeln über Pillau hinaus aus dem Haff liefen. Vielleicht kam ihn auch die Lust an, sich in einem der Parks der Pregelstadt zu ergehen. Denn ein Stubenhocker war Kant ganz und gar nicht. Mit Wobser, dem Förster von Moditten, eine Wegstunde vor der Stadt, verband ihn zum Beispiel eine jahrelange Freundschaft. »Bei ihm hielt er sich während der akademischen Ferien gerne und auch wohl über eine Woche auf.« Noch näher der Stadt unterhielt sein späterer Herzensfreund Joseph Green ein komfortables Landhaus. Und in Greens Equipage unternahm Kant ausgedehnte Spazierfahrten. Von einem weiteren Feriendomizil wissen wir in Wohndorf an der Alle, 50 Kilometer südwestlich der Hauptstadt. Davon erzählte er Wasianski noch in seinen letzten Lebensjahren: »Mit fast poetischer Malerei schilderte er das Vergnügen, welches ein schöner Sommermorgen in den früheren Jahren seines Lebens ihm auf einem Rittergute, in der dort befindlichen Gartenlaube an den hohen Ufern der Alle, bei einer Tasse Kaffee und einer Pfeife gemacht hatte.« Und überall war Kant ein gern gesehener Gast. Denn der Magister glänzte wie gesagt als Unterhalter, sprühte vor Witz und wusste aus seinem grenzenlosen Gedächtnisvorrat Anekdoten, Kuriositäten, Daten, Gelehrsames und Galantes hervorzuzaubern: ob es nun Nachrichten über die neueste Mode in Paris waren oder fesselnde Reiseberichte aus der Karibik. – Kants karger Haushalt beweist eigentlich nur, dass sein Lebenselement die Welt draußen, die Gesellschaft war.

Kein Name war in diesen Jahren so sehr in aller Munde wie der von Jean-Jacques Rousseau. Kants Bekanntschaft mit Rousseaus Schriften fällt noch in die Zeit der russischen Besatzung. Es war eine stürmische Liebe. Auf den ersten Blick. War bisher der Himmelsmechaniker Newton sein Leitstern gewesen, brachte Rousseau den jungen Gelehrten mit beiden Beinen auf die Erde, in die belebte Natur zurück. Ja, es war wie eine Bekehrung, eine Art Wiedergeburt. »*Rousseau* hat mich zurecht gebracht«, notierte Kant in seinen privaten *Bemerkungen*.[15]

Auch Rousseau hatte eine Bekehrung hinter sich. Der Genfer Bürger, den es nach Frankreich verschlagen hatte, erlebte sie 1749 unter einem Baum bei Paris. Er schildert in einem Brief seinen »Durchbruch« mit den folgenden Worten: »Ich hatte ein Heft des *Mercure France* in der Tasche, da fiel mir die Frage der Akademie zu Dijon in die Augen, die den Anlaß zu meiner ersten Schrift gab. Wenn jemals etwas einer plötzlichen Inspiration glich, so war es die Bewegung, die dadurch in mir entstand ... Oh, hätte ich damals den vierten Teil dessen niederschreiben können, was ich unter jenem Baum empfand, mit welcher Klarheit hätte ich dann die Widersprüche der gesellschaftlichen Ordnung darlegen können, mit welcher Gradlinigkeit hätte ich bewiesen, daß der Mensch von Natur aus gut ist und daß die Menschen allein durch unsere Einrichtungen böse werden ... Auf diese Weise bin ich, ohne daran zu denken, fast wider meinen Willen zum Schriftsteller geworden.« – Ein regelrechter Endorphin-Rausch, eine wahrhafte Bekehrung, wer will es leugnen.

Nach Borowski war Kant von der Lektüre Rousseaus so beeindruckt, dass er sogar seine gewohnten Spaziergänge versäumte. »*Rousseau* hat mich zurecht gebracht«, schrieb er also. Und was meinte Kant damit? Die beiden Männer, die sich da über alle Grenzen hinweg begegneten, waren ja sehr verschieden. Hier Kant, der seine Gefühle selten offenlegte – dort Jean-Jacques, wie er sich selbst am liebsten nennt, dessen Schriften von Anfang bis Ende Selbstbiographie sind, Enthüllungsliteratur. Worin kamen die beiden eigentlich überein? Besser gefragt: Was faszinierte Kant an Rousseau so über alle Maßen? Die Moral der Freiheit. Sie hat den Schweizer für Kant unwiderstehlich gemacht.

In dieser Hinsicht hat Kant seinen großen Zeitgenossen besser verstanden als viele von Rousseaus Nachbetern oder Widersachern. »Der Mensch ist frei geboren und überall liegt er in Ketten«, das ist für Kant der Schlüsselsatz des ganzen Rousseau'schen Werkes, der Rest gerade nur Kommentar. Rousseaus Bild über seinem Schreibpult hat keine dekorative, sondern demonstrative Bedeutung wie heutzutage ein Poster. »Der Mensch ist frei und wär' er in Ketten geboren«, textet Schiller eine Generation später. Im Bild Rousseaus, in dessen *Émile*, begegnet Kant sich selbst. Genauso wie in dem freimütigen Blick des Jungen, der mit dem »Ziegenpropheten« aus dem Wald gekommen war. Darin lag die Macht, die Rousseau über ihn gewann: in dem Beispiel eines freien Menschen.

Zwei Texte aus Kants *Bemerkungen* reflektieren Kants Verhältnis zu Rousseau. Im ersten Text steht die praktische Zielsetzung obenan. »Ich bin selbst aus Neigung ein Forscher«, notiert er da. »Ich fühle den ganzen Durst nach Erkenntnis und die begierige Unruhe darin weiter zu kommen oder auch die Zufriedenheit bey jedem Erwerb. Es war eine Zeit, da ich glaubte, dieses allein könne die Ehre der Menschheit machen, und ich verachtete den Pöbel, der von nichts weiß. *Rousseau* hat mich zurecht gebracht. Dieser blendende Vorzug verschwindet, ich lerne die Menschheit ehren, und ich würde mich weit unnützer fühlen als den gemeinen Arbeiter, wenn ich nicht glaubete, daß diese Betrachtung allen übrigen Wert erteilen könne, die Rechte der Menschheit herzustellen.«[16] Wissenschaft darf nicht zum

Selbstzweck werden, nur ihre praktische, die politische Zielsetzung rechtfertigt sie: dass sie die Menschenrechte fördert. Rousseaus Bild hängt überm Pult, um daran zu erinnern. Der Genfer hat dem Magister die Borniertheit des Gelehrten ausgeredet, über deren parasitäre Existenz Lichtenberg sich in seinen *Sudelbüchern* spöttisch ergeht: »Ihre Haare lassen sie sich durch andere in Ordnung legen, ihre Kleidung durch andere machen, ihre Speise durch andere bereiten, dafür, daß sie das Wetter in ihrem Kopf beobachten.« Kant hat Rousseaus Belehrung nie wieder aus den Ohren bekommen. Seine Philosophie ist im Ganzen, selbst in ihren subtilsten transzendentalen Analysen, darauf ausgelegt, »die Rechte der Menschheit herzustellen«, und nicht etwa, um mit sich zu kokettieren.

Der zweite Text aus Kants *Bemerkungen* ist ähnlich, jedoch wissenschaftstheoretisch orientiert. Er beginnt mit der bereits zitierten Würdigung Newtons, der zuerst »Ordnung« in der kosmischen »Mannigfaltigkeit« ausfindig machte.[17] Kant fährt dann fort: »Rousseau entdeckte zu allererst unter der Mannigfaltigkeit der menschlichen angenommenen Gestalten die tief verborgene Natur desselben und das versteckte Gesetz, nach welchem die Vorsehung durch seine Beobachtungen gerechtfertigt wird. Nach Newton und Rousseau ist Gott gerechtfertigt und nunmehr ist Popens Lehrsatz wahr.« – Newton und Rousseau, »der bestirnte Himmel über mir und das moralische Gesetz in mir«[18], dieser Doppelsatz in der Schlusspassage der *Kritik der praktischen Vernunft* findet sich da schon vorformuliert. Aber Kant wird noch einmal fünfundzwanzig Jahre brauchen, bis er sein ethisches Hauptwerk auf den Weg bringt.

Hier jedoch wie dort ist es ihm um dasselbe zu tun, um die Rekonstruktion der holistischen Weltsicht. »Natur und Freiheit sind die beiden Türangeln der Philosophie.«[19] Newton entdeckte die Eigengesetzlichkeit der äußeren Natur, Rousseau die der inneren, der menschlichen Natur. In dem Begriff der Eigengesetzlichkeit treffen sich beide. Eigengesetzlichkeit heißt Selbstorganisation, sogar »im Chaos nicht anders als regelmäßig verfahren zu können«[20], und Selbstbestimmung wieder heißt Freiheit. Rousseau: »Der Gehorsam gegen das Gesetz, das man sich selbst vorgeschrieben hat, ist Freiheit.« Sie ist jener dynamische, der gesamten Schöpfungswirklichkeit zugrunde liegende Bestimmungsgrund. Also behält Pope Recht, »whatever is, is right«, denn etwas Größeres als Freiheit lässt sich schlechterdings nicht denken.

Über Rousseau kommt Kant auf das Prinzip einer selbstbestimmten, autonomen Moral. Nicht mehr ein Gott von außen, der Mensch selbst ist es, der sich das »Gesetz der Freiheit« vorgibt. Damit hat Kant die Ethik entmythologisiert, religionsfrei definiert. Rousseau hatte seinen Begriff von Moral entscheidend korrigiert und erweitert. Und mit Recht kann man diese Kehrtwende als Kants »Rousseauistische Wende« in der Moralphilosophie bezeichnen.

»Der Eindruck, den ein Leser der Schriften des Herrn J. J. Rousseau bekommt«, notiert er für sich, »ist, daß er eine ungemeine Scharfsinnigkeit des Geistes, einen edlen Schwung des Genies und eine gefühlvolle Seele in so hohem Grade antrifft, wie vielleicht niemals ein anderer Schriftsteller mag besessen haben.«[22] Was für ein Lob! Jedenfalls, und darin hat Kant sicher Recht, gehört Rousseau zu den wenigen Menschen, die, allein auf sich gestellt, ein ganzes Zeitalter herausgefordert und inspiriert haben.

Während Rousseau in Frankreich an seinem *Émile* arbeitet, diskutieren Kant und sein Freund Hamann den Plan, zusammen eine *Kinderphysik* zu schreiben. Was für ein Zufall! Denn auch der *Émile*, Rousseaus weit angelegter

Erziehungsroman, enthält ein veritables Physikkapitel: mit Versuchen zum Magnetismus, zur Elektrizität, zu den optischen Gesetzen und mit Experimenten zur Bewegungslehre. Bedauerlich, dass aus dem Plan der beiden Königsberger nichts wurde!

Doch Hamann hatte gleich Bedenken. »Das größte Gesetz der Methode für Kinder besteht darin, sich zu ihrer Schwäche herunterzulassen, ihr Diener zu werden«, schrieb er seinem Magister. »Dieser praktische Grundsatz ist aber nicht zu erfüllen, wenn man nicht, wie man im gemeinen Leben sagt, einen Narren an Kindern gefressen hat und sie liebt, ohne recht zu wissen: Warum? Fühlen Sie unter Ihren Schoßneigungen die Schwäche einer solchen Kinderliebe?«, fragte er den Freund.

Hamann wusste, wovon er sprach. Er lebte unter dem Dach seiner »Moosbude« in freier Ehe, aß schwarze Grütze, rauchte seine Pfeife Tabak und war »père naturel« von später vier Kindern. Und Kant hatte eben keinen Nachwuchs. Besaß der Mann überhaupt die nötige »Schoßneigung« zu Kindern?

Sein Kollege, der Mediziner Metzger, der zu Kant in einem gespannten Verhältnis stand, schreibt: »Kant war zugleich auch *Misogyn*, d. i. er hatte keine günstige Meinung von dem Glück des Ehestandes und von der Gabe des Weibes, dem Manne, wenn sie will, Blumen auf den Pfad seines Lebens zu streuen. In Gesellschaft war *Kant* sehr höflich gegen das weibliche Geschlecht; auch wohl scherzhaft. Er bewies den Damen aus der Bibel, daß sie nicht in den Himmel kämen; denn es hieße an einer Stelle der Offenb. Joh. es sey im Himmel eine Stille gewesen von einer halben Stunde. So was ließe sich aber, wo Frauenzimmer sind, gar nicht als möglich denken.«

Schlechte Witze dieser Art sind Kant durchaus zuzutrauen. Doch misogyn, frauenfeindlich, war er deswegen noch lange nicht. Immerhin pflegte der in Gold und Seide versponnene Magister einen weitläufigen Umgang mit Frauen. Dann aber stellt sich natürlich die Frage, warum Kant denn nicht geheiratet hatte, um sich »Blumen auf den Pfad seines Lebens« streuen zu lassen.

Die Frage geht allerdings von einer auch heute fiktiven Norm aus, die sich schon gar nicht ins 18. Jahrhundert transportieren lässt. Schätzungsweise ein Drittel der damaligen Bevölkerung blieb unverheiratet. Beim Dienstpersonal und bei den Soldaten schloss schon die abhängige Stellung meist eine Ehe aus. Dazu kam einfach die Armut. Behörden schränkten vielerorts das Recht auf Verehelichung durch rigide Erlasse ein. Sie hatten etwas gegen »Bettelhochzeiten«, gegen Leute, »die zwar zwei Spinnräder zusammenbringen aber kein Bett«. Auch Behinderten wurde die Heiratserlaubnis vorenthalten, Stummen, Blinden, Lahmen oder Personen, die »mit einer üblen Krankheit oder Seuche behaftet« waren. Andere Gründe schränkten die Ehehäufigkeit des Adels ein. Dort rechnet man mit etwa 25 Prozent Ledigen. Friedrich der Große beispielsweise untersagte seinen Offizieren die Heirat und er selbst lebte in seinen Schlössern zu Potsdam und Sanssouci wie in einem Kloster. Und wie viele Wissenschaftler außer Kant werden ehelos geblieben sein! Auch Hume und Newton gingen keine Ehe ein. So wäre endlos fortzufahren. In Kants näherem Freundes- und Bekanntenkreis, um damit zu schließen, gab es ebenfalls genug Alleinstehende. Etwa den jungen Oberbürgermeister Hippel, einer von Kants prominentesten Tischfreunden. Kurzum, man sollte aus Kants Ehelosigkeit keine falschen Schlüsse ziehen.

Prinzipiell abgeneigt, sich zu verehelichen, war der Magister auch eigentlich nicht. Der immer gut informierte

Kraus berichtet: »Ich weiß von einer Person, die er zu heiraten wünschte. Die war, soviel ich weiß, Königsbergerin. Ich kann noch das Haus zeigen, wo sie wohnte.« Borowski, der Fragebogen-Biograph, gab erst recht keine Ruhe, der Sache auf den Grund zu gehen. War Kant etwa ein Feind des anderen Geschlechts, fragt er rhetorisch. Und antwortet dem Leser emphatisch: »Nein, nein, denn Kant – hat geliebt. Mir sind zwei ganz würdige Frauen bekannt, die nacheinander sein Herz und seine Neigung auf sich zogen. Aber freilich war er da nicht mehr im Jünglingsalter, wo man rasch wählt. Er zögerte mit der Anfrage – darüber zog die eine in eine entferntere Gegend, und die andere gab einem rechtschaffenen Mann sich hin.« Nun, das alles wirkt ein bisschen wie Fliegenbeinzählen.

Vergnüglicher ist für uns heute noch das Brieflein zu lesen, das Maria Charlotta Jacobi dem achtunddreißigjährigen Gelehrten in die Magistergasse schickte.

Die Magistergasse war Kants neue Adresse. Sie führte von Ost nach West quer über die Pregelinsel. Dort residierten, wie der Name sagt, viele Professoren, und von hier aus erreichte man in wenigen Minuten die Universität. Irgendwann in seinen dreißiger Jahren war Kant umgezogen. Auch dort wohnte er, wie schon vorher in der benachbarten Köttelstraße, zur Miete.

»Wehrter Freünd«, schrieb Maria Carlotta, »wunderen Sie sich nicht daß ich mich unterfange an Ihnen als einen großen Philosophen zu schreiben? Ich glaubte sie gestern in meinen garten zu finden, da aber meine Freündin mit mir alle Alleen durchgeschlichen, und wir unseren Freünd unter diesem Zirckel des Himmels nicht fanden, so beschäfftigte ich mich mit der Verfertigung eines Degen Bandes, dieses ist ihnen gewidmet. Ich Mache ansprüche auf Ihre gesälschafft Morgen Nachmittag, Ja Ja ich werde kommen, höre ich sie sagen, nun gutt, wir erwarten sie, dan wird auch meine Uhr aufgezogen werden, Verzeihen Sie mir diese erinnerung Meine Freündin und Ich überschicken Ihnen einnen Kuß per Simpatie die Lufft wird doch woll im Kneiphoff dieselbe seyn, damit unser Kuß nicht die Simpatetische Krafft verliret, Leben Sie Vergnügt und Wohl, auß dem garten d. 12 Junij 1762, Jacobin.«

Die Jacobin war nicht irgendwer. Die Männerwelt Königsbergs feierte die Dreiundzwanzigjährige als strahlendste Schönheit der Stadt. Um es mit Hippels Worten zu sagen, war Maria Charlotta diejenige, die »allen Komödien, Redouten, Konzerten und Privatbällen den eigentlichen Glanz verlieh«. Wer weiß, vielleicht war sie Kants uneingestandene Liebe, doch unerreichbar für ihn. Jahrelang finden wir den Magister in ihrer Nähe, bis die junge Frau einen öffentlichen Skandal verursachte, der ganz Königsberg den Atem stocken ließ. Sie trennte sich von ihrem Mann, einem Bankier, um mit einem der engsten Freunde Kants, dem Lotterie- und Münzmeister Göschen, zusammenzuziehen. Kant war gekränkt. Er hat seinem Freund lange nicht verziehen. Warum? War Göschen beherzter gewesen als er? Natürlich ist das reine Spekulation. – Immerhin hat sich Kant von dem Brief der Jacobin »auß dem garten« nicht getrennt.

Moses Mendelssohn, der gefeierte Berliner Philosoph, meinte einmal: Diejenigen, die sich den »Künsten und Wissenschaften« in besonderem Maße widmen, »werden allezeit einigen Rechten der Menschheit entsagen müssen«. Das klingt pathetisch, aber für Kant trifft es zu.

1763 – 1770
Späte Magisterjahre
*Die Metaphysik, in welche ich das Schicksal habe,
verliebt zu sein*[1]

In Königsberg flanierten die Leute in ihren Gärten, doch jenseits der Weichsel ging 1762 Friedrichs Krieg ins siebente Jahr. Von den vier Millionen Untertanen des Königs zahlten 500 000 Menschen für seine Politik mit dem Leben. Die Verluste Österreichs und seiner Verbündeten lassen sich nicht beziffern. Ein Volkslied aus Sachsen klagte: »Soll denn gar kein Frieden werden, / Nimmt der Krieg denn noch kein End? / Unsre Länder sind verheeret, / Städt' und Dörfer abgebrannt, / Jammer überall und Not, / Und dazu auch mehr kein Brot. / Friedrich, o du großer König, / Stecke doch dein Schwert nun ein ...«

Nun, der große König ist im siebten Kriegsjahr selbst am Ende seiner Kräfte. Friedrich weiß, dass er diesen Krieg nicht siegreich zu Ende bringen wird. Aber nachgeben kann er nicht. »Nichts wird imstande sein, mich dahin zu bringen, daß ich meine Schande unterschreibe«, erklärt er in einem Brief. »Entweder lasse ich mich unter den Trümmern meines Vaterlandes begraben, oder ich beende mein Unglück, wenn es unmöglich ist, es länger zu ertragen.« Einem Vertrauten zeigt er eine kleine Dose mit achtzehn Opiumpillen – für den Ernstfall: »Ich sage dir, ich führe ein Hundeleben«, äußert er in einem anderen Brief. »Es hat mich so altern lassen, daß Du mich kaum wiedererkennen würdest. Auf der rechten Seite ist mein Haar ganz grau, meine Zähne brechen ab ...«

Um seine Gestalt aber beginnt ein Mythos zu ranken. Sein gebeugter krummer Rücken, das faltige Gesicht, von Sorgen gezeichnet, lassen Friedrich den folgenden Generationen wie die verkörperte Kyffhäusergestalt erscheinen: An seiner Person entzündet sich das erste Nationalgefühl der Deutschen.

Alles ist verloren, wenn er aufgibt. Nur das sandige Brandenburg würde in seinem Besitz bleiben. De Catt, Friedrichs nächster Vertrauter, erinnert sich: »Der König hatte sich seinem Schmerz völlig hingegeben. Er weinte unaufhörlich und bat den Himmel, sich seines Unglücks zu erbarmen.« Und das »Mirakel des Hauses Brandenburg« geschieht tatsächlich. In Russland besteigt eine neue Zarin den Thron, die antipreußische Koalition zerbricht. Ein letztes Mal stehen sich im Sommer 1762 die Heere gegenüber. Friedrichs Bruder Heinrich erringt den Sieg und im Februar 1763 kommt es zum Friedensschluss. Die Kriegsparteien erkennen gegenseitig ihre Vorkriegsgrenzen an. Friedrich kommt ohne Gebietsverlust davon. Was für ein Gewinn – um diesen schrecklichen Preis! Von dem Land, besonders östlich der Elbe, blieb nur verbrannte Erde übrig. Doch Preußen hat sich endgültig als fünfte Großmacht Europas etabliert.

Mit dem Friedensschluss fällt auch Königsberg wieder an Friedrich zurück. Unter Trompetengeschmetter von dreißig Postillonen traf der königliche Feldjäger am 21. Februar in Königsberg ein und verkündete das Ende des Krieges. Die Stadt verabschiedete die Besatzer mit einem Dankesfest. Die Einwohner hatten auch allen Grund zum Dank. Noch nie war es Königsberg so gut gegangen wie in diesen Jahren. Und der wirtschaftliche Aufschwung war kein Strohfeuer, er trug sich inzwischen selbst. Handel und Handwerk blühten weiter. So fiel es dem Magistrat nicht schwer, dem verarmten König 200 000 Taler in harter Währung vorzuschießen.

Umsonst, des Königs Groll gegenüber der ungetreuen Stadt war nicht zu besänftigen.

Abgesehen von einigen Aufsätzen ist Kant während der Besatzungszeit literarisch nicht besonders produktiv gewesen. »Er hat eine Menge Arbeiten im Kopf, von denen auch ich zu gewinnen hoffe«, schrieb Hamann an Lindner. Jetzt meldet sich Kant literarisch zurück. Seine nächste größere Veröffentlichung trägt die Überschrift *Der einzig mögliche Beweisgrund zu einer Demonstration des Daseins Gottes* (1763)[2]. Borowski sagt in seiner Biographie darüber: »Kant wollte lediglich darauf, daß etwas möglich ist, seinen Gottesbeweis gründen und dann unwidersprechlich dartun, daß kein anderer Beweisgrund möglich sei. Bei dieser Schrift wurde auch das auswärtige Publikum auf K. aufmerksam. Kant ward als Selbstdenker laut gepriesen. Zu Wien tat man, was man tun muß, wenn man zum Widerlegen zu schwach ist. Man hinderte den Vertrieb des Buchs und setzte es in das Verzeichnis der verbotenen Bücher.«

Besonders freute sich Kant, dass plötzlich ein Mitglied der Preußischen Akademie der Wissenschaften an ihn herantrat, brieflichen Kontakt aufnahm. Es war der junge, als Mathematiker hoch angesehene Johann Heinrich Lambert aus Berlin.

Lambert wandte sich in einem langen Brief an den bis dahin noch recht unbekannten Magister, ließ dabei, »durch die Ähnlichkeit unserer Gedanken entschuldigt, alle Umschweife des sonst üblichen Briefstils weg« und kam gleich zur Sache. Der Mathematiker lobte Kants *Beweisgrund* und trug dem Königsberger Kollegen an, »wenn Ihnen Zeit und Geschäfte erlauben, mir jede beliebigen Anlässe zu einem Briefwechsel zu geben. Kosmologie, Metaphysik, Physik, Mathematik, die schönen Wissenschaften mit deren Regeln, kurz jede Anschläge zu neuen Ausarbeitungen, sowie auch jede Anlässe zu Gefälligkeiten. Wir verfielen ja bisher fast auf einerlei Untersuchungen, ohne es zu wissen ...«

Mit Professor Lambert entspann sich ein fruchtbarer gelehrter Briefwechsel. Kant freute sich zu Recht. Seit zehn Jahren arbeitete er jetzt an der Albertina, und nun wurde ihm, wenigstens halbamtlich, zum ersten Mal öffentliche Anerkennung zuteil – von einem Mitglied der erlauchten Berliner Akademie. »Es hätte mir keine Zuschrift angenehmer und erwünschter sein können«, antwortet er Lambert und fährt fort: »Ich habe verschiedene Jahre hindurch meine philosophischen Erwägungen auf alle erdenklichen Seiten gekehrt, und bin nach so mancherlei Umkippungen endlich dahin gelangt, daß ich mich der Methode versichert habe, die man beobachten muß, wenn man demjenigen Blendwerk des Wissens entgehen will, woraus auch die zerstörende Uneinigkeit der vermeinten Philosophen entspringt ...« Was für ein unruhiger Geist schreibt da!

Zwanzig Jahre dient Immanuel Kant nun schon der Philosophie, wirbt um seine »streitbare Dame«, wie Newton sie nannte. Wie viele Gedankengebäude sind derweil in seinem Kopf entstanden. Keins hat dem Rumoren seiner Seele standgehalten. Umkippungen, wohin er auch sieht. Es fehlt an einem vernünftigen Bauplan, an einer verlässlichen Methode, um Tatsachen und Träume, Wahn und Wahrheit zu unterscheiden, um dem »Blendwerk des Wissens« zu entgehen.

Kant schreibt seinen Brief, während am Pregel vielleicht schon die Silvesterknaller in die Luft gehen. Es ist der Altjahresabend 1765. In den nächsten Tagen wird seine neueste Schrift beim Buchhändler Kanter ausliegen: *Träume eines Geistersehers, erläutert durch die Träume der Metaphysik.*[3] Der Traktat wird seine Leser finden. Denn Kant legt sich mit einem Mann an, der in Europa Aufsehen macht. Es ist

Emanuel von Swedenborg, Schwede, ein Mann von nahezu achtzig Jahren. Swedenborg sieht Geister. Nur ein schrulliger Greis? Aber nein, Swedenborg hat einen renommierten Namen. Den Mathematiker, Chemiker, Physiker, Astronomen, Geologen, Erfinder und Ingenieur haben gleich drei Akademien durch eine Mitgliedschaft geehrt: Uppsala, Stockholm und Petersburg. Seine Verdienste um Forschung, Wissenschaft und Technik sind immens, man könnte Bücher damit füllen. Jedermann weiß das, auch Kant. Und weil Swedenborg dieser Geistesriese ist, reagiert man wie unter Schock, als der geehrte Gelehrte seinen aufgeklärten Zeitgenossen eröffnet, dass er unter die Geisterseher gegangen ist.

Der Alte reagiert gelassen. »Ich bin mir klar darüber, daß viele einwenden werden, niemand könne mit Geistern und Engeln reden, solange er in seinem Körper lebt, während andere es für Einbildung halten und meinen werden, ich hätte diese Dinge berichtet, um Glauben zu erhaschen, und anderes mehr. Aber dergleichen kümmert mich nicht. Denn ich habe gesehen, gehört und gefühlt«, schreibt Swedenborg in seinem achtbändigen Werk, *Arcana coelestia* oder »Himmlische Geheimnisse«, London 1749–1756. Swedenborgs englischer Verlag hat mit dem Werk kein Geschäft gemacht. Gerade nur vier Exemplare wurden verkauft. Eins davon ging nach Königsberg. Immanuel Kant hatte sich die »acht Quartbände« aus England kommen lassen.

Zu den Freunden, auf deren Veranlassung er den *Geisterseher* nach eigenem Bekunden schrieb[4], gehörte auch die dreiundzwanzigjährige Charlotte von Knobloch, die wegen Swedenborg mit Kant korrespondiert hatte. Ein oder zwei Jahre vor seiner Streitschrift hatte der Magister, dessen Schüler Borowski bei den Knoblochs Hofmeister war, an das »gnädige Fräulein« einen langen Brief gerichtet. Das

Schreiben belegt Kants außerordentliches Interesse an okkulten Phänomenen.

Er könne Swedenborg nicht recht einordnen, gesteht er der jungen Dame. Doch er sei fasziniert, über die Maßen sogar. Und das, obwohl er sich frei wisse »von einer zum Wunderbaren geneigten Gemütsart oder von einer Schwäche, die leicht zum Glauben bewegt wird«. Doch habe er schon vor geraumer Zeit über Swedenborg Erkundigungen eingezogen und sein Eindruck sei sehr positiv ausgefallen. »Swedenborg ist ein vernünftiger, gefälliger und offenherziger Mann; er ist ein Gelehrter.« Bewogen durch diesen Eindruck, erzählt er dem Adelsfräulein weiter, habe er sogar versucht, mit dem Gelehrten zu korrespondieren. Ja, nicht genug, er sei überdies durch einen Freund direkt an ihn herangetreten. »Wie sehr wünschte ich, daß ich diesen sonderbaren Mann selbst hätte fragen können; denn mein Freund ist der Methoden nicht so wohl kundig, dasjenige abzufragen, was in einer solchen Sache das meiste Licht geben kann.« Im Übrigen habe Swedenborg auf seine Bücher verwiesen. »Ich warte mit Sehnsucht auf das Buch, das Swedenborg in London herausgeben will. Es sind alle Anstalten gemacht, daß ich es so bald bekomme, als es die Druckpresse verlassen haben wird.« Dann wolle er, Kant, wenn es dem gnädigen Fräulein gefalle, sich wieder mit ihr in Verbindung setzen.

Da tun sich Abgründe auf. Kant wartet also »mit Sehnsucht« auf das Londoner Bücherpaket, wünscht sich noch mehr, dem »sonderbaren Mann« persönlich zu begegnen. Man hält das nicht für möglich. Nicht bei einem Mann wie Kant, mit so gar keiner »zum Wunderbaren geneigten Gemütsart«. Seine Seele buchstabiert offenbar die Welt nach einem anderen Alphabet als der aufgeklärte Kopf.

»Soll der Philosoph die Richtigkeit aller solcher Geisteserscheinungen gänzlich ableugnen?«, fragt Kant in seinem *Geisterseher*.[5] Ja, aber »in welche erstaunlichen Folgen sieht man hinaus, wenn nur *eine* solche Begebenheit als bewiesen vorausgesetzt werden könnte!«[6] Es würde alles umwerfen, was man an wissenschaftlichen Erkenntnissen bisher zusammengetragen hat.

Und in Europa kursieren zu dieser Zeit eine ganze Reihe von Swedenborg-Geschichten. Eine davon lesen wir in Kants Brief an Charlotte von Knobloch. Da heißt es: »Die folgende Begebenheit scheint mir unter allen die größte Beweiskraft zu haben und benimmt wirklich allem erdenklichen Zweifel die Ausflucht. Es war im Jahr 1756, als Hr. von Swed. aus England kommend, zu Gotenburg ans Land stieg. Herr William Castel bat ihn zu sich und zugleich eine Gesellschaft von fünfzehn Personen. Des Abends um 6 Uhr war Hr. v. Swed. herausgegangen und kam entfärbt und bestürzt ins Gesellschaftszimmer zurück. Er sagte, es sei eben jetzt ein gefährlicher Brand in Stockholm und das Feuer griffe sehr um sich. Er war unruhig und ging oft hinaus. Er sagte, daß das Haus einer seiner Freunde schon in Asche läge und sein eigenes Haus in Gefahr sei. Um 8 Uhr, nachdem er wieder herausgegangen war, sagte er freudig: Gottlob, der Brand ist gelöscht, die dritte Tür vor meinem Hause! – Dienstag morgens kam ein königlicher Kurier mit dem Berichte von dem Brande, der sich nicht im mindesten von der Nachricht unterschied, die Swed. zur selbigen Zeit gegeben hatte, denn der Brand war um 8 Uhr gelöschet worden.« – Das erzählt Kant dem Adelsfräulein als eine Begebenheit von »größter Beweiskraft« und fügt hinzu, der Schwede verdanke, laut eigenem Verlautbaren, jene okkulten Visionen seinen persönlichen Kontakten mit der Geisterwelt.

Glaubte Kant an Geister? An die Existenz überirdischer

Wesen? Zu erinnern ist hier an seine *Naturgeschichte*, wo der Student zustimmend den englischen Poeten Pope zitierte: »Wer jene Sternbewohner alle kennet, / Dem alleine ist's vergönnet, / Zu fassen unsre Welt, sie zu erklären ...«[7] Könnten wir uns doch nur mit jenen überirdischen Intelligenzen in Verbindung setzen! Dann würde uns, wie Goethes Faust es wünscht, »durch Geistes Kraft und Mund« der Welt Geheimnis werden kund, »daß ich erkenne, was die Welt / Im Innersten zusammenhält, / Schau alle Wirkungskraft und Samen, / Und tu nicht mehr in Worten kramen«. Swedenborg spukte also auch in Fausts Kopf herum.

Zehn Jahre liegen zwischen der *Naturgeschichte* und den *Träumen eines Geistersehers*. Jetzt, 1765, äußert sich Kant zu dem Problem von »immateriellen Naturen«, auch »Geister genannt«, vorsichtig mit den Worten: »Ich gestehe, daß ich sehr geneigt bin, das Dasein immaterieller Naturen in der Welt zu behaupten«[8], sogar »ohne Besorgnis widerlegt zu werden, wiewohl auch ohne Hoffnung, die Möglichkeit durch Vernunftschlüsse beweisen zu können«[9]. Nichts Festes, nichts Gewisses, aber immerhin: »Eben diese Unwissenheit macht, daß ich mich nicht unterstehe, so gänzlich alle Wahrheit an den mancherlei Geistererzählungen abzuleugnen, doch mit dem gewöhnlichen, wenngleich merkwürdigen Vorbehalte, eine jede einzelne in Zweifel zu ziehen, allen zusammen aber einen gewissen Glauben zuzumessen.«[10] Eine gewundene Erklärung. Aber doch auch eindeutig: Die Möglichkeit, dass Geister, immaterielle Naturen, tatsächlich existieren könnten, hält Kant sich offen.

Wieso aber fällt er dann mit einer solchen Rage über Swedenborg her? Nennt ihn einen »Erzphantasten unter allen Phantasten«[11], den »ärgsten Schwärmer«[12]? Ja, er sieht den Schweden reif fürs Irrenhaus, als »Kandidat des Hospitals abgefertigt«[13], das sich mit den »Seelenfürzen«[14]

des Alten abgeben soll. Fälschlicherweise stellt Kant seinen Lesern Swedenborg überdies als einen Mann »ohne Amt und Bedienung«[15] vor! Dabei ist dem Magister durchaus bekannt, dass der Gelehrte unter anderem jahrzehntelang das Amt eines leitenden Direktors der schwedischen Bergbaubehörde bekleidet hat. Und warum führt er ihn mit falschem Namen ein? »Es lebt zu Stockholm ein gewisser Herr Schwedenburg ...«[16] Das ist doch nichts anderes, als wenn jemand in Stockholm schriebe: Es lebt in Königsberg ein gewisser Herr Cont, ohne Amt und Würden. Kant war der richtige Name des Schweden durchaus gegenwärtig, in seinem Brief an Charlotte von Knobloch schreibt er ihn ganz korrekt, mehrmals sogar. Versteht sich, hatte er doch selbst mit Emanuel von Swedenborg korrespondiert. – Also, das ist schon alles sehr merkwürdig. Was bewegt Kant, Swedenborg der Lächerlichkeit preiszugeben?

Nun, er haut den Sack und meint den Esel: Kant schlägt auf Swedenborg ein und meint die traditionelle Schulmetaphysik, in der sich ungeniert Geister und Engel, Seelen und Seraphen herumtummeln dürfen. Und Swedenborg treibt den Spuk auf die Spitze.

Adorno spottet in seiner *Minima Moralia*, ganz im Tenor Kants, »seit den frühen Tagen des Spiritismus hat das Jenseits nichts Erheblicheres kundgetan als Grüße der verstorbenen Großmutter nebst der Prophezeiung, eine Reise stünde bevor«. Kant aber würde zum Beispiel philosophisch interessieren, ob Geister auch mehrdimensional existieren. Schließlich und endlich ist es doch theoretisch möglich, »daß es Ausdehnungen von anderen Dimensionen gebe«[17]. Oder: Wie soll man sich die immaterielle Substanz jener geistigen Wesen denken? Müssten sie nicht eigentlich ineinander »verklumpen«? Oder gibt es auch im immateriellen Bereich so etwas wie Newtons Anziehungs- und Abstoßungskräfte?

»Ich bin eben so unmittelbar in der Fingerspitze wie in dem Kopfe«[18] – verhält es sich bei den Geistwesen der metaphysischen Schwärmer genauso? Ach, Fragen über Fragen! Wenn Swedenborgs Geister doch nur Auskunft geben wollten!

Genau deswegen hatte Kant »mit Sehnsucht« Swedenborgs Büchern entgegengefiebert. Hatte für die Folianten die unglaubliche Summe von »7 Pfund Sterling« auf den Tisch gelegt. Und was fand er? »Acht Quartbände Unsinn.«[19] Da fühlt sich Kant an der Nase herumgeführt. Liest er doch beispielsweise in der *Arcana coelestia*, dass die Seele nach dem Tode sich an Leichengestank ergötzt, ihr wird von Engeln die Haut des linken Auges gegen die Nasenwand gewickelt, sie vernimmt von 478 Freuden der himmlischen Geisterscharen; und in der Hölle darf Swedenborg ehebrecherische Leute besehen, die mit Beilen und Bohrern aufeinander losgehen …, *arcana coelestia*, das also sind die himmlischen Geheimnisse, die Kant sich 7 Pfund Sterling kosten ließ? Genug, Kant sah die Metaphysik durch Swedenborg um ihre letzte Glaubwürdigkeit gebracht. »Okkultismus ist die Metaphysik der dummen Kerle«, spöttelte Adorno. Genau das hätte Immanuel Kant auch sagen können. Darum noch mal, genug, genug, »nunmehr lege ich die ganze Geistersache, ein weitläufiges Stück Metaphysik, als abgetan an die Seite. Sie geht mich künftig nichts mehr an.[20] … Wie viele Dinge gibt es doch, die ich nicht einsehe. Aber die durch Erfahrung gereifte Vernunft spricht in dem Mund des Sokrates, mitten unter den Waren eines Jahrmarkts, mit heiterer Seele: Wie viele Dinge gibt es doch, die ich alle nicht brauche.«[21] Und den Leser seiner *Träume eines Geistersehers* ermahnt Kant: »Da unser Schicksal in der künftigen Welt vermutlich sehr davon abhängen wird, wie wir unseren Posten in der gegenwärtigen verwaltet haben, so schließe ich mit demjenigen, was Voltaire seinen ehrlichen Candide, nach so viel unnützen Streitigkeiten zum Beschlusse sagen läßt: Laßt uns unser Glück besorgen, in den Garten gehen, und arbeiten.«[22] Statt schöner Luftschlösser also lieber ein solides Gartenhaus für Kants Dame, die Philosophie.

Die Auseinandersetzung mit Swedenborg war kein bloß intellektueller Schlagabtausch, sonst hätte Kant nicht so heftig, derart überzogen reagiert. Mit »Schwärmern«, Visionären, Moralfanatikern und Enthusiasten hatte er zeitlebens seine liebe Not. Denn zu Kants Seelenhaushalt gehörte eben auch eine versteckte »schwärmerische« Veranlagung. Von der »Pflicht«, wir hörten es (»Ach, wie oft rührte er uns das Herz bis zu Tränen!«), sprach er in geradezu exaltierten Tönen. Und ja, Rousseaus Bild hatte seinen Platz über dem Pult (denn ohne »Enthusiasmus ist niemals in der Welt etwas Großes ausgerichtet worden ...«[23]). Nicht zu vergessen, dass Kant dem künstlerischen Genius (dem jederzeit »eine gewisse Dosis von Tollheit beigemischt«[24] ist) später in seiner Kunsttheorie einen bedeutsamen Platz einräumt. Kurzum, Kant selbst muss gegen die schwärmerische Versuchung anfällig gewesen sein. Auch und gerade, wenn er sich die »schmelzenden Gefühle« (das Paradiesgärtlein der Anna Regina) mit Macht vom Leibe hält. Seine boshaften Ausfälle gegen Swedenborg, »den ärgsten aller Schwärmer«, muss man vor diesem Hintergrund sehen.

Ein Seufzer wie der des Magisters Faust: »Zwei Seelen wohnen, ach! in meiner Brust, die eine will sich von der andern trennen«, hätte auch Kant entfahren können. Immanuel musste den schwärmerischen Emanuel loswerden, und sei es um den Preis der Diffamierung, der Selbstverleugnung: Immer wenn er auf den armen Emanuel von Swedenborg einschlägt, holt er sich selbst dabei blaue Flecken. – Ein Psychologe sollte sich mal über die *Träume eines Geistersehers* hermachen, da wird ein ganzes Psychodrama aufgeführt: wovon, so Kant, der Leser »das Wichtigste nicht verstehen, das andere nicht glauben, das übrige aber belachen wird«[25].

In Kants Kopf aber klärte es sich. Mit dem *Geisterseher* verabschiedet sich Kant von den Allmachtsphantasien der herkömmlichen Metaphysik. Sie kann den Bruch in der Selbst- und Welterfahrung nicht heilen, den Widerspruch zwischen Natur und Freiheit nicht auflösen. Kant erklärt, wie er sich alternative Metaphysik vorstellt, nämlich als eine »Wissenschaft von den *Grenzen der menschlichen Vernunft*. Und da ein kleines Land jederzeit viel Grenze hat, überhaupt auch mehr daran liegt, seine Besitzungen wohl zu kennen und zu behaupten, als blindlings auf Eroberungen auszugehen, so ist dieser Nutzen der erwähnten Wissenschaft der unbekannteste und zugleich der wichtigste, wie er denn auch nur ziemlich spät und nach langer Erfahrung erreichet wird.«[26] Diese Textpassage könnte wörtlich schon der *Kritik der reinen Vernunft* entnommen sein.

Bis dahin ist noch ein weiter Weg. Doch Kant geht jetzt selbst unter die Seher und prophezeit: »Wenn wir die Luftbaumeister der mancherlei Gedankenwelten betrachten, deren jeglicher die seinige mit Ausschließung aller anderer ruhig bewohnt, so werden wir uns bei dem Widerspruche ihrer Visionen gedulden, bis diese Herren ausgeträumet haben. Denn wenn sie einmal, so Gott will, völlig erwachen, so wird niemand von ihnen etwas sehen, was nicht jedem anderen gleichfalls augenscheinlich und gewiß erscheinen sollte. Und die Philosophen werden zu derselbigen Zeit eine gemeinschaftliche Welt bewohnen, welche wichtige Begebenheit nicht lange mehr anstehen kann, wofern gewissen Zeichen und Vorbedeutungen zu trauen ist, die seit einiger Zeit über dem Horizonte der Wissenschaften erschienen sind.«[27] Kant hatte Recht. Er musste nur seinem eigenen

Stern geduldig weiter folgen. Sein Arbeitsprogramm hatte er schon formuliert. Es galt, die *Grenzen der menschlichen Vernunft* abzustecken.

Kanter, sein Buchhändler und Verleger, seufzte, als der Magister das Manuskript der Swedenborg-Schrift in den Druck geben wollte. Der Text war »nemlich höchst unleserlich geschrieben, und wegen des Mag. Kants dermahligen vorgestandenen Reise nach Goldap blätterweise zum Druck eingesandt, so daß er bey der Correctur so viele Neuerungen hat vornehmen müssen, dass dieser Traktat nun allererst, nachdem er ins reine abgezogen war, in seiner jetzigen Beschaffenheit erschien«. Auch Kant selbst spricht in einem Brief an Moses Mendelssohn davon, die Schrift sei »in ziemlicher Unordnung abgefaßt«, eben in großer Hast und Eile. Die Herbstferien standen vor der Tür und den Magister zog es zu Freunden in die Masuren.

Südöstlich, 120 Kilometer in Luftlinie von Königsberg entfernt, lag das Städtchen Goldap. Daniel Friedrich von Lossow, Kommandant der schwarzen Husaren, im Siebenjährigen Krieg mit dem Orden »Pour le mérite« ausgezeichnet, besaß dort ein Landgut. Er hatte Kant in die entlegene Ecke des Herzogtums eingeladen. Zwei Tage mit dem Reisewagen des Generals unterwegs, fuhr der Magister von Dorf zu Dorf. Entengeschwader watschelten zum Dorfteich, Pferde hinterm Steckzaun wieherten dem Wagen zu, Schweine suhlten sich hinter armseligen Hütten. Zwischen den Dörfern dehnten sich weite Felder, das Getreide stand in Hausten zum Trocknen. Jenseits, am Waldrand, ästen die Rehe und über den sanft gebuckelten Hügeln verliefen die Viehweiden. Ein schönes Land. Mit seinen ungezählten kleinen Seen, den »Himmelsaugen«. Die goldenen, geräucherten Maränen hat Kant an der Tafel des Generals dann sicher ausgiebig genossen.

Ja, der Magister kam ganz schön im Land herum, das kann man schon den wenigen uns verbliebenen Dokumenten entnehmen. Allein über die Grenzen des Herzogtums ist er nie hinausgekommen. Vielleicht wollte er seiner schwachen körperlichen Konstitution die Strapazen ausgedehnter Reisen nicht zumuten. Der von ihm hochgeschätzte Pope hat auch kaum mehr von der Welt mitbekommen als seine kleine Heimatstadt Twickenham bei London. Wie Kant litt er an einer Rückgratverkrümmung. Der große Newton war mit extremem Untergewicht zur Welt gekommen – der Kleine hätte in einen Milchtopf gepasst! Und Newton hat in seinem langen Leben – er wurde vierundachtzig – Cambridge und London kaum je verlassen. Anders dagegen der Hesse Georg Christoph Lichtenberg. Wie Kant auch er ein Rachitiskind, doch für den »lütjen Professer« war Reisen ein Muss. Zweimal hielt er sich für längere Zeit in England auf, besuchte verschiedentlich das dänische Helgoland (»Warum hat Deutschland noch kein großes öffentliches Seebad?«) und bereiste Norddeutschland, kreuz und quer. Dabei ging's ihm gesundheitlich noch schlechter als Kant.

Nein, Kant war einfach ein Reisemuffel. Unter anderem hatte ihn sein Freund Ruhnke in die Niederlande eingeladen, auch einen Besuch Englands in Aussicht gestellt; Moses Mendelssohn hätte Kant gern in Berlin begrüßt, sein Bruder Johann Heinrich bat ihn, nach Kurland zu kommen, doch Kant schützte jedes Mal seine heikle Gesundheit vor. Im aufgeklärten 18. Jahrhundert, das Reisen zum Bildungsgut erklärte, mochte er nicht als Reisemuffel dastehen. Wäre Kant mit dem Tao-Tê-King bekannt gewesen, hätte er vielleicht Laotse zitiert: »Ohne das Tor zu verlassen, / Kannst du das Erdreich erfassen; / Ohne durchs Fenster zu spähn, / Den Weg des Himmels ersehn ...« So sagte er's mit seinen Worten: »Königsberg am Pregelfluße, kann schon für einen schicklichen Platz zur Erweiterung der Menschenkenntnis wie der Welterkenntnis genommen werden.«[28] Auch heute noch, wenn man sich in Kants *Anthropologie* und seine geographischen Vorlesungen einliest, merkt man, dass er damit den Mund nicht zu voll genommen hatte.

Seine Welt- und Menschenkenntnis ist tatsächlich beeindruckend. Und Kant weiß plastisch zu erzählen. Seine Beschreibung der Londoner Westminsterbridge ließ einen englischen Hörer vermuten, Kant sei Architekt und habe längere Zeit in London gelebt. Beides natürlich stimmte nicht. Doch die Einbildungskraft war eine seiner besonderen Stärken. Eine »große Künstlerin, ja, Zauberin«[29] nennt er sie wegen »ihres Vermögens der Anschauung auch ohne Gegenwart des Gegenstandes«[30]. Ohne Mitwirkung der Einbildungskraft, so legt er später in der *Kritik der reinen Vernunft* dar, ist Erfahrung, ja Erkenntnis im strengsten Sinne des Wortes überhaupt nicht möglich. Und wieder ist es auch sein phänomenales Gedächtnis, auf das Kant bei seinen Vorlesungen zurückgreifen kann. Er glänzte »durch die unermeßliche Belesenheit in Geschichte, Reisebeschreibungen, Biographien, Romanen und in allen Fächern, die Materialien für jene Wissenschaften liefern konnten. Er schien in allen Weltteilen zu Hause zu sein.« Und er hörte sehr genau zu.

Betrachtet man »das inhospitale Betragen der gesitteten, vornehmlich handeltreibenden Staaten unseres Erdteils«, heißt es in seinem Traktat *Zum ewigen Frieden,* »so geht die Ungerechtigkeit, die sie in dem Besuche fremder Länder und Völker beweisen, bis zum Erschrecken weit. Amerika, die Negerländer, die Gewürzinseln, das Kap etc. waren für sie Länder, die keinem gehörten; denn die Einwohner rechneten sie für nichts. In Ostindien brachten sie fremde Kriegsvölker hinein, mit ihnen aber die Unterdrückung der

Eingeborenen, Aufwiegelung zu weit ausgebreiteten Kriegen, Hungersnot, Aufruhr, Treulosigkeit und wie die Litanei aller Übel weiter lauten mag«[31]. Das alles und noch mehr, was von der »allergrausamsten und ausgedachtesten Sklaverei« sonst noch zu sagen wäre, geschieht von Leuten, die »sich in der Rechtgläubigkeit für Auserwählte gehalten wissen wollen« und doch »Unrecht wie Wasser trinken«[32]. Ja, der Mann aus der Krähwinkel-Provinz ist erstaunlich gut informiert. Und daran gibt es für ihn nichts schönzureden: Die Europäer haben ihr Gastrecht unter den Völkern der übrigen Welt sträflich missbraucht. Oder, um's mit Lichtenberg zu sagen: »Der Amerikaner, der den Kolumbus zuerst entdeckte, machte eine böse Entdeckung.« Kants geographische Vorlesungen haben auch diese, die moralische Seite, verstehen sich als Einlösung der Verpflichtung, »die Rechte der Menschheit herzustellen«, dass »die Rechtsverletzung an *einem* Platz der Erde an *allen* gefühlt wird«[33]. Lokal handeln, global denken.

Die Beschreibungen der »Nationalcharaktere« in Kants anthropologischen Vorlesungen sind ebenso prägnant, scharf akzentuiert gehalten. Wenn Kant die englische Nation schildert, vergisst er nicht, neben Newton auch Jonathan Swift, den Satiriker, zu stellen. Bei seinen Deutschen findet er manch hausbackene Charakterzüge: Fleiß ohne Genie, Verstand, gepaart mit Phlegma, Sittsamkeit mit Pedanterie – »Eigenschaften, die nicht eben zum Glänzen geeignet sind«[34]. Überhaupt, »der Deutsche fragt mehr als der Franzose oder Engländer danach, was die Leute über ihn sagen könnten und erkühnt sich nicht ein Original zu sein«[35], eben deswegen sind ihm »Familie, Titel und Rang von großer Bedeutung«[36]. Und erst in dem »Fach des Witzes und des Kunstgeschmacks«[37] wird es der Deutsche mit Franzosen, Engländern oder Italienern nicht gleichtun mögen. – Hat der Magister, der seinen Deutschen den Spiegel vorhielt, selbst hineingesehen?

Alles in allem, Königsberg war in der Tat ein schicklicher Platz zur Erweiterung der Welt- und Menschenkenntnis. Wenn man Augen und Ohren offen hielt, ja, und wenn man ein aushäusiger Mann war wie Kant. »Kants Zimmer war nicht bloß schlecht möbliert, sondern von Tabakrauch und Lichtdampf auch erstaunend schwarz, so daß man mit dem bloßen Finger an die Wand schreiben konnte«, berichtet Kraus, der Kant als seinen Lehrer verehrte. Nun, wenn der Magister seine vier Wände satthatte, ging er eben aus. In den sechziger Jahren nahm sein Freundes- und Bekanntenkreis immer mehr zu. Dazu gehörten Literaten, Bankiers, Kaufleute, Adelige, bildende Künstler, die Bekannten in den Buchhandlungen und Zeitungsläden um die Ecke. – In all diesen Jahren hat Kant indessen keinen Kontakt zu seiner Familie gesucht.

Es muss wie gesagt doch für beide Seiten prekär gewesen sein, wenn er den Schwestern, ihren Kindern, seinen Schwägern auf der Straße begegnete, oder? Bei Hochzeiten, Taufen im Familienkreis glänzte Immanuel sowieso durch Abwesenheit. Grüßte man sich wenigstens über die Straße? Redete man ein paar Worte übers Wetter? – Wie schwer tat sich Kant immer noch mit den Gespenstern seiner Kindheit. Ob er wenigstens diesen, vom 10. März 1763 datierten Brief seines Kurländer Bruders beantwortet hat? »Mein Bruder!«, schrieb ihm Johann Heinrich. »Ist es denn gar nicht möglich, eine Antwort zu bekommen? Ich will Dir nächstens, wenn ich mit diesem Brief so wenig Glück haben werde wie mit den vorigen, selbst eine Antwort an mich aufsetzen. Du darfst alsdann nur deinen Namen daruntersetzen und ihn so wieder zurückgehen lassen. Bequemer kann ich Dir's wirklich nicht einrichten ...« Konnte Johann

Heinrich sich irgendeinen Vers auf das abweisende Verhalten seines Bruders machen? Das alles wissen wir nicht. Wir sehen den in Gold und Seide versponnenen Magister in Hotels, Kaffeehäusern, im Palais der Keyserlings, in den Buchläden parlieren. Dieser Mann ohne Familie, ohne Heim wird gleich mit Leuten warm, ist überall zu Hause. Der ist ein Lebenskünstler, gewiss, wer aber möchte so leben?

Doch alle wollen ihm wohl. Da sitzt Kant zum Beispiel an der Tafel des Königsberger Stadtkommandanten Meyer. Der Kommandant ist ein Adeliger. Bekannt dafür, wie streng er bei seinen Offizieren auf Eleganz und guten Ton, auf geschliffene Manieren achtet. Beim Dinieren passiert's, dass Kants Glas kippt und der Rotwein sich über den weißen Damast ergießt. Betretenes Schweigen unter den Offizieren. Sie starren auf Meyer, ihren Kommandanten. Was tut der? Meyer, ohne den Gesprächsfaden zu verlieren, schüttet seinen Wein dazu, und, weil man gerade über die strategische Bedeutung der Dardanellen diskutiert, zeichnet Meyer mit dem Finger den Verlauf der Meerenge aufs rotweinnasse Tafeltuch. Man debattiert weiter und dem geehrten Gelehrten ist eine peinliche Verlegenheit erspart. Was für eine noble Geste, eines Diogenes würdig! Der Vorfall beweist zugleich die Achtung, die man dem Menschen, dem Philosophen Kant in Königsberg entgegenbringt.

Im Jahr 1764 wird Kant vierzig. Dieses Jahr und die nächstfolgenden Jahre sind voll wichtiger Ereignisse. Sie bedeuten einen Einschnitt in Kants Biographie.

Noch vor seinem Geburtstag erscheint Kants populärwissenschaftliche Schrift *Beobachtungen über das Gefühl des Schönen und Erhabenen*[38], verlegt bei dem Buchhändler Kanter. Eine Rezension lobt »den Witz und gute Laune« und meint: »Nicht allein in den Studierzimmern der Gelehrten – auch auf den Toiletten (d. h. im Boudoir) der Damen

müsse diese Kantsche Schrift durchaus nicht vermißt werden.« Das Büchlein wurde ein Verkaufserfolg. Kanter und
Kant verdienten gut an diesem »Gemälde von prächtigem
Ausdruck, wo mitten unter großer Mannigfaltigkeit Einheit hervorleuchtet, und das Ganze der moralischen Natur
Schönheit und Würde an sich zeigt«[39]. Kants Name wurde
dadurch in Deutschland erstmals einem breiteren Lesepu-
blikum bekannt. Die *Beobachtungen* waren richtiges Le-
sefutter und sie brachten es schnell auf mehrere Auflagen.
Kant gibt sich in der Schrift ganz als der galante Magister.
Er wendet sich nicht nur an den männlichen Leser, sondern
ebenso an die Leserinnen. Damit passten die *Beobachtungen*
in die Zeit, in der Frauen es müde waren, ständig zu hören,
»wir seyen allein gebehren, daß wir unseren Männern Geld
zehlen, wäschen, flicken, bey ihnen schlaffen«. Mittlerweile, so Kant, war das Lesen »zum beinahe unentbehrlichen
und allgemeinen Bedürfnis geworden, vornehmlich bei der
jetzt großen Zahl der Leserinnen«. – Bei späterer Gelegenheit wird noch auf einige Aspekte des Büchleins einzugehen
sein.

Womöglich unter dem Eindruck seiner frisch erworbe-
nen Popularität wird Kant im Juli 1764 die Professur für
Dichtkunst an der Albertina angetragen. Seine Berliner Behörde leitet das Schreiben an den Universitätssenat mit den
Worten ein: »Uns ist ein gewisser dortiger Magister namens
Immanuel Kant durch einige seiner Schriften bekannt geworden, aus welchen eine sehr gründliche Gelehrsamkeit
hervorleuchtet.« Dann erkundigen sich die Beamten: »Ob
aber derselbe zugleich die nötigen Gaben eines öffentlichen
Lehrers zum Vortrag, und in der deutschen und lateinischen
Poesie sich hervorgetan, auch Neigung habe, diese Stellung
einzunehmen?« Ein durchaus verlockendes Angebot, wäre
Kant doch damit endlich seine finanziellen Sorgen losge-

wesen. Auf dem Poetenstuhl hätte er vielleicht sogar seine philosophischen Vorlesungen fortführen können, denn die Fachbereichsgrenzen waren damals noch fließend. Kant aber lehnte dankend ab.

Zum Glück. Denn so sind uns seine Gedichte erspart geblieben: Huldigungspoeme zum jährlichen Krönungsfest, quälend lange, bombastische Versungetüme, das verlangte die Etikette, ja, und Königsgedichte zu den Geburtstagen Ihrer Majestät, wahlweise deutsch oder lateinisch, Weihnachts-Carmina, schwülstige Oden zu jedem Anlass universitärer Jubelfeste – in der Tat, der Universitätspoet war ein vielbeschäftigter Mann! Aber das alles konnte Kants Sache nicht sein. Weder sprachlich noch sachlich. Es lag dem freien Königsberger nicht, »nach Stufen des Vorzugs und einer Rangordnung peinlich zu klassifizieren, in diesem Schema des Rangs, in Erfindung der Titel (von Edlen und Hochedlen, Wohl- und Hochwohl-, auch Hochgeboren) unerschöpflich und so aus bloßer Pedanterie knechtisch zu sein«[40]. Lindner, Kants guter Bekannter, bekam den Poetenstuhl und Kant blieb hinter seinem Pult. Wir haben's ihm zu danken.

Kant konnte sich weiter in der Magistergasse über den ständigen Lärm ärgern, der unten vom Pregel her selbst durch die geschlossenen Fenster drang. Die Hafenkräne quietschten und polterten, polnische Schiffe und Kähne machten direkt unter seinem Hörsaal vor der Köttelbrücke fest. Doch das war eben Königsberg, seine Stadt, die er liebte und in der er doch ständig wie auf der Flucht war. Mindestens sechsmal ist Kant in der Stadt hin und her gezogen, bis er endlich in einem eigenen Haus zur Ruhe kam.

Ende 1764, es war Samstag, der 11. November, zerstörte eine Feuersbrunst weite Teile der Stadt. Die Pregelinsel mit Kants Wohnung wurde vom Brand eingekesselt, blieb aber wie durch ein Wunder verschont. Die Schäden bezifferten sich allein im Stadtteil Löbenicht auf 5 Millionen Taler.

Der »Seefahrer und aufrechte Bürger« Joachim Nettelbeck aus dem brandenburgischen Kolmar befand sich gerade in der Pregelstadt. Er hat die Brandkatastrophe in seinen Erinnerungen beschrieben. Der beherzte Mann half und packte an, wo er nur konnte; hier ein Auszug aus seiner Schilderung: »Indem ich mich nun aufs neue nach der löbenichtschen Seite hinübermachte, stieß ich dort auf eine korpulente Frau, die ihre Hände nach mir aufhob und rief: O Schifferchen, erbarme Er sich, helf' Er! rett' Er! ... Dabei wies sie auf einen Berg von Betten, Kleidungsstücken und dergleichen ... Ich ließ mich nicht zweimal bitten; wir warfen beide Hals über Kopf von den Sachen bunt durcheinander in das Boot, soviel es nur fassen konnte ... Frauchen! sagte ich bei meiner Wiederkehr, – das sieht betrübt mit Ihrem Eigentum aus! ... Die Unglückliche weinte und seufzte.« Dabei hatte die Ärmste noch Glück in ihrem Unglück gehabt. Denn siebenundzwanzig Menschen verbrannten in den Flammen.

Nettelbeck war so ganz ein Mann nach Kants Geschmack. Ein Kerl mit dem Herzen am rechten Fleck. Der aus natürlichem Instinkt einfach zufasste, wenn Hilfe nottat. »Schmelzende Gefühle« dagegen, wie etwa Mitleid, waren Kant eher verdächtig. »Eine gewisse Weichmütigkeit, die leichthin in ein warmes Gefühl des Mitleides gesetzt wird, ist schön und liebenswürdig.« Doch ist es unmöglich, »daß man bei jeder fremden Not in Wehmut schwimme, sonst würde der Tugendhafte, unaufhörlich in mitleidigen Tränen schmelzend, bei aller dieser Gutherzigkeit gleichwohl nichts weiter als ein weichmütiger Müßiggänger werden«[41]. Gewiss, notierte er in seinen *Bemerkungen*, die in diesem Brandjahr entstanden, gewiss, »ich werde aber auch jeden hassen, der mich in der Grube zappeln sieht und kaltsinnig vorübergeht«[42]. Noch mehr indessen hasste es der Magister, Gegenstand von fremder Fürsorge zu werden. »Sympathie (d. h. Mitleid) ist ein schlechtes Almosen«, meinte auch Lichtenberg. Neun Tage vor seinem Tod zwang sich Kant, vor dem eintretenden Arzt aus dem Sessel aufzustehen, obwohl er »vor Schwäche fast hinsank«, und drang darauf, der Besucher möge erst Platz nehmen, bis er sich selbst wieder setzte. – Nichts gegen instinktives Mitgefühl! Das ist dem Menschen angeboren. Wird es jedoch zu einem luxurierten Gefühl, mit dem man sich selbst befriedigt, gerät Mitleid zu einer »beleidigenden Art des Wohltuns«[43]. Ethisches Verhalten kann man darauf jedenfalls nicht gründen. Wortreiches Mitleid geht nur allzu oft Hand in Hand mit Tatenlosigkeit. Und der mitleidige Edelmann, der seinem Standesgenossen aus der Patsche hilft, »ist selbst hart gegen die Bauern«[44].

Die ethische Qualifikation von Moral bleibt für Kant um diese Zeit ein offenes Problem. Der »kategorische Imperativ« ist noch nicht entdeckt. Aber Rousseau hat Kant schon »zurechtgebracht«, der Genfer hat Kants Abneigung gegen Seelen-Schokolade verstärkt. Nettelbeck, das ist jetzt Kants Mann. Der aus natürlichem Instinkt an Ort und Stelle das Rechte tut.

Das Jahr 1764 hatte es in sich. Es begann mit dem Jungen des »Ziegenpropheten« und endete mit der großen Feuersbrunst. Für den Magister war es ein Jahr mit mancherlei »Umkippungen«, vielem Hin und Her. »Gegen das 40ste Jahr bestimmt sich erst der Charakter«, meint Kant im Rückblick. In seiner *Anthropologie* geht er ins Detail. Charakter, stellt er dort fest, hat man nicht von Natur, sondern man muss ihn sich erwerben. »Man kann auch annehmen: daß die Gründung des Charakters gleich einer Art von Wiedergeburt, eine gewisse Feierlichkeit der Angelobung, die man sich selbst tut, sie und den Zeitpunkt, da diese Umwandlung in einem vorging, gleich einer neuen Epoche ihm unvergeßlich mache.«[45] Ein Satz im besten Lateindeutsch des Fridericianums.

Beim Lesen wird einem schon klar, was man da vor sich hat – entmythologisierter, religionsfreier Pietismus. Genau dieses Wiedergeburtserlebnis predigten Franckes Leute landauf und landab: Die Bedingung rettender Gotteserfahrung ist die Wiedergeburt. Und die kriegt man nicht geschenkt, man muss sie erkämpfen. Findet sie aber statt, dann mit explosiver Kraft. Man tut einen Schwur, den man nie wieder vergisst. Jahr, Tag und Stunde markieren den Eintritt in die »neue Epoche«. Nicht Taufe, nicht Predigt, nicht Belehrung kann diese »Umwandlung« bewirken: allein die Gnade, die man sich errungen hat.

Entsprechend geht es weiter in Kants Text: »Erziehung, Beispiele und Belehrung können diese Festigkeit und Beharrlichkeit in den Grundsätzen überhaupt nicht nach und nach, sondern nur gleichsam durch eine Explosion, die auf den Überdruß am schwankenden Zustande des Gefühls auf einmal erfolgt, bewirken. Vielleicht werden nur wenige sein, die diese Revolution vor dem 30ten Jahre versucht, und noch wenigere, die sie vor dem 40ten fest gegründet haben.«[46]

Da freilich trennen sich Kants und Franckes Wege. Im pietistischen Milieu waren auch Kinderbekehrungen keine Seltenheit. Für Kant eine lächerliche Attitüde. Muss man doch erst gelernt haben, auf eigenen Füßen zu stehen, bevor man's unternimmt, sich selbst auf die Welt zu bringen.

Und genau davon spricht Kant in seinem Wiedergeburtstext. Erstens: Ohne unser Zutun werden wir gezeugt, geboren. Nicht einmal unseren Geburtstag wüssten wir, wenn nicht jemand anders dessen Datum festgehalten hätte. Zweitens: Menschen jedoch, im Vollsinn des Wortes, sind wir, »herüber gebracht« in diese Welt, damit noch lange nicht. Drittens: Zu Menschen werden wir erst, indem wir uns selbst zur Welt bringen: »Beharrlichkeit in den Grundsätzen«, Selbstbestimmung erworben haben. Und wie viele schaffen das überhaupt?

Mit anderen Worten: Der Mensch hat keinen natürlichen Ort in der Welt. Wir sind »aus der Ordnung der Natur herausgetreten«[47], mussten es tun, um Menschen zu werden. Müssen uns selbst Boden unter die Füße schaffen, damit wir stehen und bestehen können. So gesehen ist der Mensch kein Naturding, sondern ein Kunstwesen: Kultur, nicht Natur definiert ihn. Aber genau hier hat Kant sein Problem. Der freie, der selbstbestimmte Mensch stimmt nicht mehr mit dem Ganzen überein. Und so stellt sich die Frage: »Wo finde ich feste Punkte der Natur, die der Mensch niemals verrücken kann und ihm ein Merkzeichen geben können, an welches Ufer er sich zu halten hat?«[48] Erst die spätere Transzendentalphilosophie der drei *Kritiken* lässt Kant hoffen, dem Menschen wieder einen Platz in dem Großen und Ganzen zuweisen zu können.

Stellt sich für Kant vor seiner transzendentalen Wende das Entfremdungsproblem wirklich so scharf? In einer seiner Altersschriften erwähnt Kant, eher beiläufig, eine hypochondrische Veranlagung, »welche in früheren Jahren bis an den Überdruß des Lebens grenzte«. Ausnahmsweise dürfen wir einen Blick in Kants Inneres tun. Für seine hypochondrischen »Grillen« macht er seine Konstitution verantwortlich: »Ich habe wegen meiner flachen und engen Brust, die für die Bewegung des Herzens und der Lunge wenig Spielraum lässt, eine natürliche Neigung zur Hypochondrie«[49], erklärt er seinen Lesern. Dieser Zusammenhang mag wirklich bestehen. Doch wer weiß, vielleicht steckte hinter Kants zeitweiligem »Überdruß des Lebens« mehr als nur eine hypochondrische Grille. Nämlich eine ernste suizidale Anfechtung. Wann und wo aber hätten wir jene schwierige Zeit zu platzieren? Waren es die Jahre um seinen vierzigsten Geburtstag? Und fand er in dieser anfechtungsreichen Zeit keinen Trost bei seiner Philosophie? Bestimmt nicht. Kants Philosophie war ja gerade um die Lebensmitte zu Bruch gegangen. Jedenfalls hatte er sich endgültig in den *Träumen eines Geistersehers* von der herkömmlichen Metaphysik verabschiedet. Und das muss für den Magister ein Gefühl gewesen sein, sich wie im freien Fall zu befinden.

Zufall oder nicht, es war allemal gut, dass Kant gerade in diesen Jahren den Freund fürs Leben fand. Es war der Engländer Joseph Green. Ein wenig jünger als der Magister. Unverheiratet wie Kant, schätzte Green den Junggesellenstand. Greens Charakter war »stolze Grobheit im Gegensatz zu der sich leicht familiär machenden Höflichkeit«[50]. Sein Einfluss auf Kant kann gar nicht überschätzt werden, er ging bis ins persönliche Detail von Kants Lebensführung. »Kant, der viel mit Engländern vom alten derben Schlag lebte, hatte es bis zur höchsten Grobheit gebracht«, beobachtete ein Zeitgenosse.

Man traut beim Lesen seinen Augen nicht! Derbheit, höchste Grobheit? Das alles glaubt man von dem gold- und seidenübersponnenen Magister einfach nicht. Seine Biographen jedenfalls stellen Kant durchweg eher mit den Tugen den jener »sich leicht familiär machenden Höflichkeit« dar. Manchen Beobachtern ist allerdings diese versteckte Derbheit, wenigstens in Kants Gesichtszügen, nicht entgangen.

Abegg, ein junger, weit gereister Mann, der schon mit Goethe, Herder, Jean Paul und mit Fichte am Tisch gesessen hatte, bemerkte geradezu etwas »Affenartiges« in

Kants Gesichtszügen. Jemand anders wieder spricht von einem Ausdruck »grober Sinnlichkeit« und einem weiteren Tischgast schien »der untere Teil seines Gesichtes, die ganze Peripherie der Kinnladen« unverkennbar die »Wollust des Genusses« auszudrücken. Dass Kants Gesicht »der Physiognomie einen garstigen Schandfleck« anhängen würde, meinte gar völlig überrascht ein Anonymus. Liest man dagegen die schwärmerische Schilderung, die der junge Herder von seinem Lehrer gibt, schaut man in ein ganz anderes Gesicht: »Seine offene, zum Denken gebaute Stirn war der Sitz der Heiterkeit ...« Und wenn Jachmann sich an den Blick »seines« Kant erinnert, fliegt seine Feder nur so übers Papier: »Wo nehme ich Worte her, Ihnen sein Auge zu schildern! Kants Auge war wie vom himmlischen Äther gebildet, aus welchem der tiefe Geistesblick, dessen Feuerstrahl durch ein leichtes Gewölk etwas gedämpft wurde, sichtbar hervorleuchtete.« – Wahrscheinlich konnte man ihn so und so sehen, den Magister und Professor. Die eher grobe, raue Seite mag Kant vielleicht vom Vater, die gefälligere von Anna Regina mitbekommen haben. Wobei die Männerfreundschaft mit Joseph Green die väterliche Anlage mehr hervortreten ließ.

Leider ist es nur wieder Jachmanns Feder, welche uns die erste Begegnung der beiden Männer schildert, die zu Lebensfreunden wurden. Er schreibt: »Zur Zeit des Englisch-Nordamerikanischen Krieges ging Kant eines Nachmittags in dem Dänhofschen Garten spazieren und blieb vor einer Laube stehen, in welcher er einen Bekannten in Gesellschaft einiger ihm unbekannter Männer entdeckte. Er ließ sich mit diesen in ein Gespräch ein, an welchem auch die übrigen teilnahmen. Bald fiel ihr Gespräch auf die merkwürdige Zeitgeschichte. Kant nahm sich der Amerikaner an, verfocht mit Wärme ihre gerechte Sache und ließ sich mit einiger

Bitterkeit über das Benehmen der Engländer aus. Auf einmal springt voll Wut ein Mann aus der Gesellschaft auf, tritt vor Kant hin, sagt, daß er ein Engländer sei, erklärt seine ganze Nation und sich selbst durch Kants Äußerung für beleidigt und verlangt in der größten Hitze eine Genugtuung durch einen blutigen Zweikampf. Kant ließ sich durch den Zorn des Mannes nicht aus der Fassung bringen, sondern setzte sein Gespräch fort und fing an, seine politischen Grundsätze und Meinungen und den Gesichtspunkt, aus welchem jeder Mensch als Weltbürger, seinem Patriotismus unbeschadet, dergleichen Weltbegebenheiten beurteilen müsse, mit einer solchen hinreißenden Beredsamkeit zu schildern, daß Green – dies war der Engländer – ganz voll Erstaunen ihm freundschaftlich die Hand reichte, den hohen Idealen Kants beipflichtete, ihn wegen seiner Hitze um Vergebung bat, ihn am Abend bis an seine Wohnung begleitete und ihn zu einem freundschaftlichen Besuch einlud. Der Kaufmann Motherby, ein Associé von Green, war Augenzeuge des Vorfalls gewesen und hat mir oft versichert, daß Kant ihm und allen Anwesenden bei dieser Rede wie von einer himmlischen Kraft begeistert erschienen wäre ...« – Jachmann ging bei Motherbys aus und ein. Er hat dort später auch eigens für seine Kant-Biographie recherchiert. Also mag sich die Begegnung mit Green so oder ähnlich zugetragen haben. Vermutlich spielte sich der Vorfall im »Dänhofschen Garten« 1764/65 ab, als die amerikanischen Siedler zum ersten Mal gegen die britische Kolonialpolitik aufbegehrten. Ja, und sie hatten tatsächlich Kants enthusiastische Unterstützung.

Die jungen Vereinigten Staaten nennt er in seinen Altersvorlesungen »das einzig wahre Land der Freiheit«. Denn auf der anderen Seite des Atlantiks, erklärt Kant im Hörsaal, sind die Menschen frei »von den Ränken und Lastern« Europas. »Keine dem Aberglauben und ihrem Interesse dienende Priesterschaft, kein alter, mit Vorrechten vor den übrigen Staatsbürgern aufgewachsener Adel wurde bei der Gründung des amerikanischen Freistaates von der Gesamtheit der Bürger getrennt, und ihn gründete kein durch Sitten verdorbenes Geschlecht ... Alles dieses zeigt an einem glücklichen Beispiel, welche herrlichen Früchte die echte Freiheit trägt, wenn ihr nichts entgegenwirkt. Kurz: der nordamerikanische Freistaat ist in der Geschichte der Welt ein einzigartiges Phänomen, auf welches die Blicke jedes Weltbürgers gerichtet bleiben müssen.« – Ganz in diesem Sinn mag Kant im Dänhof'schen Garten argumentiert haben. Und es spricht für Green, dass er die Kraft des Arguments über seine nationalen Gefühle stellte, widerrief und einlenkte.

Selbstverständlich wurde die Debatte in deutscher Sprache ausgetragen, denn Kant war des Englischen nicht mächtig. Green dagegen muss im Deutschen sehr gut zu Hause gewesen sein. Kant behauptete später, er habe keinen Satz seiner *Kritik der reinen Vernunft* niedergeschrieben, den er nicht vorher mit Freund Green durchgesprochen habe. Da musste Green sich in Kants Sprache besser ausgekannt haben als manche von Kants deutschen Zeitgenossen. Denn die nannten die Sprache der *Kritik* schlechterdings unverständlich.

Überhaupt muss Green ein philosophischer Kopf gewesen sein. Von England aus hielt er Kant über Humes Streit mit Rousseau brieflich auf dem Laufenden, ja, man darf gewiss vermuten, dass Kant erst durch seinen Freund wirklich Zugang zur kritischen englischen Philosophie gefunden hat.

Green sprach flüssig Deutsch, weil er bereits seit 1751 ein Handelsgeschäft in Königsberg betrieb. Er war also in die Pregelstadt gekommen, als Kant seine erste Hofmeisterstelle in Judschen versah. Greens Geschäfte müssen recht erfolgreich gewesen sein. Kant hat später seine ganzen Ersparnisse in dem Handelshaus Green & Motherby angelegt und dort hat sich sein Geld stattlich vermehrt.

Stadtbekannt war, wie Green seine Bekannten zur Pünktlichkeit erzog. Auch seinen Freund, den Magister Kant. Aus Motherbys Anekdotenschatz erzählt Jachmann folgende kleine Geschichte: »Kant hatte eines Abends dem Green versprochen, ihn am folgenden Morgen auf einer Spazierfahrt zu begleiten. Green, der bei solcher Gelegenheit um drei Viertel schon mit der Uhr in der Hand in der Stube herumging, mit der fünfzigsten Minute seinen Hut aufsetzte, in der fünfundfünfzigsten seinen Stock nahm und mit dem ersten Glockenschlag den Wagen öffnete, fuhr fort und sah unterwegs den Kant, der sich um etwa zwei Minuten verspätet hatte, ihm entgegenkommen, hielt aber nicht an, weil das gegen seine Abrede und gegen seine Regel war.« Und wenn die Königsberger abends Kant das Haus des Freundes verlassen sahen, wussten sie, dass es Punkt sieben war – sie konnten ihre Uhren danach stellen. Denn der Kaufmann beförderte mit dem Glockenschlag seinen Besuch vor die Tür.

Ja, das aufgeklärte Jahrhundert war eine uhrenverliebte, regelrecht uhrenbesessene Zeit. Newton bastelte unaufhörlich an irgendwelchen Chronometern herum. Diderot, dem Herausgeber der berühmten französischen Aufklärungsenzyklopädie, zufolge machen drei Dinge einen Herrn: die Tabatiere, der Diener, die Uhr. Genaue Zeit war ein kostbares Gut! Die englische Regierung setzte ein Preisgeld von 20 000 Pfund (eine phantastische Summe!) für einen präzisen Schiffschronometer aus. 1762 gelang John Harrison die Konstruktion, 1773 wurde ihm die Prämie zugesprochen. Mit Harrisons Chronometer konnten Schiffe selbst nach einer mehrwöchigen Seereise den geographischen Längen-

kreis mit weniger als einem halben Grad Abweichung berechnen. Das bedeutete eine Revolution in der Navigation
und dies wieder zahlte sich für die großen Handelsgesell-
schaften in harter Währung aus.

Green passte also in seine Zeit. Man stand am Beginn der
technischen Revolution Europas. Selbst im Halle'schen Waisenhaus wurden die Zöglinge auf »Punktualität« dressiert.
Und sangen sonntags in der Kirche: »Ach! lehre mich den
Wert der Zeit, / Daß ich sie nicht verschwende, / Daß ich
mit weiser Tätigkeit / Zum Guten sie verwende ...« Gewiss,
Green trieb die Pünktlichkeit mit seinem Uhrenspleen auf
die Spitze. Aber die Königsberger machten es sich ein wenig
zu leicht, wenn sie den Engländer deswegen selbstgefällig
belächelten.

Es ist schwer, wenn nicht unmöglich, den Einfluss Greens
auf Kant ganz abzuschätzen. Seinen Freund hat Kant offenbar vor Augen, wenn er dem typischen Engländer nachsagt,
er handele »nach Grundsätzen gemeiniglich bis zum Eigensinn«[51], dem Inselvolk eigne ein »steifer Sinn, auf einem
freiwillig angenommenen Prinzip zu beharren, von einer
gewissen Regel nicht abzuweichen«[52]. Ob Greens Prinzi-
pienreiterei auf Kant abgefärbt hat? Und wenn, ob er sich
dessen bewusst war? – Wohl kaum. In seinem Text von der
moralischen Wiedergeburt unterstreicht Kant ja gerade, dass
jene innere Kehrtwende, die »Festigkeit und Beharrlichkeit
in Grundsätzen«, nicht unter dem Eindruck von »Beispielen und Belehrung«[53] zustande komme. Sie geschehe im
Gegenteil unvermittelt, explosionsartig, also eben spontan.
Stimmt das, dann hat die Pädagogik einen schweren Stand.
Und Green scheidet als moralischer Erzieher Kants aus.
Oder? Immerhin hat diese Freundschaft Kants Lebensstil
sehr verändert.

Zum Beispiel gab er jetzt sein geliebtes Lomberspiel auf.

Und ohne das konnte er, wir wissen es, bisher eigentlich nicht leben. »Der freundschaftliche Umgang mit Green unterbrach dieses Spiel für immer«, bemerkt Jachmann beifällig. »Für immer« – nicht eine allmähliche Entwicklung, sondern ein Entschluss steckt dahinter: die »Festigkeit und Beharrlichkeit in Grundsätzen«, mit einer kleinen Sucht zu brechen, hier und heute, prinzipiell. Wenn das keine moralische Bekehrung war!

Überhaupt fügte die Freundschaft mit Joseph Green Kants Wiedergeburt im vierzigsten Jahr noch das letzte, bisher fehlende Detail hinzu. Endlich hatte er einen »Bruder im Geist« gefunden. Und die gemeinsamen Stunden, die Kant bei Green statt wie bisher beim Kartenspiel verbrachte, gerieten damit zu einer Art von Erbauungsstunden. Wie gehabt: »Daß sie in solchen Conversationen, was sie anderswo bei andern vergeblich suchen, unter sich finden möchten«, so sagte man's bei den Hallensern.

Natürlich ging es in der Männergesellschaft nicht fromm erbaulich zu. Man tauschte Nachrichten aus, konversierte über Gott und die Welt. Green, Kant und deren Freunde speisten miteinander, man trank sich gegenseitig zu, begutachtete literarische Neuerscheinungen, parlierte und disputierte freundschaftlich. Ungezwungen, manchmal sicher rau, aber doch herzlich. Und wenn's was zu lachen gab, trug Magister Kant dazu bei. War's auch bloß ein Verslein wie dies: »Wer nichts hat zu schaffen, / Der kauf sich eine Uhr, / Der nehm sich eine Hur, / Der schlage einen Pfaffen, / Da hat er genug zu schaffen ...« Der Schreiber: »Andere Beyspiele dieser Art lasse ich hier weg, eingedenk des Horazischen Verses: Ne fidos inter amicos sit qui dicta foras eliminet – man behält's besser für sich.« – Kurzum, der aushäusige Kant hatte bei Green eine Art von Zuhause gefunden. Zum ersten Mal, seit er aus der Vorderen Vorstadt 22 ausgezogen war. Und das war inzwischen mehr als fünfundzwanzig Jahre her.

Kant hat von dieser Freundschaft unendlich profitiert. Er wäre nicht geworden, was er war, ohne seinen Green.

Es wirkt wie eine symbolische Handlung, wenn Kant jetzt auch aus der Magistergasse fortzieht und der Pregelinsel, den dort wohnhaften Kollegen den Rücken zukehrt. Ihm ging der Schiffslärm vom Pregel an die Nerven, außerdem wohnte er in der Magistergasse wahrscheinlich überaus beengt. Aber vielleicht ist es eben doch seiner Umbruchsituation zuzuschreiben, dass es ihn drängt, sich zu verändern. Sein neues Mietquartier liegt nah am Stadtzentrum, im oberen Stockwerk der Buchhandlung Kanter.

Der hatte das bei der Feuersbrunst ausgebrannte ehemalige Löbenicht'sche Rathaus gekauft, renoviert und im Parterre zu einem geräumigen Laden ausgebaut. Johann Jakob Kanter war gerade erst siebenundzwanzig Jahre, ein quirliger Unternehmer. Im Lauf der Jahre hatte er ein richtiges kleines Handelskonsortium zusammengekauft: eine Papierfabrik und Schriftgießerei, einen Verlag. Neben seiner Buchhandlung betrieb er eine Leihbücherei, damals ein sehr modernes Genre, und zu guter Letzt gab Kanter auch noch eine eigene Zeitung heraus. – Bei ihm bezog Kant also sein neues Quartier, und hier hat er's dann sogar acht Jahre, so lange wie sonst nirgends, ausgehalten.

Kant wohnte im geräumigen zweiten Stock des früheren Rathauses und hielt dort auch seine Vorlesungen ab. Beide, Kant und Kanter, profitierten von der Liaison. Kant von Kanters Büchern und dessen »Gelehrtenbörse«, Kanter wiederum konnte sich mit seinem arrivierten Magister schmücken. Das tat er denn auch wirklich. Seit 1768 prangte das Brustbild Kants, fast lebensgroß, zwischen den Porträts anderer Geistesgrößen in Kanters Kontor.

Kant-Bildnis von dem Königsberger Porträtmaler I. B. Becker, das er für den Buchhändler Kanter malte, um 1768.

Es ist das älteste Ölbild Kants. Heute befindet es sich im Schiller-Nationalmuseum in Marbach am Neckar. Becker, der Königsberger Porträtmaler, stellt den Magister in einem Rock mit elegantem schwarzen Kragen und Ärmelaufschlägen mit gelben Knöpfen, Litzen und weißen Seidenspitzen dar: Der Betrachter sieht sich einem ausgereiften, jugendlich wirkenden Mann gegenüber, der selbstbewusst seinem Blick standhält, ihn leicht belustigt quittiert, wie mit einer Gegenfrage.

Kant hat mittlerweile ein neues Zubrot gefunden. Er ist Unterbibliothekar der Schlossbücherei und bezieht dort ein jährliches Salär von 62 Talern. Mehr verdiente auch der Organist der benachbarten Schlosskirche nicht. Mit der Bitte »einer gnädigen Beyhilfe zur Erleichterung meiner sehr mißlichen Subsistenze auf der hiesiegen Academie« hatte sich Kant in Berlin um die frei gewordene Stelle beworben und Berlin hatte positiv entschieden.

Er musste wohl auf diese »gnädige Beyhilfe« angewiesen sein, anders hätte er sich diesen Arbeitsplatz bestimmt nicht ausgesucht. Kants Vorgesetzter, der Oberbibliothekar Professor Bock, war ein grämlicher Mann. Anfallende Arbeiten schob er kurzerhand seinem Unterbibliothekar zu. Und Arbeit gab's genug. Der Buchbestand belief sich immerhin auf 16 000 Bände und Kants Vorgänger hatte manches schlampen lassen. In Sonderheit hätten sich, so Bock, »junge Leute die Zeit her erkühnet, Bücher nach eigenem Gefallen herauszuziehen und das Bibliothec-Zimmer als öffentliche Promenade zu gebrauchen«. Auch die sonstigen Arbeitsbedingungen konnten den neuen Unterbibliothekar kaum erwärmen. Es gab keine Hilfskräfte. Das ganze Heraussuchen und Einstellen der Bücher war also von Kant eigenhändig zu bewerkstelligen. Man stelle sich den kleinen Magister zwischen den schweren Folianten vor!

Nicht genug damit. Der Magister ließ sich außerdem noch die Verwaltung einer »Naturaliensammlung« übertragen. Im »Haus Saturgus« konnten sich die Besucher von Kant an Fossilienfunden aller Art vorbeiführen lassen. Unter anderem an Überresten von vorsintflutlichen Tierskeletten, welche man auch für »Seeungeheuer« hielt, die noch immer in den Tiefen der Meere hausten.

In Wirklichkeit handelte es sich vermutlich um Überreste von Fischsauriern, die bereits vor 65 Millionen Jahren ausgestorben waren. Doch noch war die Entwicklungsgeschichte ein nicht gelöstes, ein beunruhigendes Rätsel. Rund hundert Jahre später erst veröffentlichte Charles Darwin sein Hauptwerk *Die Entstehung der Arten durch natürliche Auslese oder die Erhaltung begünstigter Rassen im Kampf ums Dasein.* Sein Buch brachte endlich Licht in die »Archäologie der Natur«. Zu einer solchen »Archäologie«, einer »Naturgeschichte«, lädt uns die Natur gleichsam selber ein[54], formulierte Kant später, »um aus den übriggebliebenen Spuren ihrer ältesten Revolutionen die große Familie der Geschöpfe entspringen zu lassen«[55]. Nur, das alles musste bis zum Augenblick reine Mutmaßung bleiben, solange der »Mechanismus« jener »durchgängig zusammenhängenden Verwandtschaft« noch im Dunkeln lag.[56] So war Kant mit seinem Latein bald am Ende, wenn er auf die Fragen der wissbegierigen Besucher des Saturgus'schen Hauses Auskunft geben sollte. Es frustrierte ihn, das muss man wohl annehmen. Denn die Frage nach dem »Mechanismus« der Evolution zieht sich durch viele seiner Schriften. Die Entstehung von Himmel und Erde glaubte er durch seine *Naturgeschichte* befriedigend erklärt zu haben: »Gebt mir nur Materie, und ich will euch eine Welt daraus bauen ...«[57] Aber wie konnte man die Entstehung auch nur eines einzigen Grashalms erklären?[58]

Die Sammlung Saturgus hatte einen großen Namen. Sie war die größte, die kostbarste in ganz Preußen. Viele Besucher interessierten sich besonders für die Bernsteinsammlung. Anlässlich eines Besuches des Nachfolgers von Friedrich dem Großen in der Pregelstadt (1798), bei dem der schönen Landesmutter Luise Bernsteinschmuck verehrt worden war, meinte Kant gegenüber seinen Tischgästen: »O, dies war keine gute Idee! Man hätte eine Sammlung der merkwürdigsten Steine mit den seltensten Erscheinungen, Fliegen von aller Art, die drinnen sind, aussuchen und ihr überreichen sollen. Sie hätte natürlich ihre Verwunderung darüber geäußert, daß solche Tiere darinnen wären, und das hätte interessante Forschungen veranlaßt. Wie kommt es doch, daß solche Fliegen darinnen sind? Ich habe entdeckt, daß die Füße immer etwas verschoben, zu nahe oder zu weit sind. Wahrscheinlich, daß die Fliege ursprünglich mit den Füßen angehängt. Warum findet man Fliegen darin, die bei uns heute nicht mehr gefunden werden? War ehemals das Klima anders als jetzt in unseren Gegenden? Ein Engländer hat mir versichert, daß er eine Mosquito-Fliege, die doch nur in den Südseeinseln gefunden wird, in einem Bernstein angetroffen habe. Oder ist diese Materie Bernstein aus der Ferne hierher gekommen? Aber warum findet man sie nur an der Küste der Ostsee und wiederum am meisten an der preußischen Küste von Pillau? Eine Untersuchung hierüber müßte interessante Beiträge über die Geschichte der Erde liefern. Wenn man aus dem Hafen von Pillau kommt, ist anfänglich die Ostsee flach. Ein Schiffer sagt mir, daß hernach auf einmal die Fläche fällt, als wäre es ein Hügel, und an diesem Abhange stößt ein heftiger Sturm den Bernstein ab, den man dann findet ...« Dieser Text aus den Altersjahren des Philosophen belegt noch einmal Kants eindringliches Interesse an der Evolutionsgeschichte.

Und man bemerkt seine präzise Beobachtungsgabe. Er hat seine Funde mit anderen wissenschaftlich interessierten Leuten diskutiert, ja, er hat Fischer nach der Technik der Bernsteingewinnung befragt; ihn beschäftigt die mögliche Verschiebung von Klimazonen während der zurückliegenden Erdalter.

Kant war also genau der richtige Mann, um Besucher durch das Haus Saturgus zu führen. Zwischen Wasserspielen, Putten und Irrgartenhecken konnte er sich auch ein wenig Erholung von der staubigen Bibliotheksarbeit verschaffen. Nur, wie ging das alles rein zeitlich? Kam der Magister überhaupt noch dazu, wissenschaftlich zu arbeiten? Sein Lieblingsprojekt, die alternative Metaphysik, weiter zu verfolgen?

Es ist bezeichnend dafür, dass außer einer Pflichtdissertation (1770) Kants literarische Produktion in den folgenden fünfzehn Jahren fast völlig zum Erliegen kommt. Nur ein paar kleinere Aufsätze erscheinen.

Darunter einer mit dem eigentümlichen Titel *Von dem ersten Grunde des Unterschiedes der Gegenden im Raume* (1768)[59]. Der Gedankengang als solcher ist heute nur noch für Kant-Interpreten von Interesse. Ganz typisch für Kant ist allerdings ein Gedankenexperiment, zu dem der Magister seine Leser auffordert: Überlegen wir einmal, wie wir uns räumlich ohne unsere Rechts-Links-Orientierung zurechtfinden sollten ... Kants Antwort ist eindeutig. Ohne das »verschiedene Gefühl der rechten und der linken Seite«[60] würden wir vielleicht nicht mal durch die Tür kommen. – Das leuchtet spontan ein. Probieren wir's aber mal in unserer Phantasie aus! Nein, das geht nicht. Wir können uns einfach nicht vorstellen, wie es wäre, in einem Körper zu stecken, der kein Rechts-Links-Gefühl besitzt. Unsere »Händigkeit«, die so genannte Chiralität, werden wir auch in der Phantasie nicht los. Vielleicht schaffte es ein Zen-Schüler?

Wie dem auch sei, wir haben eben ganz nebenbei eine merkwürdige Entdeckung gemacht: Wir können rein gedanklich zu Denkergebnissen kommen, vor denen zwar unsere Einbildungskraft kapituliert, welche aber dennoch die Realität richtig beschreiben. – Die Physik der Gegenwart bietet dafür jede beliebige Zahl von Beispielen: Auch Einstein konnte sich seinen gekrümmten Raum nicht vorstellen. In Kants Jahrhundert indessen waren solche transzendentalen Denkmuster noch Neuland. In seiner Schrift *Vom Unterschied* experimentiert Kant bereits damit. Die Ergebnisse verblüfften ihn selber. Doch er konnte noch nicht viel damit anfangen.

Der kleine Aufsatz war das erste literarische Lebenszeichen nach zwei Schweigejahren. Kants Name allerdings war seit der Swedenborgschrift und den *Beobachtungen* auch in die übrigen Reichslande gedrungen. Die ansbachische Universität Erlangen bot ihm im Herbst 1769 einen philosophischen Lehrstuhl an. Das Salär war nicht gerade üppig: 500 rheinische Gulden, was etwa 200 preußischen Talern entsprach. Viel mehr aber verdienten auch die meisten Kollegen an der Albertina nicht. Und Erlangen stellte ihm obendrein noch kostenfrei Brennholz in Aussicht und versprach sogar, die Umzugskosten zu übernehmen.

Der Königsberger Magister antwortete mit einem zögerlichen Ja. Unter Erlangens Studenten herrschte bereits Hochstimmung. Sie entrichteten Kant »in lebhaftester Freude« die »heißesten Wünsche für deroselben baldige glückliche Überkunft«. Auch die Ernennungsurkunde für den »Hoch-Edelgebohrenen Herrn, der Weltweisheit berühmten Doctori« war schon ausgestellt. Kant kamen unterdessen aber Bedenken. Unter Ausdruck des Bedauerns und mit der »inständigsten Entschuldigung« nahm er seine Zusage zurück. Man habe ihm jüngst in Königsberg Aussicht auf einen Lehrstuhl gemacht, erklärte er den Erlangern. Überdies verspüre er eine starke »Anhänglichkeit an seine Vaterstadt« und den »ziemlich ausgebreiteten Kreis von Bekannten und Freunden allhier«. Ganz besonders ist es wohl Joseph Green, der spät gefundene Freund, von dem Kant sich nicht gern trennen möchte. Und so schlägt er das »kleine, aber sichere Glück«, das Erlangen ihm bietet, aus.

Kaum einen Monat später sucht Jena ihn an sich zu ziehen. Der Lehrstuhl, heißt es in dem Angebot, sei zwar nur mit 200 Talern dotiert, aber Kant brauche dafür nur zwei wöchentliche Vorlesungen zu halten. Sein Gehalt könne er also mit Privatkollegien mindestens um 150 Taler aufbessern. Im Übrigen sei Jena eine aufstrebende Stadt mit vielen Buchhandlungen und Verlegern, die »um die Wette« eifern würden, ihm zu Diensten zu sein. – Was wäre wohl gewesen, wenn Kant hier später auf Goethe und Schiller getroffen wäre?

Doch die Absage wird Kant diesmal nicht schwer gefallen sein. Die Aussichten auf einen Lehrstuhl an der Albertina hatten sich verdichtet. Und dann ging auf einmal alles wirklich sehr schnell. Ein Lehrstuhl verwaiste durch den Tod seines Inhabers, Kants Kollege Buck übernahm dessen vakante Stelle und Kant durfte sich damit Hoffnungen auf Bucks Lehrstuhl machen. Er bewarb sich ordnungsgemäß bei seinem König Friedrich um eine ordentliche Professur. Dessen Antwort kam postwendend.

1770 – 1781
Professur: Kritik der reinen Vernunft
So viel ist gewiß: Wer einmal Kritik gekostet hat,
den ekelt auf immer alles dogmatische Gewäsche[1]

Eine Kabinettsordre ernannte Magister Immanuel Kant
»wegen desselben Uns angerühmten Fleißes und Geschicklichkeit auch besonders in den Philosophischen Wissenschaften« zum ordentlichen Professor der »Logic und
Metaphysic«. Der frisch bestallte Staatsdiener wurde ver-
mahnt, »Uns und Unserem Königlichen Hause treu, hold
und gewärtig zu sein« und die studierende Jugend »uner-
müdet zu unterrichten, und davon tüchtige und geschickte
Untertanen zu machen sich bemühen, wie nicht weniger
denselben mit gutem Beispiel vorauszugehen«. – Wie mag
Kant zumute gewesen sein, als er die Ernennungsurkunde
in seinen Händen hielt?

Ein paar Tage später wurde er siebenundvierzig. Er war
einen langen Weg gekommen. Als dreiundzwanzigjähriger
Student hatte er die Albertina ohne Abschluss verlassen,
sieben Jahre das harte Brot der Hofmeisterei essen müssen,
fünfzehn Jahre war er verurteilt gewesen, freiberuflich am
»Amboß« seines Lehrpultes Knochenarbeit zu leisten – und
nun war er als »königl. Diener und Professori« in Amt und
Würden gesetzt worden. Er konnte eigentlich mit sich zufrieden sein. Wenn er's denn gekonnt hätte.

Kant sah immer noch kein Land. Seine Lebensaufgabe
lag weiter ungelöst vor ihm. »Ich habe mir die Bahn schon
vorgezeichnet, die ich halten will ...«[2], das stand bereits im
Vorwort der *Schätzung* und er war immer noch nicht am

Ziel. Nicht mal halbwegs, sondern er befand sich im freien Fall. Das muss er auch in dem feierlichen Augenblick seiner Amtsernennung zum ordentlichen Professor gespürt haben.

Zufriedenheit? »Eine solche kann eben so wenig mit dem intellektuellen Leben des Menschen zusammen bestehen wie der Stillstand des Herzens.[3] ... Die Natur hat den Schmerz zum Stachel der Tätigkeit in ihn gelegt, dem er nicht entgehen kann.[4] ... Sein Leben fühlen, sich vergnügen, ist also nichts anderes als: sich kontinuierlich getrieben fühlen, aus dem gegenwärtigen Zustand herauszugehen, der also ein eben so oft wiederkommender Schmerz sein muß.[5]« Der Text findet sich in der *Anthropologie*, einer spät herausgegebenen Vorlesungsfolge. Um wie viel mehr wird Kant jenen »Schmerz zum Stachel der Tätigkeit« gerade am Anfang seines Professorats gespürt haben. Für ihn stellt sich das ganze Leben als ein endloser Versuch dar, sich selbst zur Welt zu bringen. Zufriedenheit? »Sie ist dem Menschen unerreichbar.«[6]

Nach dem universitären Reglement hat Kant bei seiner Amtseinführung eine Dissertationsschrift vorzulegen, die in einer öffentlichen Anhörung abgesegnet werden muss. Er gibt ihr die Überschrift *De mundi sensibilis atque intelligibilis*[7] – zu Deutsch: »Über die Form und Prinzipien der Sinnen- und Verstandeswelt«. Die Anhörung geht in einem auf zwei Parteien verteilten Rollenspiel vonstatten: Den »Opponenten« obliegt eine kritische Würdigung der Dissertation, die »Respondenten« verteidigen sie. Zu seinem Respondenten wählt Kant einen seiner Studenten. Es ist der einundzwanzigjährige Markus Herz aus Berlin, Student der Medizin und Philosophie.

Herzens Wahl zum Respondenten, eine ehrenvolle Aufgabe, soll unter den Professorenkollegen Unmut ausgelöst haben. Einer von ihnen, erzählte man sich, habe laut geäußert, wenigstens könne Herz, »der Jude«, am anschließenden Professorenschmaus nicht teilnehmen! – Wegen der jüdischen Speisegebote. Wie viel Antisemitismus gab es in Königsberg? Der Zufall will es, dass wir genau aus diesem Dissertationsjahr 1770 eine Schilderung der »Judenschaft« in Königsberg besitzen. Andreas Meyer, unterwegs auf einer Bildungsreise, berichtet in einem Brief über jüdisches Leben in der Pregelstadt: »Es giebt hier ansehnliche Handlungshäuser und außer den armseligen Israeliten in den Vorstädten, eine reiche Judenschaft, unter welcher gewisse Familien in sehr großem Ansehen stehen. Viele von ihren Gattinnen und Töchtern werden in die besten Gesellschaften der hiesigen Einwohner gezogen. Und ich kann es wohl sagen, daß ich mich bey dem Umgange mit ihnen oft über das Vorurteil, das ich mit dem großen Haufen eingesogen hatte, geschämt habe.« – In den oberen Kreisen Königsbergs gab man sich also vorurteilsfrei. Aber natürlich kannte man auch versteckten oder gar offenen Antisemitismus. Selbst Kant ist nicht immer frei davon. Lessings *Nathan der Weise* missfällt ihm, weil er »keinen Helden aus diesem Volk leiden kann«. Aber da ist auch Moses Mendelssohn, praktizierender Jude; ihm gegenüber ist Kant frei von jedem antisemitischen Vorbehalt. Und in Kants Vorlesungen haben immer auch jüdische Studenten gesessen. Zu keinem aber ist Kant in ein so herzliches Verhältnis getreten wie zu Markus Herz, seinem Dissertations-Respondenten.

Markus Herz und seine junge Frau Henriette werden in den nachfolgenden Jahrzehnten zu Schlüsselpersonen des intellektuellen Milieus von Berlin. Im Salon seiner Frau doziert Markus Herz Kant'sche Philosophie, und Henriette leitet eine Lesegesellschaft, die sich donnerstags abends bei ihr versammelt. Mit seinem Schüler blieb Immanuel Kant bis ins hohe Alter in brieflicher Verbindung – ihm schreibt er die wärmsten Briefe, die wir überhaupt aus seiner Feder kennen. Und Markus Herz erinnert sich noch nach fünf-zehn Jahren in überschwänglicher Dankbarkeit an seinen ehemaligen Lehrer: »Ha! das waren Zeiten, da ich so ganz in der lieben und ruhigen Philosophie und ihrem Kant lebte, da mein einziger Morgen- und Abendwunsch war, es werde mir meines Lehrers Beifall und Aufmunterung gewährt, das waren ...!«

Auf Kants Dissertation muss nicht näher eingegangen werden. Was Kant hier an Gedanken zu Papier bringt, sind, um es mit einer Sentenz von Lichtenberg zu sagen, »neue Blicke durch alte Löcher«. Nein, viel mehr war's nicht. Kein befreiender Rundschlag. Aber Kant hatte sich seiner akade-mischen Pflicht entledigt, Senat und Studenten gratulierten, der Professor durfte sein neues akademisches Amt antre-ten.

Das Salär war nicht überwältigend. Kraus, sein nachmali-ger Intimus, pflegte zu sagen: Professor an der Albertina zu werden bedeute, ein Armutsgelübde abzulegen. Immerhin reichten 236 Taler Jahresgehalt, den sorgenfreien Lebens-unterhalt des alleinstehenden Mannes zu gewährleisten. So entledigte sich Kant in den Folgejahren seiner Nebenämter als Bibliothekar und als Verwalter der Naturaliensamm-lung. Auch die Zahl seiner Privatkollegien konnte er ein-schränken. Damit bekam er endlich mehr Zeit, sich seiner Denkarbeit zu widmen. Sein äußerer Lebenszuschnitt hatte sich mithin um einiges verbessert.

In Königsberg gehörten Klatsch und Tratsch zur Stadt wie der Pregel. Man wollte von Heiratsplänen des frisch gebackenen Professors wissen. Hippel, sein Tischfreund, schrieb: »Ich bin keine Minute sicher, ob er sich nicht als Bräutigam bei mir ansagen läßt; denn man sagt, daß er nicht völlig abgeneigt sei, diesen unphilosophischen Schritt zu wagen.« Man nannte auch Namen. Besonders Rebekka Fritz war im Gespräch, »deren Ehr und Tugend« jedoch, wie Hippel süffisant bemerkte, »schon im russischen Krieg gelitten haben soll«. Sie hat einen anderen geheiratet. Doch soll sie auch später noch »oft und immer mit stolzem Ruhm« in der Stadt herumerzählt haben, »Kant habe sie einst geliebt«. War sie die Frau, mit der Kant den »unphilosophischen Schritt« wagen wollte? Und ist sie eine von den beiden »ganz würdigen Frauenzimmern«, von denen wie gehört Borowski erzählt?

Der Ton in Hippels Brief klingt amüsiert. Es belustigt ihn, dass der geehrte Gelehrte sich von den Reizen eines Mädchens der leichteren Art hat blenden lassen. Er, Hippel, ging nur lose Beziehungen zu Frauen ein, gebranntes Kind, das er war. »Ich habe ein einziges Mal geliebt«, gestand er Scheffner, dem Herzensfreund, »und wenn ich noch daran denke, so schaudert mir die Haut.« Eine Ehe eingegangen ist er schließlich auch nicht. – Allerdings hat der spätere regierende Bürgermeister dann 1792 eine Schrift herausgegeben, die zum Progressivsten gehört, was Männer in diesem Jahrhundert zur Gleichstellung von Frauen geschrieben haben. Ob Hippels »Umkippung«, sein profeministisches Manifest *Von der bürgerlichen Verbesserung der Weiber*, unter dem Einfluss von Kant entstanden war? Wir werden in anderem Zusammenhang darauf zurückkommen.

Obwohl Kant sich nicht zu einer Ehe entschließen konnte, sprechen seine Texte durchaus positiv von der »Geschlechtsneigung«. Kant hat Sexualität niemals diffamiert. »Liebe zum Leben, Liebe zum Geschlecht« nennt er die »stärksten Antriebe der Natur«[8]. Und von keuschem ehelichen Zusammenleben, den so genannten »Josephsehen«, die in pietistischen Kreisen gelegentlich als das Nonplusultra ehelicher Heiligung angepriesen wurden, hält er schon gar nichts: »Es entspringt auch bei so viel entnervten Männern ein läppisches Eheprojekt, nach welchem sie aus der Ehe Freundschaft machen wollen, und große Tugenden von der Frau verlangen zu einer Selbstüberwindung derjenigen Regungen, die sehr natürlich sind und ihre Männer nicht stillen können.«[9] Und es versteht sich im Aufklärungsjahrhundert nicht schon von selbst, wenn Kant von dem sexuellen Gleichstellungsgrundsatz ausgeht, dass »ein Mann seine Neigungen befriedigen will und ein Weib wiederum die ihrigen«. Beide haben, so legt Kant seinen Studenten dar, die gleichen sexuellen Bedürfnisse und dasselbe Recht auf wechselseitige Befriedigung.

Möglicherweise war an Hippels Klatschgeschichten etwas Wahres dran; vielleicht ging Kant, seine Bestallungsurkunde in den Händen, damals wirklich auf Freiersfüßen. Nur getraut hat er sich dann nicht. Leute von »delikater« Empfindung, äußert er bei anderer Gelegenheit, würden »sehr selten« glücklich.[10] Sie schafften sich im Kopf ein Ideal mit Eigenschaften, »welche die Natur selten in einem Menschen vereinigt und noch seltener demjenigen zuführt, der sie schätzen kann. Daher entspringt der Aufschub und endlich die völlige Entsagung auf eine eheliche Verbindung.«[11] Diesmal spricht Kant gewiss aus eigener Erfahrung.

Nach den quirligen Magisterjahren, von manchen »Umkippungen« und Umbrüchen begleitet, folgt ein stilles Jahrzehnt in Kants Leben. Nur in seinem Kopf ist es nicht ruhig. Hartnäckig verfolgt er weiter sein Metaphysikprojekt. Und vielleicht geht's ihm dabei so wie Lichtenberg zu dieser Zeit: »Die Begierde, geschwind viel wissen zu wollen, hindert oft die genauen Untersuchungen, allein es ist selbst dem Menschen, der dieses weiß, sehr schwer etwas genau zu prüfen, da er doch weiß, er kommt auch nicht zu seinem Endzwecke viel zu lernen, wenn er nicht prüft.« Eine kafkaeske Situation. Genauso verzweifelt mag es in diesen stillen Jahren manchmal in Kants Kopf ausgesehen haben.

1774 erschien Goethes Roman *Die Leiden des jungen Werther*. Das Buch machte den jungen Autor mit einem Schlag in Europa bekannt. Napoleon zum Beispiel soll den Roman siebenmal gelesen haben. Junge, modebewusste Männer trugen plötzlich das Werther-Kostüm: über gelben Reithosen einen blauen Gehrock mit Messingknöpfen. Zum ersten Mal in der Modegeschichte etabliert sich eine spezielle Jugendmode, ja, eine Protestgeneration formiert sich. Man protestiert gegen den Hühnerstall im Kopf. Oder, wie Goethe es seinen Werther sagen lässt, gegen den artigen, behaglichen Bürger, »dems wohl ist, sein Gärtchen zum Paradies zurechtzustutzen«. Der fünfundzwanzigjährige Goethe schrieb seinen Roman innerhalb von vier Wochen nieder, »ohne daß ein Schema des Ganzen, oder die Behandlung eines Teils irgend vorher wäre zu Papier gebracht gewesen«. Kant hat sich den *Werther* bei Kanter ausgeliehen. Eine Reaktion darauf erfahren wir nicht. Werther, das war schon nicht mehr seine Generation.

Dagegen wird Kant mit Green leidenschaftlich die weitere Entwicklung in Amerika diskutiert haben. Dort hatten sich die Delegierten von dreizehn britischen Kolonialstaaten am 4. Juli 1776 vom Mutterland losgesagt und ihre Unterschrift unter die Unabhängigkeitserklärung gesetzt: »Wir halten diese Wahrheiten für selbstverständlich: daß alle Menschen gleich geschaffen sind; daß sie von ihrem Schöpfer mit bestimmten unveräußerlichen Rechten ausgestattet sind; daß dazu Leben, Freiheit und Streben nach Glück gehören ...«, diese Worte Jeffersons hätten ohne Abstrich auch aus Kants Feder stammen können. Wir wissen schon, wie Kant sich für den »nordamerikanischen Freistaat« erwärmte. Gewiss sah er den jungen Staatenbund mit Rousseaus Augen, die Freiheit sozusagen in ihrem Urzustand, »wo keine Gifte der früheren Gesellschaft auf die junge Freiheit hätten zurückwirken können«. Kant aber lebte in Europa. Er verstand sich als loyaler Staatsdiener, sein Herz jedoch schlug für die amerikanische Demokratie.

Das stille Jahrzehnt Kants war also eine bewegte Dekade der Geschichte. Für ihn selbst veränderte sich in dieser Zeit jedoch nichts. Er wollte es auch nicht. Kant wünschte in Ruhe gelassen zu werden.

Auch von Johann Heinrich, dem Kurländer. Der schrieb ihm nach langer Pause wieder einmal: »Liebster Bruder! Es sind Jahre verflossen, seitdem ich nicht an Dich geschrieben, wie strafbar ich bin! Ich erröte über meine Nachlässigkeit. – Allein länger kann ich eine solche Trennung unter uns nicht fortdauernd lassen; wir sind Brüder, die Natur hat Liebe und Vertraulichkeit uns zur Pflicht gemacht. Ich mache Anspruch auf Dein Herz, weil das meinige Dir ganz ergeben ist. Jetzt bin ich recht begierig auf eine detaillierte Nachricht von Deiner gegenwärtigen Situation, ich möchte gern von Dir soviel wissen, als ein halber Bogen fassen kann. Warum soll denn Dein Bruder von Deinen gelehrten Arbeiten nicht eher etwas erfahren, als sie ein jeder im Buchladen haben kann? – Mit Ungeduld werde ich jeden Posttag eine Antwort von Dir erwarten. Ach, daß ich Dich nur in Gedanken umarmen kann! Dein einziger, Dein Dich zärtlichst liebender Bruder, J. H. Kant.« Was für zwei grundverschiedene Söhne Anna Regina doch zur Welt gebracht hatte! Unsere Sympathien gehören gewiss dem Königsberger nicht, sondern dem Kurländer. Wie spröde erscheint uns Immanuel, verglichen mit seinem spontanen Bruder, der vergeblich die Nähe des Älteren sucht. Wie verschieden allein schon die Sprache der beiden ist, wie himmelweit verschieden ihre emotionale

Ausdrucksfähigkeit. In Immanuels Briefen spüren wir gelegentlich auch warme Gefühle, zumal in den Briefen an den jungen Markus Herz. Aber das ist doch nicht die unprätentiöse Herzlichkeit, die aus den Briefen Johann Heinrichs spricht. Dabei wäre es dem Kurländer gewiss nicht zu verargen gewesen, wenn er sich mehr zurückgehalten hätte. Wie sehr muss ihn das Dauerschweigen des Älteren irritiert, ja gekränkt haben. Es hält ihn aber nicht ab, es immer wieder mit seinem Immanuel zu versuchen. Hat der die Briefe aus Kurland überhaupt gelesen? Doch ja, denn er hat sie nicht weggeworfen, sondern sorgsam aufbewahrt. Wie wird man nur aus diesem Menschen klug?

Zweimal bietet die Kurländer Akademie während dieser Zeit Kant einen neu geschaffenen Lehrstuhl an. Die Akademie in Mitau, die »Petrina«, ist eine Neugründung. Sie ist großzügig ausgestattet, ganz besonders im naturwissenschaftlichen Fachbereich. Kant hätte sich dort des modernsten Instrumentariums bedienen können, man verfügte in Mitau sogar über ein astronomisches Observatorium. Und die Kurländer boten Kant das unglaubliche Gehalt von 800 Talern, das war mehr als das Dreifache von dem, was die Berliner für ihn übrig hatten. Ja, und Immanuel Kant wäre in die Nähe seines Bruders gekommen. Der war gerade im Begriff zu heiraten. So hätte Kant in Mitau Familienanschluss, Nestwärme und Geborgenheit gefunden. – Doch man muss diese Worte nur lesen, um zu wissen, dass Kant solche Beziehungsgefühle nicht vermisste. In der Pregelstadt hatte er seine Kreise, Green, den derben, gescheiten Kumpanen – er lehnte das Kurländer Angebot ab. Zum großen Leidwesen des Bruders.

Auch das drei Jahre später erfolgende Angebot seiner Berliner Behörde, ihn an die berühmte Universität Halle zu versetzen, schlug er aus. Dabei wurden ihm auch für den

Lehrstuhl in der Saalestadt 800 Taler als Salär in Aussicht gestellt. Als Dreingabe überdies noch der Titel eines Hofrats. Mit derartigen Titeln schmückten sich Literaten und Gelehrte des Deutschen Reiches liebend gern. Selbst der schnodderige Lichtenberg konnte dem Titelfetischismus nicht widerstehen. Bei Kant verfing der Trick nicht.

Markus Herz, dem Vertrauten, erklärt er sich: »Gewinn und Aufsehen auf einer großen Bühne, haben, wie Sie wissen, wenig Antrieb für mich. Eine friedliche und gerade meinem Bedürfnis angemessene Situation, abwechselnd mit Arbeit, Gedankenspekulation und Umgang besetzt, wo mein leicht affiziertes, aber sonst sorgenfreies Gemüt und mein noch mehr launischer, doch niemals kranker Körper ohne Anstrengung in Beschäftigung gehalten werden, ist alles, was ich gewünscht und erhalten habe. Alle Veränderung macht mich bange, und ich glaube auf diesen Instinkt meiner Natur acht haben zu müssen, wenn ich anders den Faden, den mir die Parzen sehr dünne und zart spinnen, noch etwas in die Länge ziehen will ...« Kant schreibt diese Zeilen kurz vor seinem vierundfünfzigsten Geburtstag. »Etwas Schwermut«, gesteht er Markus Herz immerhin ein, empfindet er schon beim Schreiben. Bleibt ihm nicht mehr von seinen Tagen als nur, den fein gesponnenen Lebensfaden noch ein wenig zu dehnen? Ein Jahr später notiert Hamann: »Habe heute Kant besucht, der diesen Donnerstag sein 56. oder 57. Jahr antritt und voller Lebens- und Todesgedanken war.« Wird er abtreten müssen, ohne seine Lebensaufgabe gelöst zu haben? »Es ist freilich sehr grausam, mit sechzig Jahren sterben zu müssen, bevor man überhaupt zu leben angefangen hat«, schrieb Rousseau in seinem *Émile*. Ist das Kants Stimmung im ausgehenden Lebensjahrzehnt?

Kehren wir noch einmal an den Anfang dieser stillen Zeit zurück. Während all dieser Jahre geht Kant mit seinem

Hauptwerk schwanger, das er die *Kritik der reinen Vernunft* nennen wird. Er bringt sie am Ende dieses Jahrzehnts wie mit einer Sturzgeburt zur Welt. Gezeugt wurde die Idee des kritischen Unternehmens in seinem letzten Magisterjahr. In einer Notiz heißt es: »Ich sah anfänglich diesen Lehrbegriff nur in einer Dämmerung. Ich versuchte es ganz ernstlich, Sätze zu beweisen und ihr Gegenteil. Nicht um eine Zweifelslehre zu errichten, sondern weil ich eine Illusion des Verstandes vermutete. Ich wollte entdecken, worin die stäke. Das Jahr 69 gab mir ein großes Licht ...«[12] Und worin bestand diese Entdeckung? In der Einsicht, dass die Vernunft, sobald sie den Boden der Erfahrung verlässt, zu einer »rein« spekulativen Vernunft wird. Die mit sich selbst dabei unvermeidlich in Widerspruch gerät.

Kant unterscheidet zwischen Verstand und Vernunft. Der Verstand hält auseinander, die Vernunft verbindet. Sichere Erkenntnisse erwachsen nur durch das Zusammenspiel beider. Unkontrolliert durch den Verstand, rein auf sich gestellt, läuft die isolierte, die »reine Vernunft« aus dem Ruder. Fixiert auf sich, vereinnahmt sie Gott und die Welt, um daraus ein Großes und Ganzes zu machen. Dabei setzt sie sich sogar unbekümmert über die Schranken von Raum und Zeit hinweg. Sie spekuliert zum Beispiel über die Grenzen des Weltenraums, über Anfang und Ende der Welt; unsere Vernunft möchte Gott und die Seele, ja überhaupt alles in einen großen Gesamtzusammenhang bringen. Notfalls auch, indem sie die Grenzen der Erfahrung, unser verstandesorientiertes Denken, überfliegt. Und ehe wir's uns dabei versehen, hat sie uns dabei Luftschlösser vor die Nase gebaut.

Kant veranschaulicht diesen unstillbaren Trieb der Vernunft, unsere Erfahrung zu überfliegen, mit einem treffenden Bild (hier gelingt ihm mal eins): »Die leichte Taube, indem sie im freien Flug die Luft teilt, könnte die Vorstellung fassen, daß es ihr im luftleeren Raum noch besser gelingen würde.«[13] Wie es beispielsweise in dem so genannten »Ontologischen Gottesbeweis« der Scholastik geschieht. Der Beweis geht so: Gott ist das Allergrößte, was wir denken können; wenn wir nichts Größeres als Gott denken können, dann ist Gott denknotwendig; ist Gott also denknotwendig, muss er auch existieren. – Ein vernünftiger Schluss, im luftleeren Raum! Denn eine Denknotwendigkeit ist noch keine Realnotwendigkeit. – Schon in den *Träumen eines Geistersehers* verwandte Kant ähnliche Metaphern. Da sprach er von »Schmetterlingsflügeln der Metaphysik«[14], von seinen Philosophenkollegen als »Luftschiffern«[15]. Er dagegen, hieß es schon in den *Träumen*, möchte lieber mit den Füßen auf dem Boden der Erfahrung bleiben: »In so ferne ist die Metaphysik eine Wissenschaft von den *Grenzen der menschlichen Vernunft*, und da ein kleines Land jederzeit viel Grenze hat, überhaupt auch mehr daran liegt, seine Besitzungen zu kennen und zu behaupten als blindlings auf Eroberungen auszugehen, ist dieser Nutzen der Metaphysik der unbekannteste und zugleich der wichtigste ...«[16] Das alles sind vertraute und 1769 für Kant keine neuen Gedanken mehr. Welche Einsicht ist es, die ihm in diesem Jahr jenes »große Licht«[17] aufgehen lässt?

Es ist die Entdeckung, dass die holistische Vernunft sich notwendig in Selbstwidersprüche verstrickt, sobald sie jenseits ihres kleinen Landes blindlings auf Eroberungen ausgeht. Kant experimentiert. Mit Sätzen, welche die Vernunft rein aus sich selber schöpft. Er stellt ihre Sätze auf den Prüfstand, indem er Behauptung und Gegenbehauptung, These und Antithese, mit zwingender Folgerichtigkeit sich logisch entwickeln lässt. Und dabei entdeckt er die »Antinomie«, den Widerstreit der Vernunftbegriffe mit sich selbst. Der entsteht zwangsläufig immer dann, wenn die Vernunft den Bereich der Erfahrung verlässt. Dann nämlich operiert sie im luftleeren Raum. Das ist seine neue Entdeckung, das »große Licht«, das ihm 1769 aufgegangen ist.

Er sei dabei, erklärt Kant in einem späteren Brief, von der »Antinomie der reinen Vernunft« ausgegangen: »Die Welt hat einen Anfang – sie hat keinen Anfang usw. bis zu der vierten Antinomie: Es ist Freiheit im Menschen – und dagegen: es gibt keine Freiheit, alles im Menschen ist Naturnotwendigkeit – , diese Antinomie war es, welche mich aus dem dogmatischen Schlummer zuerst aufweckte und zur Kritik der Vernunft selbst trieb, um den Skandal des scheinbaren Widerspruchs der Vernunft mit ihr selbst zu beheben.« – Wieso ein Skandal?

Nun, logisch gesehen kann der Kosmos nicht grenzenlos sein, genauso unlogisch jedoch wäre es, zu denken, dass der Weltenraum einfach irgendwo aufhören sollte. Und es leuchtet ein, dass es für alles eine Ursache und eine Wirkung gibt, die Freiheit aber drängt sich uns trotzdem als Denknotwendigkeit auf. Nur, wenn beides, das Für und das Wider, sich überall, wo die Vernunft aufs Ganze geht, einleuchtend beweisen lässt, dann ist es mit unserem Denkvermögen nicht weit her, oder? Wir könnten das Nachdenken dann eigentlich gleich bleiben lassen. – So weit sind die Dinge in Kants letzten Magisterjahren gediehen. Er hat den übersinnlichen Gebrauch der Vernunft experimentell überprüft und die Vernunft hat versagt. Was nun? Wie weiter? Die Vernunft steckt in einer Selbstbegrenzungskrise. Wie kriegt sie wieder Boden unter die Füße?

Das Land, das die Vernunft für sich selbst beanspruchen kann, liegt jedenfalls in den Grenzen von Raum und Zeit. Da hat sie Hausrecht, so viel ist sicher. Aber was ist Zeit? Was ist der Raum? Sind beide nicht ebenfalls begrenzt und unbegrenzt zugleich, also widersprüchlich, auch wieder nur antinomisch zu definieren?

Mit den Eigenschaften des Raumes gibt Kant sich schon lange ab. Schon in der *Schätzung*, seiner Erstlingsschrift: »Die Unmöglichkeit, die wir bei uns bemerken, einen Raum von mehr als drei Abmessungen uns vorzustellen, scheinet mir daher zu rühren, weil unsere Seele selber dazu gemacht ist, auf diese Weise außer sich zu wirken.«[18] Der Wahrnehmungsraum erscheint hier als Projektion. – Zuletzt hat Kant die Raumproblematik in seiner Dissertation behandelt und in dem kleinen Aufsatz *Vom Unterschied der Gegenden im Raum*. In dem genannten Aufsatz hat Kant klargestellt, dass der Raum etwas Vorgegebenes ist, eine objektive Größe – doch ohne unser Raumgefühl, die Rechts-Links-Orientierung, mit der unsere Seele »außer sich wirkt«, wären wir darin verloren. Wie gesagt, wir fänden vielleicht nicht einmal zur Tür hinaus.

Während Kant in Königsberg sich über die Natur des Raumes den Kopf zerbricht, hält der Göttinger Lichtenberg in seinem *Sudelbuch* folgende Beobachtung fest: »Der Bauer, welcher glaubt, der Mond sei nicht größer als ein Pflug-Rad, denkt niemals daran, daß in einer Entfernung von einigen Meilen eine ganze Kirche nur wie ein weißer Fleck aussieht, und daß der Mond hingegen immer gleich groß scheint, was hemmt bei ihm diese Verbindung von Ideen, die er einzeln alle hat ...?«

Wir besitzen also nicht nur den Raumsinn, sondern auch eine innere Raumperspektive. Die uns allerdings keine richtigen Daten mehr liefert, wenn etwas aus dem Feld unserer vergleichenden Erfahrung herausfällt. Wie in Lichtenbergs Beispiel der Mond überm Kirchturm. – Was Kant und Lichtenberg in ihrem Jahrhundert noch nicht wissen konnten: Das Bild auf der Netzhaut des Auges verfügt über keine räumliche Tiefenwahrnehmung. Allein durch verschiedene Größe unterscheiden sich die Dinge auf ihr. Der Rest ist Interpretation. Sogar, dass wir die Bilder auf der Netzhaut als Gegenstände der Außenwelt wahrnehmen. Das alles sagt uns nicht die Erfahrung, sondern unser Gehirn.

Wenn wir darüber nachdenken, sehen wir eventuell ein, dass es tatsächlich so sein könnte. Aber innerlich nachvollziehen können wir das alles nicht. Genauso wenig wie wir uns vorstellen können, dass die Menschen unter uns auf der Erdkugel mit dem Kopf nach oben laufen. Und damit sind wir mitten in einer transzendentalen Diskussion: Wie werden aus den Datenströmen, die unser Gehirn über die Sinne erreichen, die gewohnten Gegenstände der Außenwelt?

Kant nennt den Raum, der aus keiner Erfahrung ableitbar ist, »reine Anschauung« beziehungsweise die »Form des äußeren Sinnes«. Parallel dazu nennt er in der *Kritik* die Zeit unsere »Form des inneren Sinnes«. Und alle Gegenstände der Erfahrung erleben wir in diesem Raumzeitkontinuum. Denn Raum und Zeit, das räumliche Nebeneinander und das zeitliche Nacheinander, lassen sich begrifflich trennen, aber praktisch bilden beide immer zugleich die Bedingung der Möglichkeit von Erfahrung. Alle Dinge, die im Raum sind, sind zugleich in der Zeit. Und umgekehrt.

Die Grenzen des »kleinen Landes«, in dem die Vernunft souverän schalten und walten kann, sind jetzt abgesteckt. Durch Raum und Zeit. In diesem ihrem eigensten Bereich wird die Vernunft sich hoffentlich nicht mehr in Selbstwidersprüche verwickeln. Die Flugträume sind ausgeträumt. Nun gilt es, das Landesinnere zu entdecken, in Besitz zu nehmen und zu kartographieren. Nüchterner Alltagsverstand ist dabei gefragt. Ja, und selbstverständlich auch Phantasie, Vorstellungs-, Einbildungskraft.

Nun funktioniert unser Verstand zum Glück von Haus

aus nach bestimmten Gesetzen. »A priori« heißt das in Kants Sprache: Wir denken ständig schon in Begriffen und Regeln. Unser Verstand kombiniert zum Beispiel Ursache mit Wirkung, und wir bringen immer schon das Vermögen mit, in Mengenbegriffen, in Qualitätsbegriffen zu denken. Kant unterscheidet zwölf solcher Regelkreise unserer Verstandestätigkeit, die er »Kategorien« nennt. Operatoren wäre auch ein treffender Begriff. Kants Kategorien sind also sozusagen die Hände, Finger oder Füße, deren sich unser Verstand bedient: »Wo die Kategorien aufhören, da hört auch der Verstand auf, weil sie ihn erst bilden und zusammensetzen.«[19] Kategorien, operative Funktionen – die Bezeichnung tut nichts zur Sache; wichtig ist nur, sich klarzumachen, dass unser Verstand vorprogrammiert ist. Und so kann er sich jetzt an die Datenverarbeitung machen. Dabei kommt ihm noch die Einbildungskraft zu Hilfe. Sie formatiert die Datenströme, die uns über die Raumzeit erreichen, damit unser Verstand die darin enthaltenen Einzeldaten auch lesen kann. Und schließlich müssen die Informationen noch zentral zusammengeführt werden: in unserem Ich. Das »Ich denke« muss alle meine Vorstellungen begleiten können, so formuliert es Kant.[20] Und die Aufgabe der Vernunft? Nun, die passt auf, dass alles vernünftig dabei zugeht, sie stellt den Gesamtzusammenhang der Erfahrung sicher. Das Ergebnis ist die gewohnte Welt, in der wir leben. Kurzum, wir leben in einer »virtuellen« Wirklichkeit. Mit der Datenbrille im Kopf. Und unsere virtuellen Welten fallen nicht etwa grundverschieden aus. Nein, zum Glück funktioniert die Datenbrille im Kopf bei uns allen nach denselben Gesetzen. Mit denen die Natur unser Gehirn im Lauf von Jahrmillionen ausgestattet hat. Und noch etwas: Unsere virtuellen Welten sind real. Sie kommen ja aufgrund von realen Außendaten zustande, die über unsere raumzeitlich formatierten Sinnesorgane die Rechenzentren der Groß-hirnrinde erreichen.

Auch Pflanzen und Tiere leben in virtuellen Welten, sogar Viren und Bakterien. Deren Welten unterscheiden sich natürlich außerordentlich von unserer Menschenwelt. Immerhin, auch bei der Schimpansenfrau müssen die Bedingungen der Möglichkeit von Erfahrung stimmen. Sonst wird sie den Abstand zwischen zwei Ästen nicht richtig taxieren und beim Springen vom Baum fallen. Auch bei ihr verrechnen sich mithin zweidimensionale Augenbilder zu einer dreidimensionalen Außenwelt. Es wird also schon alles mit rechten Dingen zugehen in unserer virtuellen Welt. Andernfalls würden wir ständig über unsere eigenen Füße stolpern.

Allerdings, unsere Vernunft kränkt es, wenn wir uns vorstellen, dass wir in lauter virtuellen Umwelten leben. In einer Wirklichkeit aus zweiter Hand. Noch schlimmer, die Wahrnehmung meiner selbst, etwa wenn ich in den Spiegel schaue – die steht ja auch unter den transzendentalen »Bedingungen der Möglichkeit von Erfahrung«[21]. Nirgends also begegnet uns die Realität, so wie sie wirklich ist. Wir erfahren sie immer bloß als Erscheinung, den raumzeitlichen Bedingungen unserer Erfahrung unterworfen. Virtuell eben. Als Simulation. Ein merkwürdiges Gefühl. Doch dem ist nicht abzuhelfen. Auch einem Fisch könnte man das Wasser nicht erklären, weil er schließlich nichts anderes kennt. Eine Welt, die außerhalb dieser für uns unumgänglichen transzendentalen Bedingungen läge, können wir uns nicht mal vorstellen. – Kein Wunder, dass Kants *Kritik der reinen Vernunft*, als das Buch erschien, zuerst nur ungläubiges, verständnisloses Kopfschütteln hervorrief.

Dann aber auch Zorn. Denn die Kehrseite der Transzendentalphilosophie, die uns eine so ordentliche Welt beschert, in der 2 mal 2 ganz sicher 4 ergibt, ist – ja, ist was?

Die Wirklichkeit an sich, über die wir buchstäblich nichts mehr wissen. Über die wir nicht mehr die geringsten Aussagen treffen können. »Nach drüben ist die Aussicht uns verrannt«, heißt es in Goethes *Faust*. Und Lichtenberg sagt's mit dem ihm eigenen Witz: »Wenn uns ein Engel einmal aus seiner Philosophie erzählte, ich glaube, es müßten wohl manche Sätze so klingen als wie 2 mal 2 ist 13.« Aber selbst das wissen wir nicht. Noch weniger könnte uns ein Engel klarmachen, dass wir Erdlinge in einer virtuellen Welt leben. Denn wenn er mit uns spräche, wäre er schon mit von dieser Welt.

Und was ist nun mit Gott? Was mit unserer Seele? Sind die jetzt alle wegbewiesen? Waren es nur Erfindungen der »Luftschiffer«? Flugphantasien, mehr nicht? Kant hat die seelenwärmenden Geborgenheiten, jene bis dahin scheinbar so heile Welt der Metaphysik fragmentarisiert. Einen »Alleszermalmer« nannte Moses Mendelssohn ihn darum, bissig und böse. – »Ich gestehe, daß ich sehr geneigt sei, das Dasein immaterieller Naturen in der Welt zu behaupten, und meine Seele selbst in die Klasse dieser Wesen zu versetzen«[22], hatte Kant noch in den *Träumen eines Geistersehers* geschrieben. Davon konnte jetzt natürlich keine Rede mehr sein. Deswegen auch wollte Kant, dass man seine Veröffentlichungen vor der *Kritik der reinen Vernunft* gar nicht mehr benutzen solle. In einer Welt, in der alles nur Erscheinung, simulierte Wirklichkeit aus zweiter Hand ist, gibt es keinen Platz für Seelenmetaphysik, können keine Geister mehr erscheinen.

Und so klagt im *Faust* der »GEISTERCHOR (unsichtbar): Weh! Weh! Du hast sie zerstört, / Die schöne Welt, / Mit mächtiger Faust; / Sie stürzt, sie zerfällt! / Ein Halbgott hat sie zerschlagen! / Wir tragen / Die Trümmer ins Nichts hinüber, / Und klagen / Über die verlorene Schöne ...« Das alles liest sich wie bei Mendelssohn. Kant, der »Alleszer-malmer«, hat die schöne heile Welt der herkömmlichen Metaphysik zerschlagen. Dann allerdings geht es unverhofft, unvermittelt weiter in Goethes Text: »Mächtiger / Der Erdensöhne, / Prächtiger / Baue sie wieder, / In deinem Busen baue sie auf!« – Und genau das ist das Arbeitsprogramm der Transzendentalphilosophie. Kant geht es bei seiner transzendentalen Wende nicht darum, eine »Zweifelslehre« zu errichten, im Gegenteil: »Ich mußte das *Wissen* aufheben, um zum *Glauben* Platz zu bekommen«[23], versichert er schon im Vorwort der *Kritik*. Sein Projekt bleibt jene heile, philosophisch versöhnte Welt. Freilich keine esoterisch phantasierte wie bei Swedenborg, sondern eben transzendental rekonstruiert. Was nur heißen kann: »In deinem Busen baue sie auf!« Metaphysik aus der transzendentalen Ich-Perspektive.

Das jedoch, gesteht Kant ein, ist ein »sehr verengendes Prinzip«. Fordert doch seine Philosophie von der traditionellen Metaphysik »Aufopferungen, wobei viele sonst sehr schimmernde Hoffnungen gänzlich verschwinden müssen«. Ja, Kant weiß, es ist eine schmerzhafte Amputation, sich von »der alten Anhänglichkeit« abzuschneiden.[24]

Dennoch, seine Bilanz bleibt positiv. Er hätte sich in der *Kritik der reinen Vernunft* aus der Swedenborgschrift selbst zitieren können: »Vorher wandelten wir im leeren Raume, wohin uns die Schmetterlingsflügel der Metaphysik gehoben hatten, und unterhielten uns daselbst mit geistigen Gestalten. Jetzt, da die adstringierende Kraft der Selbsterkenntnis die seidenen Schwingen zusammengezogen hat, sehen wir uns wieder auf dem niedrigen Boden der Erfahrung und des Normalverstandes; glücklich!«[25] Denn, so Kant, »wer einmal Kritik gekostet hat, den ekelt auf immer alles affirmative Gewäsche«[26]. Ist man erst mal auf den Geschmack

Critik

der

reinen Vernunft

von

Immanuel Kant

Profeffor in Königsberg.

Riga,
verlegts Johann Friedrich Hartknoch
1 7 8 1.

Titelseite der Erstausgabe.

gekommen, wird man zur esoterischen Scheinwissenschaft der alten Metaphysik nie wieder zurückkehren wollen.

Lichtenberg seufzte, als er das monströse Buch von 856 Seiten in der Hand hielt. Nach dessen Lektüre seufzte er abermals: »Es ist wenigstens von Herrn Kant nicht freundlich gegen seine Leser gehandelt.« Und in einem anderen Zusammenhang heißt es in den *Sudelbüchern*: »Kants Philosophie ohne Kants Ausdrücke würde gewiß seiner Philosophie Beifall erwerben.« Schließlich stellt er resignierend fest: »Man kann kantische Philosophie in gewissen Jahren, glaube ich, ebensowenig lernen wie das Seiltanzen.« – Da hatte er vielen Leuten aus dem Herzen gesprochen. Doch das wusste der Göttinger Hofrat aus eigener Erfahrung: »Die Wahrheit hat tausend Hindernisse zu überwinden, um unbeschädigt zu Papier zu kommen, und von Papier wieder zu Kopf.«

Damit entschuldigte auch Kant seine schwierige Schreibweise. »Denn das Produkt des Nachdenkens von wenigstens zwölf Jahren hatte ich innerhalb von 4 bis 5 Monaten gleichsam im Fluge«, ohne dabei den Leser immer vor Augen zu haben, »zustande gebracht«. Ihn reue die Eile auch im Nachhinein nicht. Denn sein Buch, so Kant, der »leichten Einsicht für den Leser« zugänglich zu machen, hätte ihn zeitlich dermaßen überfordert, dass »das Werk vermutlich ganz unterblieben wäre«. – Merkwürdig, der Mann brachte alle seine Aufsätze, Schriften und auch die Bücher immerzu in Hast und Eile zu Papier. Und jedes Mal entschuldigte er sich hinterher mit seiner gehetzten Schreibweise, wenn gewisse Dinge nicht genug ausformuliert waren. Wahrscheinlich konnte Kant gar nicht anders als mit dem Rücken zur Wand schreiben. In Ängsten, ob er den ganzen Schreibaufwand auch zu Ende bringen würde.

Mit mindestens sieben Druckseiten pro Tag hatte er sich

bei der *Kritik* noch mal extra unter Druck gesetzt. Zwanzig Wochen mit dem kratzenden Gänsekiel übers raue Papier! Besessen, jetzt endlich, endlich, die Sache hinter sich zu bringen. Nach zwölf Jahren. Würde auch der Text nicht ins Rutschen kommen? Die »Architektonik« standhalten?

Sieben Druckseiten pro Tag – das ist mehr, als unsereiner sich als Lektüre zutrauen darf. Denn die Sätze der *Kritik* sind so komplex verschachtelt, dass in jedem Satz wieder fünf, sechs, sieben neue Sätze stecken. Hätte Kant das Werk wirklich leserfreundlicher geschrieben, wäre die *Kritik* zu einem mehrtausendseitigen Buchmonster angeschwollen. Das hätte jedoch erst recht niemand lesen wollen. Und vor allem wäre das Unternehmen damit vollends über Kants Kräfte gegangen. Ging er doch bereits auf die sechzig zu.

Genug, »die Maschine ist jetzt vollständig da, und nun ist es nur nötig, die Glieder derselben zu glätten oder Öl daran zu bringen, um die Reibung aufzuheben. Ich aber bin schon zu alt, um bei einem so weitläufigen Werk mit der Feile in der Hand jedem Teil seine Rundung, Glätte und leichte Beweglichkeit zu geben.« Kant als Transzendentalmaschinist! Ja, die *Kritik* entsteht mitten im Zeitalter der beginnenden Industrialisierung. In England rauchten die ersten Kokshochöfen, Thomas Newcomen und James Watt installierten fauchende Dampfmaschinen. Joseph Green wird dem Freund eingehend darüber berichtet haben.

Da also stand nun das Ding. Ein paar Jahre zuvor hatte Kraus im Kreis von Göttinger Professoren, mehr beiläufig eigentlich, geäußert, dass Kant »in seinem Pulte ein Werk liegen habe, welches die Philosophen gewiß noch einmal großen Angstschweiß kosten werde. – Da lachten die Herren und meinten: Von einem Dilettanten in der Philosophie sei so etwas schwerlich zu erwarten!« Da hatten sie's nun. Der Dilettant entpuppte sich als philosophisches Genie.

Und Kants Transzendentalmaschine trieb den Gelehrten wirklich den kalten Schweiß auf die Stirn.

Kant sah in seinem Werk selbstbewusst eine »kopernikanische Wende« der Philosophie. Kopernikus, der am Ausgang des Mittelalters die Astronomie revolutioniert hatte, stammte übrigens auch aus dem Herzogtum Preußen. Was Lichtenberg zu der Bemerkung veranlasste: »Es wäre sonderbar, wenn das wahre System der Philosophie sowie des Weltgebäudes beide aus Preußen gekommen wären.« Zufall oder nicht, die gemeinsame Idee der beiden Revolutionäre war, dass man sich auf den Kopf stellen müsse, um die Dinge richtig zu sehen. Das hieß für Kant: Wir dürfen die Wahrheit nicht außer uns suchen, sondern allein in uns, im transzendentalen Ich. Was wir Wahrheit nennen, ist das Produkt unserer Datenverarbeitungsprozesse, bezogen auf unsere virtuelle Welt. – Wie kam Kant zu dieser verkopften Idee?

Spazierengehenderweise, hat er behauptet. Aber natürlich fallen auch Inspirationen nicht vom Himmel. Wenn wir die Spuren Kants rückwärts verfolgen, finden wir Hinweise, die Kants Transzendentalphilosophie aus der Entwicklung seines Denkens verständlich machen.

Bereits zitiert wurde die Äußerung aus seinem letzten Magisterjahr: »Ich versuchte ganz ernstlich Sätze zu beweisen und ihr Gegenteil.« Bereits auf den jungen Kant übten einander widerstreitende Aussagen eine faszinierende Wirkung aus. »Bruchstellen sind Fundstellen«, sagte Ernst Jünger. In der *Schätzung* sah Kant die Philosophie in feindliche Lager entzweit: Descartes denkt geometrisch, Leibniz dynamisch. Zwei feindliche Lager machte der Student auch in seiner *Naturgeschichte* aus: Auf der einen Seite streiten die »Freigeister«, auf der anderen die »Verteidiger der Religion«[27]. Besonders aufschlussreich ist eine Stelle aus den *Bemerkun-*

gen: »Die Streitigkeiten in der Weltweisheit haben den Nutzen daß sie Freyheit des Verstandes befördern ... Im Wiederlegen ist man noch so glücklich ...«[28] Das »große Licht« des Jahres 1769 kam also nicht als Blitz. Schon durch das vorkritische Denken Kants zieht sich dieses antinomische Denkmuster.

Von Kants persönlicher Antinomie haben wir schon gelesen: »Heiliger oder Tier«, das war Anna Reginas Erbe. Und das schlägt in der Philosophie Kants, in seinen Antinomien immer wieder durch. Der Methodenweg der *Kritik der reinen Vernunft* hat zum Ziel, den existenziellen Widerspruch mittels der transzendentalen Reflexion zu überbrücken: »Ich mußte also das *Wissen* aufheben, um zum *Glauben* Platz zu bekommen.«[29]

Die Zeitgenossen taten sich schwer mit der Königsberger Vernunftkritik. Eine öffentliche Diskussion über die *Kritik der reinen Vernunft* wollte, so schien es zunächst, einfach nicht in Gang kommen. Drei Jahre lang. Kants Verleger soll schon erwogen haben, die Restauflage der *Kritik* einstampfen zu lassen. Kant reagierte betroffen. Brauchten die Leute so lange, um sich mit seinen Gedanken vertraut zu machen? Oder straften sie den Erfinder der Transzendentalmaschine mit Nichtachtung? »Ich gestehe frei, daß ich auf eine geschwinde günstige Aufnahme meiner Schrift gleich zu anfangs nicht gerechnet habe«, schreibt er einem Kollegen nach zwei Jahren. Doch habe er eigentlich damit gerechnet, die »erste Betäubung« werde sich bald verlieren. Mindestens eine kritische Reaktion wäre doch zu erwarten gewesen, stattdessen kam nun »gar keine Antwort«.

Bruder Johann Heinrich teilte ihm zwar schon ein Jahr nach Erscheinen der *Kritik* mit: »Deine Kritik der gereinigten Vernunft hat hier die Stimmen aller Denker ...«, doch froh machte Immanuel diese Botschaft aus Mitau auch nicht. Hatte doch der Bruder schon den Titel gerade nur halb verstanden! An einer »gereinigten« Vernunft wäre ja nichts zu kritisieren. Gegenstand der Kritik ist vielmehr jene rein »spekulative Vernunft«[30], die mittels reiner Begriffsakrobatik glaubt, die Grenzen der Erfahrung überfliegen zu können. Wie es beispielsweise im »ontologischen Gottesbeweis« geschieht.

Ganz plötzlich jedoch bricht der Damm des Schweigens, kommen die ersten Besprechungen. Eine »elende Göttingsche« ist darunter, die Kant in Rage versetzt. Die Anhänger der alten Schule lassen sich nicht so schnell aus dem Tritt bringen. 1785 bis 1787 erscheinen dann mehrere positive Stellungnahmen im *Deutschen Merkur* und in Jena. Der Herausgeber der geachteten *Jenaer Allgemeinen Literaturzeitung* schreibt nach Königsberg: »Wie fleißig hier die Studenten bei Ihrer *Kritik der reinen Vernunft* sind, können Sie daraus entnehmen, daß vor einigen Wochen sich zwei Studenten duelliert haben, weil einer dem anderen gesagt, er verstünde Ihr Buch nicht ...« Ja, es sind die jungen Leute, es ist die Werther-Generation, die ihr Herz für Kant entdeckt. Und dann überstürzen sich die Ereignisse. Über hundert Zeitschriften tragen Kants Gedanken hinein nach Europa. Seine Philosophie ist plötzlich modern. Man diskutiert Kant im Café, auf der Straße, in den Salons. Eine Horde von Rezensenten stürzt sich auf jeden, der es wagt, Kant öffentlich anzugreifen. Philosophical correctness, als Wort noch nicht präsent, funktionierte bereits, und wie! Im Streit um Kant installierte sich in deutschen Landen innerhalb kürzester Zeit eine regelrechte Meinungsdiktatur. Der Göttinger Professor Feder, der vor kurzem noch über Kant lachte, stellte gereizt fest: »Diese Philosophie hat jetzt so viel Aufsehen, bey einigen Besorgniß, bey andern Bewunderung und Hoffnung erregt, daß es keinem Lehrer der Philosophie mehr erlaubt ist, von ihr zu schweigen.« – Dass Kant diese schon fast manische Fixierung auf seine Person irritiert hat, muss man annehmen. Schließlich wollte er seinen Studenten keine Philosophie eintrichtern, sondern sie das Philosophieren lehren.

Nein, nicht alle Früchte des Ruhms schmeckten süß. Aber es war eine Zeit mächtigen Aufschwungs. Aus Kants Feder erscheinen in dem Jahrzehnt nach der *Kritik* achtzehn Aufsätze, kleinere und größere Abhandlungen, mehrere Bücher, darunter seine beiden nächstfolgenden *Kritiken*. Er hatte den Stein der Weisen gefunden. In seinem Nachlasswerk fasst Kant das Ergebnis der *Kritik der reinen Vernunft* noch einmal wie folgt zusammen: »Wir können auf keine Art die Verkettung der Dinge als Ursache und Wirkungen und die nach derselben geordnete Welt denken, als daß wir ein solches System uns selbst durch unsere eigene Vernunft konstituieren, und dadurch allein ist es auch nur möglich, diese Verkettung als wirklich anzuerkennen.«[31] – Die »Bedingungen der Möglichkeit von Erfahrung«[32] waren damit beschrieben, die Grenzen der Vernunft abgesteckt, nun konnte er darangehen, das Land in Besitz zu nehmen, es zu bebauen.

1782 – 1785
Haus, Diener, Schreibpult

*Aus so krummem Holze, als woraus der Mensch gemacht
ist, kann nichts ganz Gerades gezimmert werden*[1]

Bald nach Erscheinen der *Kritik* (1783) erstand der Professor in seinem 60. Lebensjahr endlich ein eigenes Haus. Den Kauf vermittelte Freund Hippel. Der hatte es mittlerweile zum Oberbürgermeister gebracht. Das Haus am Prinzessinnenplatz 86/87 war ein schlichtes Domizil, ein Altbau, doch in vorteilhafter Lage. Oberhalb des Schlosses an einer wenig befahrenen Straße gelegen, stand es frei in der Gegend, und von seiner Rückseite aus hatte man einen weiten Blick in die Gärten. Hippel hatte seinen Freund gedrängt, die günstige Gelegenheit wahrzunehmen, und Kant hatte den Kauf nicht bereuen müssen. Schon ein Jahr später hatte er die ganze Kaufsumme abbezahlt, 5500 Gulden oder 1833 preußische Taler. Bei Joseph Green waren Kants Ersparnisse höchst gewinnbringend angelegt gewesen. Das Geld reichte sogar für eine gründliche Renovierung. Seinem Architekten schrieb der Professor: »Ew: Wohlgeb: haben die disposition über meinen Bau gütigst übernommen und mich, der ich in dergleichen Dingen gäntzlich unwissend bin, dadurch einer großen Sorge enthoben ...«

Der zweigeschossige Bau mit ausgebautem Dachstuhl als Dienerwohnung besaß insgesamt etwa 250 Quadratmeter Wohn- und Nutzfläche, die Mansarde nicht mitgerechnet, war also geräumig. Im Erdgeschoss befanden sich Kants Hörsal, Küche und Wohnung der Köchin mit Erker und Sommerstube; den ersten Stock bewohnte Kant. Sein Reich bestand aus einem Essraum, der Bibliothek, dem Schlafzimmer, Besuchszimmer und Kants Arbeitszimmer mit Blick in die Gärten. Dazu in jedem Stockwerk eine Toilette.

Kant bezog das Haus zunächst, ohne darin eine eigene »Ökonomie« zu unterhalten. Das heißt, er speiste weiter außerhalb, ließ von einer Zugehfrau das Putzen, die Wäsche besorgen und Wasser ins Haus tragen. Außer einem Hühnerstall gehörten keine weiteren Wirtschaftsgebäude zu dem Anwesen. Denn einen Kutscher mit Wagen und Pferden leistete sich Kant auch jetzt als Hauseigentümer nicht.

Ein Diener aber musste ins Haus. Es war Martin Lampe, der nun schon seit mehreren Jahren in Kants Diensten stand. Er wurde unterm Dach in der Giebelstube einquartiert. Wir können froh sein, dass wir überhaupt Lampes Namen kennen. Denn die Negierung der Bediensteten als Person ging oft so weit, dass die Herrschaften bei Dienstantritt einfach verfügten: »Von nun an heißen Sie Marie.« Lampe immerhin behielt seinen Namen. Sehr viel mehr wissen wir allerdings auch nicht über den Mann, der seinem Herrn neunzehn Jahre zu Diensten stand. Unbekannt ist Lampes Geburtsjahr, unbekannt sind die Namen seiner ersten und zweiten Frau, unbekannt ist die Zahl seiner Kinder. Keinem der ersten Biographen ist es offenbar eingefallen, Kants Bediensteten danach zu fragen. Der Mann im weißen Rock mit rotem Kragen gehörte zum Inventar. Aufklärer unter sich. Es passte einfach nicht ins Jahrhundert der Menschenrechte, in den Bediensteten Menschen zu sehen. Der hochgebildete, aufgeklärte Thomas Jefferson (»We hold these truths to be selfevident, that all men are created equal«) betrieb eine Sklavenfarm. Und die gut zwei Dutzend deutschen Wochenzeitschriften des Jahrhunderts verwandten kaum eine Zeile auf die Lebensumstände der Bediensteten, die doch beinahe zehn Prozent der Bevölkerung stellten.

Knigges berühmtes Benimmbuch (1788) erschien bereits in einer Zeit sozial geschärfter Empfindung. Rousseau hatte nicht nur Kant zurechtgebracht. Und die Französische Revolution stand vor der Tür. Freiherr von Knigge gab den Herrschaften zu bedenken: »Wahr ist, daß die mehrsten Menschen zur Sklaverey gebohren, doch sind sie nicht Alle unerkenntlich gegen großmütige Behandlung. So sehr ich aber einen freundlichen, liebreichen Umgang mit seinen Bedienten anrathe, so wenig kann ich es billigen, wenn man sie nicht gehörig beschäftigt und sich zu Familiaritäten mit ihnen herabläßt. Ein gesetztes, immer gleiches Betragen, strenge Pünktlichkeit, daß sie sich in der Kleidung reinlich halten, väterliche Sorgsamkeit für ihre sittliche Aufführung, das sind die sichersten Mittel, treu bedient und von Denen, die uns dienen, geliebt zu werden.«

Vor dem Hintergrund dieser sozialpolitischen Gegebenheiten wollen die Erinnerungen Jachmanns an Martin Lampe gelesen werden – die moralpathetische Sprache ist dabei in Kauf zu nehmen: »In den Jahren, als Kant sich noch auf seinen alten, nachmals schwach gewordenen Diener ganz verlassen konnte, stand fast alles unter dessen Aufsicht. Er war der Haus-, Hof- und Kellermeister. Kant gab am Abend den Küchenzettel für den folgenden Mittag aus, und Lampe half sorgen, daß alles nach dem Willen seines Herrn ausgeführt wurde. Kant hatte das größte Vertrauen auf seine Ehrlichkeit und er verdiente es auch. – Bei dieser Gelegenheit muß ich Ihnen noch einige Züge aus Kants Benehmen gegen seine Dienstboten anführen. So sehr er seines Lampes Rechtschaffenheit, Ehrlichkeit und Anhänglichkeit an seine Person schätzte, so wenig verkannte er auch dessen völlig eingeschränkten Verstand. Er mußte daher jede Kleinigkeit selbst anordnen, die dann Lampe maschinenmäßig auszuführen hatte. Anfänglich war mir der scheltende verdrießliche Ton auffallend, mit welchem Kant seinen Bedienten stets behandelte. Aber ich überzeugte mich am Ende, daß Lampe nicht anders behandelt werden konnte. Denn bei aller seiner Eingeschränktheit dünkte er sich überklug, mußte daher von seinem Herrn mit einem strengen Tone in seine Schranken und auf seine Eingeschränktheit zurückgeführt werden ... Kant kleidete seinen Bedienten in einen weißen Rock mit einem roten Kragen und hielt strenge darauf, daß gerade diese und keine andere Kleidung gehalten würde. Eines Tages entdeckte er einen gelben Rock bei seinem Bedienten, welchen dieser aus einer Trödelbude gekauft hatte, und wurde darüber so entrüstet, daß er Lampe zwang, den Rock sogleich wieder um jeden Preis und auf seines Herren Schadenersatz zu verkaufen. Bei dieser Gelegenheit erfuhr Kant zu seiner Verwunderung, daß der alte Diener am morgenden Tag zum zweitenmal heiraten wollte, und daß der gelbe Rock eben zu diesem Fest bestimmt wäre. Ja, er erfuhr da erst zu seiner noch größeren Verwunderung, daß Lampe schon seit vielen Jahren verheiratet gewesen war.«

Was gehörte außer jenen von Jachmann genannten Pflichten zu Lampes Obliegenheiten? Morgens den Herrn wecken, um fünf Uhr. Damit begann der Diensttag. Dem Herrn Professor die Kleider reichen, ihm vielleicht beim Ankleiden helfen (wenn Kant das zuließ, denn er war überaus genierlich), rasieren, die Perücke frisieren, einrollen und pudern, dann Teewasser herbeischaffen (den Aufguss besorgte Kant selber), eventuell noch die Morgenpfeife stopfen. Jetzt begann für Kant »die glücklichste Stunde in jedem Tage – die Zeit der Visionen, die er in einer wohltuenden Abspannung leicht bewegt« verbrachte. Lampe konnte verschnaufen. Oder er war schon frühzeitig auf Botengang geschickt worden – es gab kein Telefon, keine städtische Post, alle Außentermine des Tages mussten über das Dienstpersonal, eben die Dienst-Boten, arrangiert werden. Kehrte Martin Lampe zurück, sprach der Professor vielleicht noch einmal den Speisezettel mit ihm durch und der Diener wurde zum Einkaufen geschickt. Sehr zum Verdruss der Köchin, die das verständlicherweise gern selbst gemacht hätte; Lampe und die Köchin lagen sich deshalb ewig in den Haaren. Hatten sich die Studenten unten im Hörsaal eingefunden, wies Lampe die Zugehfrau in ihre Arbeiten ein: Wasser holen, putzen, das Bett des Herrn richten und dergleichen mehr, während Lampe vielleicht etwas im Haus reparierte. Doch nie sah er, behauptet Wasianski, der ein Tüftler war, »woran es lag, daß eine Sache nicht Dienst tun wollte, vielmehr wandte Lampe bloß Gewalt an und wollte, was er mit dem Kopf nicht zwingen konnte, mit der Hand allein bewerkstelligen. Bei einem solchen Verfahren war dann oft guter Rat teuer ...« In der Vorlesungspause hieß Kant den Diener, die *Hartungsche Zeitung* zu besorgen. Den Namen konnte (oder wollte) sich Lampe partout nicht merken. Er versprach sich ständig und redete von der *Hartmannschen Zeitung*. »I was, *Hartmannsche Zeitung*! brummte Kant mit finsterer Stirn. Darauf sprach er laut, affektvoll und deutlich: Sag Er *Hartungsche Zeitung*! – Nun stand der ehemalige Soldat in Haltung und verdrießlich darüber, daß er von Kant etwas lernen sollte, und sagte im rauhen Soldatenton *Hartungsche Zeitung*, nannte sie aber das nächste Mal wieder falsch.«

Bald darauf musste der Tisch gedeckt sein. Kant nahm nur eine Mahlzeit am Tag zu sich, hatte zur Mittagszeit entsprechenden Appetit und verlangte Pünktlichkeit. Meist waren Gäste geladen. Martin Lampe in weißen Wadenstrümpfen, Schnallenschuhen, im ewigen weißen Rock, mit Zopfperücke, die Serviette überm Arm, servierte. Den Professor und seine Gäste eilte es nicht beim Essen, sie parlierten und disputierten, aßen, tranken einander zu, lachten, während

Kants Haus am Prinzessinnenplatz 86/87 (Gartenansicht), das er im Alter von 63 Jahren bezog.

Lampe zwei, drei, vier Stunden in seiner Ecke stand. Jahrelang. Wir kennen Lampes Alter nicht. Aber er kann kein junger Kerl mehr gewesen sein, denn er war als ausgedienter Soldat in Kants Dienst gekommen. Vermutlich war er etwa in Kants Alter. Und der wurde in Briefen manchmal schon als »verehrungswürdiger Greis« angeredet. Da stand nun der alte Lampe hinter dem Stuhl des Alten und rückte ihm, wie mit einer zärtlichen Bewegung, die verrutschte Perücke zurecht. Hätte sich Lampe zwischendurch gern mal hingesetzt? – »Lampe!«, rief ihm der Professor über den Tellerrand zu. »Hat Er mich in all den Jahren nur an einem Morgen je zweimal wecken dürfen?« – »Nein, hochedler Herr Professor«, gab Lampe zurück.

So also redete man im Haus Prinzessinnenstraße 86/87 miteinander. Lampe war der »Er«, Immanuel Kant der »hochedle Herr Professor«. Gibt's da nicht ein bekanntes Zitat aus Kants Werken? Doch, und es liest sich so: »Das Sie und Ihr und Er in der deutschen Sprache wäre nötig abzuschaffen.« Und weiter: »Das Hochedelgebornen, Wohlgebornen in der Anrede – als in welcher Pedanterie die Deutschen unter allen Völkern der Erde es am weitesten gebracht haben, sind das nicht Beweise eines ausgebreiteten Hanges zur Kriecherei?«[2] Es kommt einen da fast schon Genugtuung an zu hören, dass Lampe seine Pflichten gerade nur »maschinenmäßig« ausführte. Ständig gescholten und in »verdrießlichem Ton« bemäkelt. – So ist das eben mit Hegels Dialektik von »Herr und Knecht«: Beim Knecht wird der »eigene Sinn« zum »Eigensinn«. Und Kant verdanken wir das schöne Wort: »Das sind auch nicht immer die schlechtesten Menschen, die störrisch sind.«[3] Die beiden alten Männer hatten sich wie in einer schlechten Ehe aneinander gewöhnt. Und als zwei Jahre vor Kants Tod die Trennung nicht länger zu umgehen war, kam's einer armseligen Tragikomödie gleich. – Doch wer weiß, was der Himmel für Überraschungen bereithält. Kant, gefragt, in wessen Gesellschaft er sich im Himmelreich befinden möchte, Newtons vielleicht?, antwortete, er wäre es zufrieden, wenn ihm sein »treuer Diener Lampe« dort entgegenkäme, »so werde ich froh seyn und ausrufen: Gott Lob, ich bin in guter Gesellschaft!«

Nachdenklichkeit ist da am Platz, aber keine Häme. Wir sind keine Heiligen, wir sind keine Tiere. Wir sind auch nichts dazwischen, wir sind beides zugleich, etwas Krummes also: »Aus so krummem Holz, als woraus der Mensch gemacht ist, kann nichts ganz Gerades gezimmert werden.«[4]

Dieser Satz ist einem Essay Kants entnommen, seiner *Idee zu einer Geschichte in weltbürgerlicher Absicht*. Kant veröffentlichte den Essay in der *Berlinischen Monatsschrift*[5], 1784, drei Jahre nach der *Kritik*. Kurz darauf erschien in derselben Zeitschrift Kants Aufsatz zur Beantwortung der Frage: *Was ist Aufklärung?*[6] Beide Veröffentlichungen ergänzen sich, ihr gemeinsames Thema sind Fragen der Geschichtsphilosophie.

Es ist für Kant ein neues Stichwort, wenigstens äußert er sich jetzt öffentlich zum ersten Mal dazu. Wie kommt Kant plötzlich auf das Thema, nach seinem erkenntnistheoretischen Werk? Es gab mehrere äußere Anstöße, es gibt aber auch einen inneren Grund. Die *Kritik* zeigt, wie der Verstand »der Natur gleichsam das Gesetz vorschreibt«[7]. Wenn das stimmt, müssen sich für den Verstand auch in der chaotischen Mannigfaltigkeit der Geschichte Gesetzmäßigkeiten herstellen lassen. Mit Kants eigenen Worten gesagt: »Denn was hilft's, die Herrlichkeit und Weisheit der Schöpfung in dem vernunftlosen Naturreich zu preisen und der Betrachtung zu empfehlen: wenn der Teil des großen Schauplatzes der obersten Weisheit, – die Geschichte des menschlichen Geschlechts – ein unaufhörlicher Einwurf dagegen bleiben soll, dessen Anblick uns nötigt, unsere Augen von ihm mit Unwillen abzuwenden, und, indem wir verzweifeln, jemals darin eine vernünftige Absicht anzutreffen, uns dahin bringt, sie nur in einer anderen Welt zu hoffen?«[8] Also, der Anblick des bestirnten Himmels gibt uns das Gefühl, dass die Welt in Ordnung geht. Schauen wir aber mit Rousseau auf den zivilisatorischen Selbstzerstörungsprozess der Menschheit, kommen uns doch massive Zweifel am Sinn des Ganzen. Louis-Sébastien Mércier, ein Bewunderer Rousseaus, fertigte die Idee einer Weltgeschichte kurzerhand mit der Bemerkung ab: »Die Geschichte ist die Schande der Menschheit und jede Seite ein Gespinst aus Verbrechen und Torheiten.«

Die Transzendentalphilosophie jedoch verspricht eine geschlossene neue Weltinterpretation. Ein hoher Anspruch! Will sie ihn einlösen, muss sie sich auch der Frage stellen: Wie soll aus dem krummen Ding Mensch etwas annähernd Gerades, etwas Vernünftiges werden?

Für Louis-Sébastien Mércier oder die nihilistische Geschichtsperspektive existiert dieses Problem erst gar nicht. Den »Abderiten«[9], so betitelt Kant die Nihilisten, präsentiert sich der Verlauf der menschlichen Dinge als ein ewiges Wiederkäuen des Gleichen. Fressen und Gefressenwerden. So dass »das ganze Spiel des Verkehrs unserer Gattung mit sich selbst auf diesem Glob als ein bloßes Possenspiel angesehen werden müßte, was ihr keinen größeren Wert in den Augen der Vernunft verschaffen kann, als den, die andere Tiergeschlechter haben, die dieses Spiel mit weniger Kosten und Verstandesaufwand treiben«[10]. – Die andere Möglichkeit wäre eine rein materialistische Geschichtsbetrachtung. In dieser Perspektive nehmen sich die Milliarden Menschheitsatome aus »wie die kleinsten Stäubchen der Materie, welche durch ihren zufälligen Zusammenstoß allerlei Bildungen versuchen, die aber durch einen neuen Anstoß wieder zerstört werden, bis endlich einmal durch reinen Zufall eine solche Bildung gelingt, die sich in ihrer Form erhalten kann. Ein Glücksfall, der sich wohl schwerlich jemals zutragen wird!«[11]

Beide, Nihilismus und Materialismus, sind einander zum Verwechseln ähnlich. Und beide können nicht erklären, wie es bei all der menschlichen »Ungeselligkeit« überhaupt möglich ist, dass Menschen eben trotzdem immer wieder versuchen, miteinander auszukommen: Wie unter einem geheimen Zwang schließen sie sich zu Gruppen, Staaten,

Völkergemeinschaften zusammen. Offenbar ist es doch wie im Himmel also auch auf Erden, dass »die Natur selbst im Chaos nicht anders als regelmäßig und ordentlich verfahren kann«[12].

Das letzte Zitat ist Kants *Naturgeschichte* entnommen. Hier hatte der junge Student damals dargelegt, wir erinnern uns, wie sich aus einem chaotischen Anfangszustand der Materie immer größere Organisationseinheiten entwickeln, von Sonnensystemen bis zu den Galaxien. Kraft des Selbstorganisationsprinzips, das von Anfang an der Materie innewohnt. Jetzt, nach dreißig Jahren, überträgt Kant dieses Modell auf die Menschheitsgeschichte. Repulsion und Attraktion, die beiden Newton'schen Kräfte, gestalten auch das menschliche Zusammenleben. Der Mensch ist nicht nur gesellig, nicht nur ungesellig, er ist auch nichts dazwischen, er ist beides zugleich. Kant spricht von einer »ungeselligen Geselligkeit« des Menschen.[13] »Der Mensch hat eine Neigung, sich zu vergesellschaften, weil er in einem solchen Zustand sich mehr als Mensch fühlt. Er hat aber auch einen großen Hang, sich zu vereinzeln (isolieren), seinen Eigensinn richten zu wollen.« Und so lebt er unter Mitmenschen, »die er nicht wohl leiden, von denen er aber auch nicht lassen kann«[14]. Also wird er sich wohl oder übel arrangieren müssen. Dazu findet er eine mächtige Hilfe in seiner Naturausstattung, nämlich in der Vernunft, das »Vermögen der Prinzipien«. Sie verwandelt die »abgedrungene Zustimmung« schließlich unter Blut, Schweiß und Tränen in ein »moralisches Ganzes« von gesellschaftlichen Spielregeln und Gesetzen.[15]

Damit wären wir bei Adam und Eva im Paradies? Nein, Gott sei Dank nicht. »Die Natur hat den Schmerz zum Stachel der Tätigkeit in ihn gelegt, dem er nicht entrinnen kann: um immer zum Besseren fortzutreiben.«[16] Wir kennen diesen Gedanken schon, er stammt aus der *Anthropologie*. – Wenn Kant von jenem »kontinuierlichen Getriebensein, aus dem gegenwärtigen Zustand herauszugehen« spricht, weiß er, dass er das als Europäer sagt. Denn in seiner *Anthropologie* fährt er fort: »Der Karibe ist durch seine angeborene Leblosigkeit von dieser Beschwerlichkeit frei. Er kann stundenlang mit seiner Angelrute sitzen, ohne etwas zu fangen.«[17] Eine Lesefrucht Kants. »Kein Wesen lebt freier als der junge Wilde«, schrieb damals beispielsweise ein entzückter Franzose. »Er geht und kommt und geht wieder und kommt zurück, ohne daß er jemand Rechenschaft schuldet über das, was er getan hat.« Das war natürlich Unsinn, aber die Leute glaubten's, auch Kant. Der hatte jedoch mit solchen paradiesischen Zuständen nichts im Sinn.

»In einem arkadischen Schäferleben«, fährt er in seinem Geschichtsessay fort, »würden bei vollkommener Eintracht, Genügsamkeit und Wechselliebe, alle Naturtalente des Menschen auf ewig in ihren Keimen verborgen bleiben: die Menschen, gutartig wie die Schafe, würden ihrem Dasein kaum größeren Wert verschaffen als das Haustier hat; sie würden die Leere der Schöpfung nicht ausfüllen. Dank sei also der Natur für die Unvertragsamkeit. Der Mensch will Eintracht, aber die Natur weiß besser, was für seine Gattung gut ist: sie will Zwietracht.«[18] Sie reizt ihn unablässig zur »neuen Anspannung der Kräfte«, treibt ihn zu »vermehrter Entwicklung seiner Naturanlagen« an. Und ebendieser Trieb, aus dem gegenwärtigen Zustand herauszugehen, verrät die unmerkliche Führung eines weisen Entwicklungshelfers – »nicht etwa die Hand eines bösartigen Geistes, der in des Schöpfers herrliche Anstalt hineingepfuscht und sie in neidischer Weise verderbt habe«[19]. Ohne Evas Apfel säße Adam immer noch wie der Karibe mit seiner Angelrute im Paradies und wartete auf einen Fang.

Das größte Menschheitsproblem sieht Kant in der Vergesellschaftung der Freiheit. Freiheit ist keine Beliebigkeit – freier Fuchs im freien Hühnerstall. Freiheit muss immer auch die Freiheit des anderen sein. Und so bedarf es der »genausten Bestimmung und Sicherung der Grenzen dieser Freiheit, damit sie mit der Freiheit anderer bestehen könne«. In einer späteren Schrift (1793) heißt es dazu ausführlich: »Niemand kann mich zwingen, auf seine Art glücklich zu sein. Sondern ein jeder darf seine Glückseligkeit auf dem Wege suchen, welcher ihm selbst gut dünkt. Wenn er nur der Freiheit anderer, einem ähnlichen Zweck nachzustreben, die mit der Freiheit von jedermann nach einem möglichen allgemeinen Gesetze bestehen kann, nicht Abbruch tut.«[20] Und genau da liegt das Problem, in dem »allgemeinen Gesetz«. Wer definiert es? Wer setzt es in Kraft? Wer sichert die Freiheit unter dem Gesetz? – Leider ist es so, wenigstens auf der jetzigen Entwicklungsstufe, dass der Mensch »einen Herrn nötig hat«[21], der den Gesetzen Gesetzeskraft gibt, meint Kant. »Denn seine Natur ist nicht von der Art, irgendwo im Besitze und Genusse aufzuhören und befriedigt zu sein«[22], der Mensch kriegt den Hals nicht voll. Unter den gegenwärtigen Bedingungen ist allenfalls eine »Annäherung«[23] an die Idee der vergesellschafteten Freiheit möglich.

Wenigstens auf unserem Planeten. Wie es in dieser Hinsicht »mit den Einwohnern anderer Planeten beschaffen sei, wissen wir nicht. Wenn wir aber diesen Auftrag der Natur gut ausrichten, so können wir uns wohl schmeicheln, daß wir unter unseren Nachbarn im Weltgebäude einen nicht geringen Platz behaupten dürften. Vielleicht mag bei diesen das einzelne Individuum seine Bestimmung in seinem Leben völlig erreichen. Bei uns Erdgeschöpfen ist es anders; nur die Gattung kann dies hoffen.«[24] Unsere Gegenwart erweist sich aus dieser Sicht als bloße Momentaufnahme einer Ent-wicklung, die als Entwurf weit über unsere jetzige Verfas-sung hinauszielt. In der selbst die an diesen Planeten gebun-dene Geschichte nur einen winzigen Ausschnitt darstellt.

Das jetzt allerdings schon konkret anzustrebende Ziel ei-ner Vergesellschaftung der Freiheit erblickt Kant in einem »Völkerbund«[25], wo jeder, auch der kleinste Staat, seine Sicherheit und Rechte hat. »So schwärmerisch diese Idee auch zu sein scheint: So ist es doch der unvermeidliche Ausgang der Not, welche die Staaten zu eben dieser Entschließung (so schwer es ihnen auch eingeht) zwingen muß – nämlich ihre brutale Freiheit aufzugeben und in einer gesetzmäßi-gen Verfassung Ruhe und Sicherheit zu suchen. Alle Kriege sind demnach Versuche (in Absicht der Natur), neue Ver-hältnisse der Staaten zustande zu bringen. Bis endlich ein-mal ein Zustand erreicht wird, der einem bürgerlichen Ge-meinwesen ähnlich, so wie ein Automat sich selbst erhalten kann.«[26] – In dieser Geschichtsbetrachtung an einem »Leit-faden a priori«[27] ist Kant seinem Ziel einer ganzheitlichen Interpretation der Welt einen Schritt näher gekommen: Die Naturgeschichte von Himmel und Erde folgt gemeinsamen Gesetzmäßigkeiten, in denen die Vernunft sich spiegelt.

Rousseaus Geschichtsziel enthielt den Wunsch einer kul-turellen Renaturierung der Menschheit. Er zweifelte aller-dings, ob das je zu verwirklichen wäre. Bei Kant dagegen gebietet die Natur dem Menschen, zum »Urheber seiner selbst«[28] zu werden, sich vom Naturwesen zu einem Kul-turwesen aufwärtszuentwickeln.[29] Er war dabei nicht so blauäugig, anzunehmen, dass man daraus eine Überlebens-garantie der Menschheit ableiten könne. Doch er plädierte für moralischen Optimismus.

Am Leitfaden einer asymptotischen »Annäherung«[30] der Menschheitsgeschichte an den Zustand ihrer Mündigkeit orientiert sich Kant auch in dem Folgeessay *Was ist Aufklärung?*. Hier hebt er nun stärker auf die persönliche Selbstverwirklichung als Ermündigung des einzelnen Menschen ab. Die folgenden Eingangssätze gehören zu den klassischen Texten der deutschen Literatur: »Aufklärung ist der Ausgang des Menschen aus seiner selbstverschuldeten Unmündigkeit. Unmündigkeit ist das Unvermögen, sich seines Verstandes ohne Leitung eines anderen zu bedienen. Selbstverschuldet ist diese Unmündigkeit, wenn die Ursache derselben nicht am Mangel des Verstandes, sondern der Entschließung und des Mutes liegt, sich seiner ohne Leitung eines anderen zu bedienen. Sapere aude! Habe Mut, dich deines eigenen Verstandes zu bedienen! ist also der Wahlspruch der Aufklärung ... Faulheit und Feigheit sind die Ursachen, warum ein so großer Teil der Menschen, nachdem sie die Natur längst von fremder Leitung freigesprochen, dennoch gerne zeitlebens unmündig bleiben und warum es anderen so leicht wird, sich zu deren Vormündern aufzuwerfen. Es ist so bequem, unmündig zu sein. Habe ich ein Buch, das für mich Verstand hat, einen Seelsorger, der für mich Gewissen hat, einen Arzt, der für mich die Diät beurteilt, usw.: so brauche ich mich ja nicht selbst zu bemühen. Ich habe nicht nötig, zu denken, wenn ich nur bezahlen kann; andere werden das verdrießliche Geschäft schon für mich übernehmen. Daß der bei weitem größte Teil der Menschen (darunter das ganze schöne Geschlecht) den Schritt zur Mündigkeit, außer dem, daß er beschwerlich ist, auch für sehr gefährlich halte: dafür sorgen schon jene Vormünder, die die Oberaufsicht über sie gütigst auf sich genommen haben. Nachdem sie ihr Hausvieh zuerst dumm gemacht haben und sorgfältig verhüteten, daß diese ruhigen Geschöpfe ja keinen Schritt außer dem Gängelwagen, darin man sie einsperrte, wagen durften: so zeigen sie ihnen nachher die Gefahr, die ihnen droht, wenn sie versuchen, allein zu gehen.«[31]

Kant hatte seinen Rousseau im Kopf, als er diese Sätze formulierte. Der schrieb im *Gesellschaftsvertrag* (1762): Der Mensch »kann durch keinen Rechtsakt aufhören, Selbstbesitzer seiner selbst zu sein und in die Klasse eines Hausviehs eintreten«. Kant spricht es dem Genfer nach. Mit Nachdruck. Dass jemand anderes »meine Gliedmaßen bewegen soll, das ist ungereimt und verkehrt«, notiert er in seinen *Bemerkungen*.[32] Und weiter: »Anstatt daß die Freiheit mich schiene über das Vieh zu erheben, so setzet sie mich noch unter dasselbe: Ich kann besser gezwungen werden.«[33] Das Bild von der »Verhaustierung« des Menschen liegt also schon bei Kant bereit. – Neu dagegen ist Kants Einführung der Begriffe von »Mündigkeit« und »Vormundschaft« in die Aufklärungsdebatte. Kant entlehnte das Begriffspaar seiner Bibel, dem Galaterbrief des Paulus: »Nun sage ich, daß der Erbe, solange er noch nicht mündig ist, sich überhaupt nicht von einem Sklaven unterscheidet. Sondern er steht unter Vormündern –, ebenso auch wir, als wir noch unmündig gewesen sind, waren wir gefangen unter äußerlichen Satzungen ...« Auch seine Bibel hatte Kant also im Kopf. Doch erst der Essay von 1784 setzt Mündigkeit und Aufklärung in Wechselbeziehung. Diese Formel Kants ist in den Sprachgebrauch so fest eingegangen, dass »Mündigkeit« und »Aufklärung« zu fast austauschbaren Begriffen geworden sind.

Hamann las Kants Essay in der *Berlinischen Monatsschrift* und schrieb an Kraus, amüsiert wie indigniert zugleich: Kant schleiche wie eine Katze um den heißen Brei. Indem er das »verdalmeyte Beywort *selbstverschuldet*« nicht vor das Wort »Vormundschaft« setze, da gehöre es nämlich hin. Den »Unmündigen ihre *Feigheit*« vorzuwerfen

sei eine beschämende Bemäntelung der realen Herrschafts-
verhältnisse! Diene doch der »Claße von Vormündern«, den
Herrschenden, »eine Armee von Pfaffen oder von Schergen,
Büttelknechten und Beutelschneidern«. Aus der »selbstverschuldeten Vormundschaft« müssten sich die Unmündigen
befreien, eben darin sei der »Knoten der ganzen politischen
Aufgabe« zu suchen. Kurz, Kant spreche von Freiheit, aber
von Befreiung wolle er nichts wissen. – Hamann weiter:
»Die ganze selbstverschuldete Unmündigkeit ist ebenso
ein schiefes Maul, als er dem ganzen schönen Geschlecht
macht, und das meine 3 Töchter nicht auf sich sitzen lassen
werden.« Wenn auch der Königsberger »Plato« dem schönen Geschlecht »das Feyerkleid der Freyheit« schneidere,
helfe das nichts, wenn es daheim doch wieder im »Sclaven-
kittel« aufwarten müsse.

Hamann hat richtig gehört. Der Freiheit redet Kant das
Wort, einer Befreiung nicht. Der Sprung von hier nach dort
geht übers eigene Risiko. Wir haben die Pflicht, einander
diesen Sprung zu erleichtern, doch den anderen in die Freiheit stoßen, das gerade dürfen wir nicht. Denn natürlich
gibt es eine Erziehung zur Mündigkeit. Aber, so erklärt
Lichtenberg übereinstimmend mit Kants pädagogischen
Vorstellungen, »bewahre Gott, daß der Mensch ein Wachs-
klumpen werden soll, worin ein Professor sein erhabenes
Bildnis abdruckt«. Sich befreien muss Selbstbefreiung sein,
sonst setzt sich Freiheit in Widerspruch zu sich selber.

Kants Essay will Lust auf Freiheit, auf Befreiung machen.
Doch ein Revolutionär von der handfesten Sorte, das war
Kant bestimmt nicht. Zur Revolution hätte er nie getrom-
melt. Wir erinnern uns jedoch an sein vehementes Eintreten
für die Unabhängigkeitsbewegung der nordamerikanischen
Freistaaten. Und auf die Französische Revolution reagierte
er mit einer geradezu stürmischen Anteilnahme. Seinen De-

gen stellte er prompt in die Ecke und bediente sich fortan des bürgerlichen Gehstockes. »Auf Zeitungen war er damals so begierig, daß er der Post wohl meilenweit entgegengegangen wäre.« Ja, der Mann, der sonst liebend gern kontrovers diskutierte, ließ über die Vorgänge in Frankreich nur seine Ansicht gelten. Jachmann: »Vielleicht hat Kant seit der französischen Revolution durch nichts so viel Aufsehen in der Welt erregt, durch nichts sich so viel Freunde und Feinde gemacht, als durch seine politischen Grundsätze und Meinungen.«

Die Sympathien Europas schwanden dahin, als die Revolution in den »terreur« umkippte. Klopstock dichtete 1793: »Weh uns! Sie selbst, die das Untier zähmten, vernichten ihr hochheilig Gesetz – die Hochverräter der Menschheit.« Kant blieb Sympathisant und jeder in der Pregelstadt wusste das. Auch darüber ließ er nicht mit sich reden. Aber er ließ es drucken, 1798: Der Enthusiasmus für die Revolution beweise die »moralische Tendenz des Menschengeschlechts«, der Sturm auf die Bastille sei ein wahrsagendes »Geschichtszeichen«[34], ja und dieser »Fortschritt zum Besseren« könne nie mehr »gänzlich rückgängig« gemacht werden. »Denn ein solches Phänomen in der Menschheitsgeschichte vergißt sich nicht mehr.«[35] Kant exponierte sich. Das war ihm klar, obwohl jede derartige »Äußerung mit Gefahr verbunden war«. Die deutschen Sturm-und-Drang-Patrioten vergaßen es ihm auch nicht.

Der Königsberger hatte sich zu weit, zu lange aus dem Fenster gelehnt, nachdem andere längst wieder die Köpfe eingezogen hatten. Kant galt bei der Werther-Generation als Franzosen-, als Revolutionsfreund, als verkappter Jakobiner. Johann Gottlieb Fichte, deutschnationaler Philosoph, war der neue Mann der neuen Deutschen. Die Sympathiekurve Kants zeigte nach unten. Ein Würzburger Kollege verstieg sich gar öffentlich zu der Behauptung, »de revolutione in Gallia ex hac philosophia orta etc«, zu Deutsch: Kants Transzendentalphilosophie sei für den Ausbruch der Französischen Revolution verantwortlich. Nun, der Sturm auf die Bastille passte jedenfalls in Kants Vorstellungen von Aufklärung und vom Mündigwerden des Menschen.

Zurück in die Gegenwart des Jahres 1785. Im Frühjahr standen die Königsberger wieder draußen vor dem Tor. Diesmal, um den ersten Heißluftballon aufsteigen zu sehen. Man bewunderte den kühnen »Luftballfahrer«, der, wie anderthalb Jahre zuvor Montgolfier in Paris, zum Himmel auffuhr. Was für Aussichten ergaben sich da! Nur wenig später wollte ein anderer »Luftballfahrer und Mechanicus« in Königsberg eine öffentliche Subskription für eine »Luftreise« auflegen. Das ging dem Magistrat dann doch zu weit, er lehnte ab. – Die erste Montgolfière hatte sich noch unbemannt von der Erde erhoben, es folgten Versuche mit Tieren und 1787 überflog der erste Heißluftballon mit Passagieren an Bord den englischen Kanal. Natürlich entdeckte man leider auch bald den militärischen Nutzen des Fluggeräts: Man malte sich aus, wie der Feind von oben auszuspähen sei, wie vom Himmel aus Menschen zu töten wären.

Mit Sicherheit müssen wir Kant 1785 unter den Schaulustigen vor Königsbergs Toren vermuten. Denn der Transzendentalmaschinist teilte ganz den technischen Fortschrittsoptimismus seiner Zeit: »Daß dasjenige, was bisher noch nicht gelungen ist, darum auch nie gelingen werde, berechtigt nicht eine praktische oder technische Absicht aufzugeben, wie z. B. die Luftfahrten mit aerostatischen Bällen«[36], ließ er bei Gelegenheit verlauten. So technisch unbegabt er mit seinen Händen war, hatte er doch ständig irgendeine mechanische Tüftelei im Kopf: Blitzableiter, eine Apparatur gegen Luftelektrizität, automatische Spinnmaschinen. Und da begeisterte ihn natürlich auch die erste Luftfahrtschau auf den Pregelwiesen. Sechzehn Jahre vor Montgolfier sprach Magister Kant bereits von den »Luftschiffern der Metaphysik«[37] in der Swedenborgschrift. Wahrscheinlich sah er damals beim Schreiben die beliebten Theaterrequisiten vor sich. »Die Oper sucht mit Fleiß Gelegenheiten, ihre Luft-Schiffe anzubringen«, heißt es 1728 in einer Wochenzeitung. »Wenn nur fein viel von oben kommt, so ist die Oper schon schön.«

Mit einem metaphysischen Luftschiffer[38] sah Kant sich in diesem Jahr aufs Unangenehmste konfrontiert. Ausgerechnet Herder musste dies sein, der begabteste unter seinen ehemaligen Studenten. Die *Neue Allgemeine Litteraturzeitung* hatte dem Professor das jüngste Werk Herders zur Besprechung zugeschickt, dessen *Ideen zur Philosophie der Geschichte der Menschheit.* Mit diesem Thema hatte sich Kant ja gerade erst selbst auseinandergesetzt. Was er allerdings bei Herder dazu las, war in seinen Augen wie eine Neuauflage der »acht Quartbände Unsinn«, mit denen einst der schwedische Geisterseher Europa beglückt hatte. Andererseits, Kant sah Herder vor sich. Diesen enthusiastischen jungen Mann, der seinen Lehrer nahezu vergöttert hatte: »Ich habe das Glück gehabt, einen Philosophen zu kennen, der mein Lehrer war. Dieser Mann, den ich mit größter Dankbarkeit und Hochachtung nenne, ist Immanuel Kant!« Nein, seinem Schüler darf er nicht böse kommen wie Swedenborg, das geht nicht. Also begibt sich Kant nur sehr zögerlich ans Schreibpult. Er rühmt den »poetischen Geist« Herders, manch »schöne Stelle« in dem Buch, »die jedem Leser von Empfindung sich selbst anpreisen werden«[39]. Aber er vermisst dann doch die Anstrengung des Begriffs, den »historisch-kritischen Kopf«[40]. Und so weiter.

Beide, Kant und Herder, versuchen die Welt neu zu erschaffen. Nur, in der Zielsetzung vereint, bleibt doch die Vorgehensweise beider radikal verschieden. Während es für Kant heißt, die Welt aus der Perspektive des transzendentalen Ichs zu rekonstruieren, ist Herders transzendentales Medium die Sprache. Nicht der Kopf also.

Es lohnt sich, in Herders wahrhaft voluminösem Werk zu blättern:

»In der Schöpfung unserer Erde herrscht eine Reihe aufsteigender Kräfte und Formen: vom Stein zum Kristall, vom Kristall zu den Metallen, von diesen zur Pflanzenschöpfung, von den Pflanzen zum Tier, von diesem zum Menschen sahen wir die Form der Organisation steigen; mit ihr auch die Kräfte und Triebe des Geschöpfs vielartiger werden, und sich schließlich alle in der Gestalt des Menschen vereinen ... Als die bildende Mutter ihre Werke vollbracht und alle Formen erschöpft hatte, die auf dieser Erde möglich waren, stand sie still und übersann ihre Werke ... Mütterlich bot sie ihrem letzten Geschöpf die Hand und sprach: Steh auf von der Erde! ... Mit dem aufgerichteten Gang wurde der Mensch ein Kunstgeschöpf, bekam er freie und kunstfertige Hände ... Der Mensch ist der erste Freigelassene der Schöpfung; er steht aufrecht. Daß Menschen dem unsteten Zuge der Triebe entsagten, den immer unvollkommenen Versuch einer Regierung durch Menschen über Menschen feststellten, daß endlich weise Männer aus Durst nach Wahrheit, Freiheit und Glückseligkeit ihren Brüdern das edelste Gut verschafft hatten – wenn dies alles nicht Bestrebungen der Selbstbestimmung sind, die in uns liegt, so kenne ich keine andere. Doch wie selten wird dieser ewige, dieser unendliche Zweck hier erreicht! ... Es ist eine Aussicht, die auch die Seele des trägsten Menschen erweitern kann, wenn wir uns vorstellen, daß vielleicht, nachdem wir zur Summe der Organisation unseres Planeten gelangt sind, es endlich unsere

Bestimmung wäre, mit allen zur Reife gelangten Geschöpfen so vieler und verschiedener Schwesternwelten Umgang zu pflegen ... Denn wir sind offenbar mit unserer Erde nur ein kleiner Bruch des Ganzen. Nur Einen Schritt weiter, und der gedrückte Geist kann freier atmen, das verwundete Herz ist genesen; und die höheren Geschöpfe sehen den Schritt herannahen und helfen dem Gleitenden mächtig hinüber ...« Schöne neue Welt! Ein Zuckerbäckertraum?

Die Voraussetzungen, von denen Herder ausgeht, sind aber keinesfalls naiv. Er fragt: Warum ist die Welt so und nicht anders? Scheint der kosmische Prozess nicht notwendig Leben hervorbringen zu müssen? Offenbar gibt es uns doch nur, weil alles so ist, wie es ist. Herders Antworten entwerfen, ausgehend vom anthropischen Prinzip, die Vision einer holistischen, ganzheitlichen Welt. Die *Ideen zu einer Philosophie der Geschichte* beanspruchen somit stillschweigend den Rang einer Rundum-Theorie, die alles erklärt.

Herders Welt mit dem Esoterik-Etikett zu versehen ist nicht ganz gerecht. Jedenfalls nicht, wenn man unter Esoterik bloß eine zopfige Angelegenheit versteht. Zopfig, das sind Herders *Ideen* nun aber gar nicht. Im Gegenteil, ihr Modernitätsanspruch ist gewaltig. Denn Herders Leitbegriffe sind Selbstorganisation, Selbstbestimmung, die er durchwegs als Selbststeuerungsantriebe im Prozess des Ganzen voraussetzt. Nach Herder organisiert sich die kosmische Gesamtentwicklung in einer kontinuierlich ansteigenden Komplexitätslinie. Eine Sicht, die auch heutige Astrophysiker teilen.

Das Beste am Menschen ist, dass ihm der Kopf oben steht, wurde der Philosoph Ernst Bloch nicht müde zu sagen. Vorgesagt hat es ihm Herder. Möglicherweise ist sogar der Begriff »Selbstbestimmung« Herders eigene Wortschöpfung.

Goethe und Schiller verwenden das Wort erst später. Und das englische Nomen »self-determination« taucht offenbar erst bei dem US-Präsidenten Wilson auf, der diesem Begriff zentrale politologische Bedeutung gab, als er ihn 1918 in die Charta des »Völkerbundes« einführte. – Schade, dass Kant den Herder'schen Begriff der Selbstbestimmung noch nicht kennt! Er hätte sonst zwischen der »Willkürfreiheit« und seinem philosophischen Freiheitsbegriff (der eben »Selbstbestimmung« meint) terminologisch besser unterscheiden können. Das hätte uns, den heutigen Lesern, das Verständnis mancher Kant-Texte erleichtert. Auf der sprachlichen Ebene war Herder dem Königsberger eindeutig voraus.

Was nimmt diesen dann so nachdrücklich gegen seinen ehemaligen Schüler ein? Nun, einmal stammen eine ganze Anzahl der eben aufgezählten Theoriebausteine aus Kants eigenen Baukästen. Das nimmt er dem Schüler nicht übel. Gedanken hängen in der Luft, »einer überreifen Frucht zu vergleichen, die in die Hände des ersten besten fällt, der zufällig den Baum anrührte«, meint Kant später bei einem ähnlichen Anlass. Nein, schlimm, peinlich ist es Kant geradezu, dass Herder die Kolleghefte seiner vorkritischen Philosophie ausschlachtet. Herder hatte nämlich nie wirklich von Kants transzendentaler Wende Kenntnis genommen, das »Seilspringen im Alter« mochte auch er nicht mehr lernen. Kant hingegen wäre nach Abfassung seiner *Kritik der reinen Vernunft* wohler gewesen, er hätte vorher nie etwas gedruckt von sich gegeben. So radikal war der Bruch – und so unangenehm berührte es ihn jetzt, in Herders *Ideen* auf Schritt und Tritt seinen alten Fußspuren zu begegnen. Wir erinnern uns an seinen Ausspruch: Wer einmal von der Kritik gekostet hat, den ekelt auf immer alles dogmatische Gewäsche![41] Und genau das sind Herders *Ideen* in Kants Sicht, von vorn bis hinten affirmatives Gewäsch. Eben nirgends reflektiert auf die Bedingungen der Möglichkeit von Erfahrung.

Kant musste sich beim Lesen an seine überoptimistische Schrift *Über den Optimismus* erinnert fühlen, die er am liebsten ja gänzlich aus dem Verkehr gezogen hätte. Wenn Herder seinem voluminösen Werk nur einen anderen Titel gegeben hätte! Es mit dem Begriff »Philosophie« herauszuputzen, das ging entschieden zu weit.

Noch genauer: Die Scheinversöhnung von Natur und Freiheit, die Herder seinem ganzen Unternehmen zugrunde legt, grenzte für Kant schon fast an betrügerische Absicht! Hat doch, wir erinnern uns, der Grundwiderspruch von Natur und Freiheit, die »dritte Antinomie«, Kant 856 Seiten kritische Philosophie abgenötigt.

Im Vorwort seiner *Kritik der reinen Vernunft* hieß es: »Ich mußte das *Wissen* aufheben, um zum *Glauben* Platz zu bekommen.«[42] Ein Satz wie aus Franckes Predigten. Doch mit »Glauben« meinte Kant zeitlebens keinen Kirchenglauben. Ein Kirchgänger war der Professor nie.

Er »pflegte bey der Kirchentür vorbeizuschreiten«. Man hat ihm das, soweit wir wissen, in Königsberg nicht verübelt. Jedenfalls bekam er keinen öffentlichen Ärger deswegen. Man wusste schon, dass der Professor ein frommer Mann war, nur eben auf seine Art. Und das stimmte denn auch. Fromm war Kant allemal, wenn auch nicht im Sinn der beamteten Religionsspezialisten.

So wenig wie sein Vorbild Newton. Der schnitt auch die Institution Kirche. Der große Engländer jedoch, wusste Kant zu erzählen, habe stets einen Moment beim Sprechen innegehalten, wenn er den Namen Gottes aussprach, und nachgedacht.[43] Daran hielt sich auch Kant. Man dürfe den Namen Gottes nicht »verschwenden«, mahnte er seine Hörer.

Dem »Glauben Platz machen« bedeutet in Kants kritischem Programm den Glauben an den Menschen retten. Vor Leuten wie La Mettrie etwa, dem Autor des damals viel diskutierten Buches *Der Mensch als Maschine*. Freiheit war für den gelehrten Materialisten ein Fremdwort, Gewissen eine Fiktion. Der Nil mache sich schließlich auch kein Gewissen, wenn er aus dem Bett steige, spöttelte La Mettrie. Und zu seinen Lieblingssentenzen gehörte die Bemerkung: »Für unser Wohlbefinden ist es völlig egal, ob die Materie ewig oder erschaffen ist, ob es einen Gott gibt oder nicht.« Friedrich der Große hatte La Mettrie an seinem Hof Asyl gewährt und er widmete dem Arzt und Philosophen den Nachruf: »Er war lustig, ein guter Teufel.« – Vor dem Hintergrund der zeitgenössischen Materialismusdebatte formulierte Kant seine Antinomie, die den Anstoß zu seinem kritischen Hauptwerk gab: »Der Mensch ist frei und dagegen: es gibt keine Freiheit, alles ist naturgesetzliche Notwendigkeit.« Also, ist Mensch gerade nur Chemie? Sein oder Nichtsein von Freiheit, »Tier oder Heiliger«, das ist hier die Frage. Herder überspringt sie, Kant stellt sie. Mit allem argumentativen Aufwand. Es ist seine Lebens-, seine Überlebensfrage.

Während Kant Herders *Ideen* rezensiert, liegt seine *Grundlegung zur Metaphysik der Sitten*[44] im Druckhaus. Das Buch wird im Frühjahr 1785 zur Michaelismesse erscheinen. Die *Grundlegung* ist Kants erste große Ethikschrift. Er greift in ihr zurück auf die *Kritik der reinen Vernunft*. Dort hatte er die Antinomie der Freiheit so aufgelöst: Wir bewegen uns innerhalb von virtueller Realität, sozusagen in einer Wirklichkeit aus zweiter Hand. In der Welt, wie sie für uns da ist, existiert alles und jedes mit naturgesetzlicher Notwendigkeit. Auch menschliches Verhalten ist determiniert, total. Denn so konstruiert unser Gehirn eben die Welt. Wir können sie nicht anders wahrnehmen als streng nach der Kausalkategorie, die wir im Kopf haben. Eine Unterbrechung des Kausalzusammenhanges, Freiheit, ist, unter dem Aspekt der virtuellen Realität betrachtet, also schlechterdings unmöglich.

Aber vielleicht ist Freiheit möglich unter dem Aspekt der Primärwirklichkeit? Der Realität, wie sie an sich ist? Dort können wir die Möglichkeit von Freiheit nicht unbedingt, a priori, ausschließen. Es ist mindestens im Blick auf die uns sonst unbekannte Primärrealität erlaubt, an Freiheit als einem problematischen Begriff festzuhalten. Beweisbar ist Freiheit allerdings nicht. Denn hätten wir sie bewiesen, hörte sie auf, Freiheit, Spontaneität, ihre eigene Kausalität zu sein. Bewiesene Freiheit wäre nur wieder ein Stück Naturkausalität. Darum bleibt Freiheit in der *Kritik der reinen Vernunft* bloß ein möglicher, ein problematischer Begriff.

Unter dem Aspekt der praktischen Vernunft ist Freiheit allerdings mehr. Kein bloß problematischer Begriff. Hier erweist sich Freiheit als »Faktum«, und zwar Freiheit als Selbstbestimmung. Wir können, so Kant, das Selbstbestimmungsprinzip ein »Faktum der Vernunft nennen, weil man es nicht aus vorhergehenden Daten der Vernunft herausvernünfteln kann, sondern weil es sich für sich selbst aufdringt«[45]. – Wir befinden uns damit allerdings einem paradoxen Sachverhalt gegenüber. Dass Freiheit ihre Eigenkausalität hat, sich selbst bestimmt, ist für Kant ein Satz, der wohl wahr, aber doch auch nicht beweisbar ist. Kapituliert die Logik?

Erst dem Mathematiker Kurt Gödel gelang es, diesen paradoxen Sachverhalt zu klären. In jedem kurzgeschlossenen Argumentationssystem tauchen irgendwann Sätze auf, die wahr, aber nicht beweisbar sind. Das Paradebeispiel für

Gödels »Unvollständigkeitssatz« ist die Mathematik: Es gibt wahre zahlentheoretische Aussagen, für deren Beweis ihre Methoden zu schwach sind. Gödels Formel, in die Umgangssprache übersetzt, würde etwa die Bedeutung haben: »Dieser Satz ist nicht beweisbar.« – Es braucht nur einen Augenblick, um zu sehen, dass dieser Satz einerseits wahr, andererseits aber, eben weil er wahr ist, nicht bewiesen werden kann. Es gibt Wahrheiten, die sich dem logischen Zugriff entziehen. Die sich allein der Intuition aufdrängen, wie Kant es ausdrückt. Und gerade so – weil Freiheit als Faktum nicht aus der datenverarbeitenden Vernunft herausgetüftelt werden kann – ist Freiheit real. Dann aber als Faktum der Primärrealität. Kurz, die Unbeweisbarkeit von Freiheit erweist sich geradezu als die Bedingung der Möglichkeit, sie zu erfahren. Ein geniales Argumentationsstück!

Mit weniger Aufwand lässt sich auch so argumentieren: Wir finden in uns ein Sollen, das »sich uns selbst aufdringt«. In der Kausalnatur gibt es aber kein Sollen – dass wir uns in die Pflicht genommen wissen, weist also über sich hinaus auf ein Vermögen von Freiheit. Denn wenn etwas gesollt ist, muss auch die Möglichkeit gegeben sein, es zu tun: Du kannst, denn du sollst! Unabhängig davon, ob Freiheit bewiesen werden kann oder nicht. – Freilich, das ist eine schwächere Argumentation als die transzendentale.

Die Vernunft also ruft den Menschen zur Vernunft. Den Menschen, der selbstbestimmt leben soll, sich darin aber auch immer wieder verfehlt.

Frei als Menschen können wir nur sein, wenn wir uns das Gesetz des Handelns selbst vorgeben. Man hat diese eigentümliche Verschränkung von Gesetz und Freiheit Kants »Rousseauistische Wende« genannt. Die wechselseitige Verkoppelung von Freiheit und Gesetz mag Kant in der Tat Rousseaus *Gesellschaftsvertrag* entnommen haben: »Der

Gehorsam gegen das Gesetz, das man sich selbst vorgeschrieben hat, ist Freiheit«, lesen wir da.

Mit seiner »Rousseauistischen Wende« betritt Kant also kein absolutes Neuland. Gesetzgebung der reinen Vernunft kann sich nicht über Vorgaben von Religion und Tradition definieren. Sie muss den Begriff der Selbstbestimmung allein ihrem eigenen Vermögen entnehmen: als bedingungslosen ethischen Anspruch.

Es ist der von Kant so genannte »kategorische Imperativ«[46], den er unter drei verschiedenen Aspekten formuliert: (1) »Handle so, daß die Maxime deines Willens jederzeit zugleich als Prinzip einer allgemeinen Gesetzgebung gelten könne.«[47] (2) »Handle so, als ob die Maxime deiner Handlung durch deinen Willen zum allgemeinen Naturgesetz werden sollte.«[48] (3) »Handle so, daß du die Menschheit, sowohl in deiner Person, als in der Person eines jeden andern, jederzeit zugleich als Zweck, niemals bloß als Mittel brauchst.«[49] – Wir können die drei Formen des kategorischen Imperativs knapp zusammenfassen: Wage es, frei zu sein, und achte und schütze die Freiheit aller anderen.

Autorität kann für die Vernunft nur wieder die Vernunft selbst sein. Darum muss sie ihre Gesetzgebung allein ihrem eigenen Vermögen entnehmen. Das heißt, sie muss sich freihalten von allen ethischen Fremdansprüchen. Die Vernunft ist nur ihren eigenen Gesetzen verpflichtet. Daraus ergibt sich der weiterführende Gedanke: Die ethischen Ansprüche der Vernunft wollen allein um ihrer selbst willen respektiert werden. Aus reinem Vernunftgehorsam. Nicht weil es einem so oder so gerade in den Kram passt. – Warum also der Vernunft gehorchen?, fragen wir Kant. Weil's deine eigene Vernunft ist, der du folgen sollst. Einen anderen Grund gibt es dafür nicht.

Es gibt gewichtige Argumente, die man gegen die Ethik

der kategorischen Imperative vorbringen kann. Etwa das Beispiel von Janusz Korczak, dem polnischen Arzt, Schriftsteller und Pädagogen. Korczak ging 1942 mit seinen 200 Heimkindern nach Treblinka in den Tod. Vermutlich hätte er sich selbst vorher in Sicherheit bringen können. Doch Korczak wollte nicht. Er musste bei seinen Kindern bleiben.

Welcher kategorische Imperativ hätte dem Arzt und Erzieher das gebieten können? Keiner. Korczak war als Einzelner eine moralische Selbstverpflichtung eingegangen. Die »Maxime seines Willens« könnte und dürfte sogar niemals zum Prinzip einer »allgemeinen Gesetzgebung« erhoben werden. Das Ergebnis wäre moralischer Terrorismus: das genaue Gegenteil von aller Vernunftethik. Die Ethik Kants orientiert sich also am gesellschaftlichen Normalzustand. Nicht an einer weltfernen, idealistischen Übermoral. – Einer Übermoral gehorchte freilich auch Janusz Korczak nicht. Jedoch einer sehr individuellen Verpflichtung, für die es keine Regel geben kann.

Allen kategorischen Imperativen liegt das Gedankenexperiment zugrunde: Stell dir vor, wenn alle das täten ...! Bei dem dritten Imperativ fasst Kant die Menschheit insgesamt als moralischen Wert ins Auge. Doch auch hier bleiben Zweifel, ob Korczak damit 1942 bei seiner Entscheidungsfindung geholfen worden wäre.

Wir haben, sagt Kant, nicht nur Pflichten gegenüber anderen, sondern auch Pflichten uns selbst gegenüber: »Selbstschätzung ist Pflicht des Menschen gegen sich selbst.«[50] In seiner Ethikvorlesung führt er aus, es werde in der Pflichtenlehre »kein einziges Stück mangelhafter abgehandelt als dieses Stück von den Pflichten gegenüber sich selbst«. Der Mensch könne zwar über seinen Zustand verfügen, nicht aber über seine Person. So sei es zum Beispiel unstatthaft, für

Geld seine »Gliedmaßen« zu verkaufen, »auch wenn man für jeden Finger 1000 Taler bekäme«. Und natürlich verstößt Prostitution gegen die Pflichten, die ich gegenüber mir selbst als Person habe. Keinem Menschen steht das Recht zu, »andere Menschen als Werkzeuge zu gebrauchen«, und ebenso wenig ist es statthaft, »für die Bedürfnisse anderer« über die eigene Person als Werkzeug zu verfügen. Wie es heute die Selbstmord-Attentäter tun.

Dass dies nicht lupenrein durchzuhalten ist, versteht sich. Und die dritte Form des kategorischen Imperativs nimmt auch ausdrücklich darauf Rücksicht: Wir sollen die Menschheit in der eigenen wie in der Person jedes anderen »jederzeit zugleich« als Zweck, niemals bloß als Mittel gebrauchen.

Dieses »jederzeit zugleich«, das heißt die eigentümliche Verschränkung von Mittel und Zweck in mitmenschlichen Beziehungen, wird an der sexuellen Wechselbeziehung besonders deutlich. Das erotische Besitzverhältnis meint den anderen als Person und »Objekt des Genusses« zugleich. Wie aber kann ich mich dazu hergeben, »Gegenstand oder Werkzeug« der Lustbefriedigung für jemand anderes zu sein, beziehungsweise wie kann ich überhaupt Rechte auf die Person eines anderen in Anspruch nehmen? Ohne »Verletzung der Moralität«, ohne die »Menschheit hintan« zu setzen? Nur, indem ich zugleich dem Partner auch »eben ein solches Recht auf meine ganze Person gebe«, diktiert Kant seinen Studenten ins Vorlesungsheft. So allein ist das »commercium sexuale« ohne Erniedrigung der Menschheit möglich. Wenn ich nämlich »meine ganze Person der anderen weggebe und gewinne dadurch die Person des anderen an der Stelle, so gewinne ich mich selbst wieder, denn ich gewinne die Person, der ich mich zum Eigentum gegeben habe«. Sexualethik ist nach Kant nicht denkbar ohne dieses

»jederzeit zugleich«, das im 20. Jahrhundert der Theologe Karl Barth auf die Formel brachte: »Kein Koitus ohne Koexistenz«.

Das Prinzip der dritten Form des kategorischen Imperativs, welches verbietet, Menschen bloß als »Gegenstand oder Werkzeug« zu benutzen, reicht durch alle Beziehungen. Wenn Menschen zum Gebrauchsgut werden, pervertieren menschliche Verhältnisse zu Marktabsprachen: »Der Mensch ist aber keine Sache.«[51] Martin Lampe hinter Kants Stuhl kann und darf nicht darin aufgehen, als »Hausgerät« des Herrn Professors und seiner Tischrunde zu funktionieren. Er muss eben auch einen gelben Rock beim Trödler kaufen können, wenn ihm danach ist. Dass Lampe seine Pflicht gegenüber sich selbst auch wahrgenommen hat, beweist sein störrischer Eigensinn, jener »mechanische Gehorsam«, an dem Jachmann so gern herummäkelt.

Die Transzendentalphilosophie kann Ethik nur aus sich selbst begründen, abgeleitet von dem Faktum der Vernunft, einer freien Selbstbestimmung: Moral ist autonom oder ist keine! Diesem Grundsatz ist Kant bis in sein Alterswerk, das so genannte Opus postumum, treu geblieben. »Daß der Mensch recht handle, kann zwar von Gott geboten, aber von ihm nicht gemacht und gezwungen werden. Es ist keine mechanisch-mögliche Wirkung eines anderen Subjekts, sondern setzt Freiheit voraus.«[52] Diese Sätze bringt Kant kurz vor seinem achtzigsten Lebensjahr zu Papier.

Das Gute versteht sich von selbst, darauf besteht Kant. Es will um seiner selbst willen getan werden. Ohne egoistische Hintergedanken also. Es sollte mir allein um das Kind gehen, wenn ich die Patenschaft für einen Jungen in Kenia übernehme. So müsste es sein, und wer wollte Kant widersprechen?

Seinen Zeitgenossen ging das zu weit. Friedrich Schiller spöttelte mit spitzer Feder: »Gerne dien ich den Freunden, doch tu ich es leider mit Neigung, und es wurmt mich oft, dass ich nicht tugendhaft bin.« Moral und Eigeninteresse schließen sich für die Aufklärer nicht aus. Im Gegenteil.

D'Holbach, einer der großen französischen Enzyklopädisten, nennt den lasterhaften Menschen einen schlechten Rechner. Der tugendhafte ist klug genug, zu sehen, dass sich übermäßige Selbstsucht nicht auszahlt. Der öffentliche Gesetzgeber muss sich also nur darauf beschränken, durch die »Verteilung von Lohn und Strafe« auch die schlechten Rechner wieder auf den Pfad der Tugend, also des wahren Eigeninteresses, zurückzuführen. Hier schließt mühelos der Selbstvermarktungs-Imperativ an: Tu Gutes und sprich darüber!

Dass von Moral da schon gar keine Rede mehr sein kann, ist doch wohl unstrittig. Kant jedoch unternimmt erhebliche argumentative Anstrengungen, sich von der Moral eines angeblich aufgeklärten Eigeninteresses abzugrenzen.

Die Auseinandersetzung darüber führt direkt hinein in eine Grundwertediskussion. »Leben, Freiheit und das Streben nach Glück« erklärte die Präambel der Unabhängigkeitserklärung der Vereinigten Staaten (1776) zu den unveräußerlichen Grundrechten jedes Menschen. Immanuel Kant hätte dieser Wertordnung zugestimmt, und zwar genau in dieser Reihenfolge. Auch für ihn steht das Glücksstreben als moralischer Wert am Ende der Skala. – Über das »Leben« als führenden Wert gibt es keinen Streit. Kant wird zehn Jahre später in seinem Traktat *Zum ewigen Frieden* (1795) noch einmal alle Argumente gegen den Krieg als Verstoß gegen das menschliche Lebensrecht aufbieten. Wie aber steht es mit den Plätzen zwei und drei? Wem gebührt der Vorrang? Dem Glück vor der Freiheit? Oder umgekehrt?

Kant probiert's wieder mal mit einem Gedankenexperiment.[53] Angenommen, wir könnten uns das Leben ein zweites Mal aussuchen. Eine große Wahl hätten wir allerdings nicht – wir dürften uns nur für einen Lebenslauf entscheiden, bei dem wir tagaus, tagein glücklich wären ... Würden wir unter der Bedingung von Dauerglückseligkeit ein zweites Mal geboren werden wollen? – Kant gibt sich in seiner *Kritik der Urteilskraft* (1790) die Antwort darauf: »Was das Leben für uns einen Wert habe, wenn dieser bloß nach dem geschätzt würde, was man genießt, ist leicht zu entscheiden. Er sinkt unter Null. – Es bleibt also wohl nichts übrig, als der Wert, den wir unserem Leben selbst geben.«[54] Und warum ist das so? »Niemals kann wahres Vergnügen stattfinden, wo man es zur Beschäftigung macht.«[55] Weil der Mensch »Urheber seiner selbst« ist. Erinnern wir uns, der Stachel der Tätigkeit ist in ihn gelegt, er kann ihm nicht entgehen. »Sein Leben fühlen, sich vergnügen, ist also nichts als: sich kontinuierlich getrieben fühlen, aus dem gegenwärtigen Zustand herauszugehen.«[56] – Was beweist Kants Gedankenexperiment? Dass »Glückseligkeit nur als Folge«[57] mit dem Zweck des Daseins in Verbindung steht. Eben darum ist Freiheit ein höherer Wert als das Streben nach Glück. Don't worry, be happy, suggeriert die Spaßgesellschaft ihren Opfern. Doch die Selbstachtung nicht zu verlieren, dem Blick in den Spiegel standhalten zu können, ist jedem narzisstischen Glückskitzel vorzuziehen.

Das ist natürlich keine transzendentale Deduktion. Die ist auch längst geleistet. Aber das Gedankenexperiment bestätigt noch einmal auf der psychologischen Ebene, dass Moral allein über den Freiheitsanspruch zu definieren ist. Der mit dem Faktum Vernunft zusammenfällt.

Aus alldem ist abzulesen, wie verzweifelt schwer wir uns mit der Freiheit tun. Wir lassen uns eben nicht so leicht von der Vernunft zur Vernunft rufen. Ein Leben in vernünftiger Freiheit kann allenfalls annäherungsweise gelingen. Völlig selbstbestimmt zu leben, dazu ist kein »vernünftiges Wesen« unter der Bedingung der menschlichen Natur zu »irgendeinem Zeitpunkt seines Daseins fähig«. Denn der Missbrauch der Freiheit ist ursprünglich mit dem Faktum der Freiheit selbst.[58] Also, das Böse ist nicht einfach das Gegenteil des Guten. Als missbrauchte Freiheit gewinnt es eine Art Eigendynamik, schaukelt sich auf, eskaliert und gewinnt ein beinah parasitäres Eigenleben. Als das »radikal Böse«[59], wie Kant es nennt, stellt es sich dem Guten wie eine persönliche Gegenmacht in den Weg. »Ich habe mich oft gefragt, und keine Antwort gefunden, / woher das Sanfte und das Gute kommt, / weiß es auch heute nicht und muß nun gehn ...«, liest man bei Gottfried Benn. Eine auf den Kopf gestellte Frage, aber durchaus in Kants Sinn. Nicht woher das Böse kommt, muss erklärt werden. Denn das ist allgegenwärtig. Das Gute ist erklärungsbedürftig, das »Sanfte und das Gute«, darum, nur darum betreibt Kant diesen ganzen Argumentationsaufwand. Um »zum *Glauben* Platz zu bekommen«[60], dass wir uns trauen, der Vernunft eine Chance einzuräumen. Dass der Mensch gut sei, liegt eben nicht auf der Hand. Zu viel spricht dagegen. Wir können nur kraft der Vernunft an uns glauben. Ein Satz, der wahr, doch nicht zu beweisen ist.

Das Aufklärungsjahrhundert hatte das Böse bis zur Unsichtbarkeit verkleinert, es einfach wegargumentiert. Der Gedanke an ein »radikal Böses« passte nicht zum Fortschrittsoptimismus, störte die Nützlichkeitsdogmatik. Kant sah das realistischer. »Hr. Kant pflegte oft zu sagen, wenn der Mensch alles, was er in Gedanken hat, sagen und schreiben würde, dann wäre nichts Schrecklicheres auf Gottes Erdboden als der Mensch.« Der Mensch ist kein Tier, ein

Heiliger ist er auch nicht, wir sind immer beides zugleich: ein krummes Ding. Optimismus ist also unangebracht, es sei denn ein kämpferischer.

Die Ethik des kategorischen Imperativs sperrt sich darum auch gegen den moralischen Dünkel. Zugegeben, es ist verführerisch, sich Moral durch Gruppenzugehörigkeit zu attestieren. Stimmt die Gruppe, stimmt die Moral. Befinde ich mich in der richtigen Clique, habe ich das richtige Thema im Kopf – Multikulti, Männer-, Frauenrechte, Patriotismus –, bin ich scheinbar automatisch ein besserer Mensch. Und wer möchte das nicht sein? Kant allerdings widersteht der moralischen Schulmeisterei, »weil, wenn vom moralischen Wert die Rede ist, es nicht auf die Handlungen ankommt, die man sieht, sondern auf jene inneren Prinzipien derselben, die man nicht sieht«[62]. Das hätte auch ein Janusz Korczak unterschrieben. Ja, gerade er. Moral im Sinne Kants knüpft ganz allein bei der Selbstbestimmung, dem Faktum der Vernunft, an. Sie steht auf sich selbst, bedarf keiner Gruppenmoral, keines Außenhalts. Das ist ihre Stärke.

Frustvokabeln kommen in Kants Wörterbuch nicht vor. Seine Moral ist gefeit gegen Resignation, gegen jegliche Art von Enttäuschung. Sie hält es mit Luther, der von sich sagte, wenn morgen die Welt unterginge, wolle er noch heute ein Apfelbäumchen pflanzen. Also, egal ob es fünf vor zwölf oder schon fünf nach ist, ich werde versuchen, das Rechte zu tun. Aus reiner Selbstachtung. Denn der »Verlust der Selbstbilligung, die aus dem Bewußtsein einer unverstellten Gesinnung entspringt, würde das größte Übel sein, was immer mir nur begegnen könnte«, schreibt Kant bereits 1766 an Moses Mendelssohn, mehr als zwanzig Jahre vor seiner *Kritik der praktischen Vernunft*.

Denn allein die moralische Selbstbestimmung definiert

mich als Menschen. Auch wenn es »schlechterdings unmöglich« ist, »durch Erfahrung einen einzigen Fall mit völliger Gewißheit auszumachen«[63], wo ich mich im Sinne des
kategorischen Imperativs moralisch verhalten hätte! – Den
Moralisten sei dies Votum Kants zu bedenken gegeben, allen moralischen Terroristen zumal: Moral lässt sich nicht
dingfest machen. Nirgends, in keinem nur denkbaren Fall.
In unseren virtuellen Erfahrungsräumen, der Sekundärwirk-
lichkeit, bildet sich die Primärwirklichkeit, Freiheit, immer
nur gebrochen, zweideutig, vieldeutig ab. So dass auch »bei
der schärfsten Selbstprüfung« auf die Moralität »nicht mit
Sicherheit geschlossen werden« kann[64], deren sich die Tu-
gendwächter jeder Couleur bezüglich der eigenen Person so
sicher zu sein glauben. Alle »eigenliebige Selbstschätzung«
gerät unweigerlich zum Possenspiel, »weil die Tiefe des
Herzens« dem Menschen »unerforschlich« ist.[65]

Kein Ethiker vor und nach ihm hat der moralischen Selbst-
überschätzung so vehement widerstanden wie Kant. Seine
Moral ist darum niemals elitär, menschenverachtend, sondern menschenfreundlich wie keine andere. Es ist also nur
konsequent, wenn Kants Ethik sich, fern aller Laxheit, dem
höchsten nur denkbaren Standard verpflichtet: die Menschheit als Solidaridee sowohl in der eigenen Person als auch in
der Person eines jeden anderen zu achten. Und das eben bedeutet, gerade weil die Verhältnisse sind, wie sie sind, sich
moralischer Kurzatmigkeit zu widersetzen, langen Atem zu
behalten. Daraus schöpft Kants Moralphilosophie ihre Un-
aufgeregtheit.

Schwärmerische Askese, die – wie im pietistischen Milieu – mit »Selbstpeinigung und Fleischeskreuzigung«[66] zu
Werke geht, dient nicht der Tugend, wiederholt Kant immer
wieder. Befördert wird diese allein durch »ethische Gym-
nastik«[67], eine praktische Moral, in der sich das »jederzeit

fröhliche Herz des tugendhaften Epikur«[68] zu erkennen gibt.

Epikur, der allen Sinnen offenste unter den antiken Weisen, war Kants persönlicher Lieblingsphilosoph. Nicht Platon, nicht Aristoteles, das doppelte Denkgestirn. Einen »Philosophen der Grazien« nannte er Epikur in den Vorlesungen und natürlich tafelte sein Hausheiliger auch mit an Kants Tisch.

Werfen wir darum einen Blick in Kants Speisezimmer: Da wartet der Alte unter seinen Gästen, die Uhr in der Hand, schon etwas ungeduldig, dass Lampe endlich meldet: Hochedler Herr Professor, die Suppe ist auf dem Tisch! – Nun bitte, meine Herren, keine langen Umstände, »gut Essen und Trinken ist die wahre Metaphysik des Lebens«!

Was Borowski, Jachmann, Wasianski über Kants Essensgewohnheiten in dessen letztem Lebensdrittel berichten, ist wert, gesammelt vorgetragen zu werden. »Er ordnete selbst den Küchenzettel und auf die Wahl der Speisen mußte Aufmerksamkeit gewendet werden. K. liebte nicht gerade sehr komponierte Schüsseln, aber er forderte, daß vor allen Dingen das Fleisch mürbe und gutes Brot und guter Wein auf dem Tisch sein mußte; und er sah es gern, wenn alles, besonders seine Lieblingsgerichte, auch von anderen mit rechtem Behagen genossen wurden. Die Tischfreuden dehnten sich von 1 Uhr bis um 4 bis 5 nachmittags aus. Kant aß mit einem sehr starken Appetit. Des Senfs bediente er sich fast bei jeder Speise, auch liebte er sehr die dicke Butter zu Gemüsen und Fleischspeisen. Butter und Käse machten für ihn den wesentlichen Nachtisch aus. Er aß feines, zweimal gebackenes Roggenbrot, das sehr wohlschmeckend war. Zwei wichtige Gegenstände der Unterhaltung waren Käse und ›Tobakrauchen‹. Und da er Käse selbst liebte, sah er es auch gern, wenn seine Gäste Freunde vom Käse waren. Unter allen Käsesorten war ihm der englische am liebsten, und zwar der seltenere weiße. Bei großen Gesellschaften kam noch ein Beisatz von Kuchen hinzu. Die Lieblingsspeise Kants war Kabeljau. Er versicherte mir eines Tages, als er schon völlig gesättigt war, daß er noch mit vielem Appetit einen tiefen Teller mit Kabeljau zu sich nehmen könne. Das sogenannte Komplimentieren war ihm so unangenehm, daß er es fast jedesmal rügte. Er empfand es als unangenehm, wenn man wenig aß, und hielt es für Ziererei.«

So weit die drei Standardbiographen. Einige Schilderungen von Besuchern seien angefügt. »Zu seinen Lieblingsgerichten, die er oft nannte, gehörten Pastinak mit geräuchertem Bauchspeck, dicke Erbsen mit Schweinsklauen, Pudding mit getrocknetem Obst. Er aß nicht nur mit Appetit, sondern mit Sinnlichkeit. Der untere Teil seines Gesichtes drückte die Wollust des Genusses aus. Er schien mir recht lüstern aufs Essen zu sein. Dieser Ausdruck grober Sinnlichkeit zeigte sich besonders beim Essen und Trinken übermäßig.«

Nicht selten fuhr Kant mit Greens Reisewagen zu den »Störbuden« von Pillau an der Ostsee. Dort gab es den erlesenen und weithin berühmten Kaviar, der an der Börse von Amsterdam als »schwarzes Gold« gehandelt wurde. Die Eier der Störweibchen waren offenbar ein besonderer Genuss für die beiden handfesten Freunde.

Im Haus von Greens Teilhaber, dem Kaufmann Motherby, erinnerte man sich an folgende Begebenheit, die wohl nach Greens Tod (1786) zu datieren ist. »Einst ließ sich Kant französische Früchte kommen. Sehnsuchtsvoll sah er der Ladung entgegen und schon vorläufig waren einige Freunde zu einem Gericht Backobst mit Bauchspeck eingeladen. Allein das Schiff, das die edle Ware bringen sollte, wurde

vom Sturm verschlagen. Die Schiffsmannschaft trieb lange
auf dem Meer umher und da es an Lebensmitteln fehlte, so
wurde alles verzehrt, was eßbar war. Das Schiff kam endlich nach Königsberg, aber ohne französische Früchte. Kant
war darüber höchlich entrüstet und rief in seinem Zorn: das
Volk hätte eher verhungern sollen als sich an die Früchte
machen. Motherby sah ihn befremdet an und sagte: Das
ist nicht Ihr Ernst, Herr Professor! – Mein völliger Ernst!
erwiderte dieser und ging davon.« Kein Kommentar. Nur
Lichtenberg: »Die Schwachheiten großer Leute bekannt zu
machen, ist eine Art von Pflicht. Man richtet damit Tausen-
de auf ohne jenen zu schaden.«

Es wird niemand verwundern, zu erfahren, dass Kant von
seinen Gästen als Weinkenner geschätzt wurde. In frühen
Jahren servierte er, den Flaschenbauch in eine Serviette geschlagen, seinen Besuchern in der Regel roten französischen
Medoc. »Erregt keine Hitze und Wallung im Geblüthe«,
heißt es in einer zeitgenössischen Weinliste. »Vier Flaschen
zu einem Taler.« Später schätzte der Professor Ungarwei-
ne mit einem Listenpreis von mehr als einem Taler: »Den
man nennet den König von allen Europäischen Weinen, hat
zum Voraus, daß er angenehm wützhafft riechet, auch in
ziemlicher Menge getruncken keine Kopffpein veruhrsa-
chet.« Daneben goutierte Kant weiße Rheinweine: »Füllet
die Zunge, hat eine durchdringende Krafft und einen hero-
ischen Geschmack; steiget nicht so sehr ins Haupt, sondern
gehet vielmehr hurtig zur Blase; also daß man solchen in
größeren Mengen trinken kan, und ob er wohl durch den
Urin leicht weggehet, nähret er dennoch und macht fett;
ist ein fürtreffliches Präservativ bey ansteckende Kranck-
heiten.« Martin Lampe hatte einem stattlichen Weinlager
vorzustehen, was ihn oft in Versuchung brachte. Jachmann
spricht einmal von »seinem immer durstigen Diener Lam-

pe«, dessen persönlichen Erinnerungen an Kant er darum nicht über den Weg traute.

Dass die Zimmerwände in Kants Haus schwarz waren von Lampen- und Pfeifenrauch, wissen wir schon. Scheffner: »Als ich einmal während dem Zuhören seines Gespräches mit Hippel einige Züge mit dem Finger an die Wand malte, wodurch der weiße Grund wieder sichtbar wurde, da sagte Kant: Freund, warum wollen Sie den Altersrost zerstören? Ist eine solche von selbst entstandene Tapete nicht besser als eine gekaufte?« – Gerade nur eine Pfeife Tabak, »schnell fortgeraucht«, wollen ihm seine Standardbiographen zubilligen. Kants Besucher erzählen's anders. Kant war seiner Pfeife vielmehr so zugetan, dass Tolstoi später meinte, die *Kritik der reinen Vernunft* komme in dieser »unverständlichen Sprache« daher, weil Kant ständig im Kopf vom Rauchgenuss benebelt gewesen sei. Hätte Tolstoi gewusst, dass Kant überdies noch schnupfte! Den lieben langen Tag, außer während seiner Vorlesungen. »Daher er es nicht gerne sah, wenn seine nahe vor ihm sitzenden Zuhörer durch den öfteren Gebrauch des Tobaks seinen Appetit danach erregten.« Jachmann beschreibt in breiter Ausführlichkeit Kants Schnupfrituale und vertraut dem Leser an: »Kant schnupfte stark Tobak und genoß ziemlich sybaritisch (süchtig) darin, er führte gewöhnlich zwei Dosen Schnupftabak bei sich.« Lichtenberg, auch ein Schnupfer, hält in seinen *Sudelbüchern* einen witzigen Einfall fest: »Der Schnupftabak ist allerdings eine gar seltsame Erfindung. Es ist doch wirklich, wenn man bedenkt, wieviel Wohlgerüche es in der Natur gibt, eine Art von Onanie.« Kant hätte das Wort nicht in den Mund genommen, doch in der Einschätzung des Schnupftabakgenusses stimmte er dem Göttinger Kollegen zu: »Diese Art der Unterhaltung des Menschen mit sich selbst vertritt die Stelle einer Gesellschaft, indem es die Leere der Zeit statt des Gespräches mit immer wieder erneuerten Anreizen ausfüllt.«

Tee war philosophisches Dauergetränk. Auf dem englischen Markt hatte die »Ostindische Gesellschaft« das indische Getränk so geschickt platziert, dass der Tee in Kants Jahrhundert den Kaffee fast völlig von der Insel verdrängte. »Ein Aufguß genügt, und man kann nächtelang arbeiten, ohne dem Körper Schaden zuzufügen«, heißt es in einem zeitgenössischen Medizintext.

Für heißen, starken Kaffee war der Königsberger nicht minder empfänglich. Erst im letzten Lebensdrittel reduzierte er den Verbrauch. Kant hielt damals Kaffeeöle für gesundheitsschädlich. Aber das hatte ihm vielleicht Green eingeredet, der natürlich Teetrinker war. In den allerletzten Lebensjahren brach die alte Sucht dann wieder durch. »Es sollte Kaffee auf der Stelle herbeigeschafft werden«, erzählt Wasianski. »Pfeilschnell eilte der Bediente, den Kaffee in das schon kochende Wasser zu schütten, ihn aufsieden zu lassen und ihn heraufzubringen. Hörte er endlich den Diener die Treppe hinaufkommen, so rief er jauchzend: Kaffee! Kaffee! Ich sehe Land! – Wie der Matrose vom Mastkorb.«

Genug, der Ruhm wurde Last. Kant war Königsberger Sehenswürdigkeit geworden. Jeder wollte dabei gewesen sein, mitbekommen haben, wie der berühmte Philosoph sich räusperte und äußerte. Nur deswegen sind uns so viele intime Details seiner Lebensführung bekannt. Sie biographisch überhaupt auszuwerten bedarf fast der Entschuldigung. Aber es gilt, klischeebehaftete Kantbilder zu korrigieren, den Alten von Königsberg vor den Gebildeten unter seinen Verächtern in Schutz zu nehmen, die ihn als Gefühlslegastheniker, als Sonderling verunglimpfen.

Aber nein, verschroben, exzentrisch, das alles war Kant nicht. Nicht mal seine nächtlichen Träume entführten den

Professor aus unserer gemeinsamen Welt. In seiner *Anthropologie* lesen wir: »Man träumt oft, sich nicht auf seine Füße erheben zu können, oder sich zu verirren, in einer Predigt stecken zu bleiben, oder aus Vergessenheit statt der Perücke in großer Versammlung eine Nachtmütze auf dem Kopfe zu haben, oder daß man in der Luft nach Belieben hin und her schweben könne, oder im fröhlichen Lachen, ohne zu wissen warum, aufwache.«[69] Verlegenheitsträume, Schwebeträume, Panikträume, wie sie jeder kennt. Wann aber hätte unsereinen das eigene »fröhliche Lachen« aus dem Schlaf geholt? Hat der Königsberger Philosoph sich im Traum Witze erzählt? Man traut es ihm zu, auch das. Dann reibt man sich freilich die Augen, wenn es gelegentlich in Biographien heißt, Kant habe »nie gelacht«. Da hat man natürlich eine feine Entschuldigung bei der Hand, die schweren Brocken, die Kants Philosophie einem auftischt, als unverdauliches Zeug abzuservieren: Einen Menschen, der nicht lacht, den braucht man ja nicht ernst zu nehmen. Doch die Gedankenfracht seiner Philosophie verdankt sich einzig Kants intellektueller Redlichkeit, angesichts der schwierigen Weltmaterie keine leichten Lösungen erschleichen zu wollen.

1786 – 1790
Die Trauer und das Schöne
*Das Genie glänzt nicht mit einem willkürlich
angezündeten und eine beliebige Zeit fortbrennenden
Licht, sondern wie sprühende Funken*[1]

In der zweiten Hälfte der achtziger Jahre riss der Tod
schmerzliche Lücken in Kants Freundeskreis. Er klagte:
»Soll ich denn all meine Freunde vor mir ins Grab gehen
sehen?«

Im Januar 1786 starb Moses Mendelssohn. Er war einer
der wichtigsten Ansprechpartner des jungen Magisters und
des späteren Professors gewesen. Der große Aufklärer hatte
mit dem Königsberger zwei Jahrzehnte lang Briefe gewech-
selt, und beide Männer hatten sich 1777 persönlich kennen
gelernt, als Mendelssohn Kant auf einer Durchreise besuchte. Ihm hatte er gleich beim Erscheinen ein Exemplar der
Kritik der reinen Vernunft zukommen lassen.

Die Juden Königsbergs veranstalteten eine Gedenk- und
Ehrenfeier für den Verstorbenen. Daran nahmen auch Kant
und Hippel teil. Die musikalische Umrahmung gefiel Kant
aber ganz und gar nicht. »Das ist nichts«, sagte er in ent-
schiedenem Ton. »Eine Trauermusik muß freilich traurig
anfangen, aber zuletzt munter und belebend werden und
das Gemüt nicht beängstigen.«

Im selben Jahr ging Joseph Green von ihm, sein bester
Freund. Gerade sechzig Jahre alt. Green, schwer gichtkrank,
hatte schon lange nicht mehr das Haus verlassen können.
Kant besuchte ihn jeden Tag und Green hielt es dabei bis zuletzt mit seiner »Punktualität«. Auf den »Schlag 7« musste

ihn Kant verlassen. Wir kennen Greens Todestag nicht. Hamann schreibt April/Mai 1786: »Kants alter Freund Green liegt so gut wie verrechnet, und ist nicht mehr im Stande, sein Bett zu verlassen, in dem er es allein erträglich findet; geht Kant sehr nahe.« Greens Tod veränderte Kants Lebensweise so sehr, dass er nach dem Verlust des alten Freundes kaum mehr Abendgesellschaften besuchte.

Überdies erblindete Kant jetzt auf dem linken Auge. Bereits in seinen vierziger Jahren hatte er gelegentlich an Sehstörungen gelitten, dass »auf einmal alle Buchstaben verwirrt und durch eine gewisse darüber gebreitete Helligkeit vermischt und ganz unleserlich wurden«[2]. Kant sorgte sich damals, das könne »der Vorbote vom Erblinden« sein. Mag sein, dass er deshalb eine »Abneigung gegen Blinde« verspürte, wie er einmal gestand. »Alles, was das Auge angriff, war ihm unangenehm und besonders ärgerlich ein schlechter blasser Druck. – Eine seiner eigenen Schriften bekam er eines Tages blaß gedruckt zu Gesichte und entrüstete sich, es sei doch abscheulich, daß man ihn auf diese Weise verhindere, sich selbst zu verstehen.« Die Sehkraft des linken Auges gewann der Professor nie wieder zurück. Es muss ihn in diesen Jahren die Angst begleitet haben, eines Tages vielleicht sogar gänzlich zu erblinden.

Am 17. August desselben Jahres starb Friedrich der Große in Schloss Sanssouci. Zusammengefallen lag er im Sessel, ein Bündelchen Mensch, ausgezehrt, abgenutzt und verdorrt. Die Bevölkerung nahm seinen Tod schweigend zur Kenntnis. »Kein Gesicht, auf dem nicht Erleichterung und Hoffnung zu lesen war, kein Bedauern, kein Seufzer, kein einziges Wort des Lobes«, beschrieb Mirabeau die Situation in Berlin. – Die Militärausgaben hatte Friedrich während der zweiten Hälfte seiner Regierungszeit um die Hälfte gekürzt. Doch er hinterließ seinem Neffen Friedrich Wilhelm II. eine schlagkräftige Armee. – Eines seiner letzten Gedichte leitete Friedrich mit dem Bekenntnis ein: »Wo kam ich her? Wo bin ich? Wohin gehe ich? Ich weiß es nicht.«

Friedrichs Tod fiel in Kants erstes Rektoratsjahr. So kam ihm die Pflicht zu, dem Senat das Reskript über die verfügte Landestrauer mitzuteilen. Wie Kant innerlich zu seinem König gestanden hatte, wissen wir nicht. Die Kriegslüsternheit Friedrichs während der ersten Regierungsjahre, die aktive Rolle Preußens bei der Aufteilung Polens, nicht zuletzt die hohe Steuerlast müssen ihm eigentlich außerordentlich missfallen haben. In seinem Traktat *Was ist Aufklärung?* huldigt er jedoch dem König als aufgeklärtem Monarchen: »Ein Fürst, der es seiner nicht unwürdig findet, zu sagen: daß er es für Pflicht halte, in Religionsdingen den Menschen nichts vorzuschreiben ..., ist selbst aufgeklärt, und verdient von der dankbaren Welt und Nachwelt als derjenige gepriesen zu werden, der zuerst das menschliche Geschlecht der Unmündigkeit, wenigstens von Seiten der Regierung, entschlug, und jedem frei ließ, sich in allem, was Gewissensangelegenheit ist, seiner eigenen Vernunft zu bedienen.«[3] – Herder dagegen hatte Friedrich dem Großen keine guten Seiten abgewinnen können. Er beklagte von Weimar aus die »Sclaverei« seines Geburtslandes Preußen und betrachtete Friedrichs Toleranzpolitik als Politik, eben als repressive Toleranz.

Auch 1787 wurde ein Trauerjahr. Diesmal verlor Kant seinen adeligen Freund, den Reichsgrafen Christian Heinrich von Keyserling, in dessen Palais er seit seiner Magisterzeit aus und ein gegangen war. Der Graf starb sechzigjährig wie Green. Kant erhielt wie die übrigen Freunde des Reichsgrafen im November einen Abschiedsgruß des Sterbenden: Im Augenblick, wo ihn die Vorsehung von den Freunden und den Seinen trenne und von dieser Welt absondere, wolle er mit einem letzten Gruß sich seinen Freunden zur wohlwollenden Erinnerung empfehlen ...

Ein gutes halbes Jahr darauf, im Juni 1788, riss der Tod eine neue Lücke in den Freundeskreis. Achtundfünfzigjährig verschied Johann Georg Hamann, der »Wilde aus dem Norden«, wie er von manchen genannt wurde. Ohne Hamann sind Goethe, Herder, ist die Romantik nicht zu denken. Hamann, der fromme Existenzialist, war durch den Pietismus gegangen und ließ sich nichts, aber auch gar nichts von anderen in den Kopf setzen, sondern entwickelte seine höchst eigene »Transzendentalphilosophie«. Zeitlebens blieb er ein kritischer, ironischer, dabei doch aufrichtiger Bewunderer des Philosophen. Kant war von Hamann fasziniert, wirkliche Freundschaft konnte jedoch zwischen den beiden Männern nicht wachsen. Sie waren zu verschieden. Hamann hatte die Frömmigkeit eines Franziskus, besaß gallischen Esprit und dazu die Lebensgeister eines Wilden – eine einmalige Temperamentsmischung in der deutschen Geistesgeschichte.

Kant trauerte um sie alle. Rousseau hatte geschrieben: »Es ist freilich sehr grausam, mit sechzig Jahren sterben zu müssen, ehe man zu leben angefangen hat.« Kant pflegte Theophrast zu zitieren: »Es ist schade, daß man dann sterben muß, wenn man eben angefangen hat einzusehen, wie man eigentlich hätte leben sollen.«[4] Noch schlimmer, weil tragisch für die Gattung Mensch: Der Trieb zur Wissenschaft hat keine Proportion zur Lebensdauer. »Denn wenn der glücklichste Kopf am Rande der größten Entdeckung steht, die er von seiner Geschicklichkeit und Erfahrenheit hoffen darf, so tritt das Alter ein. Er wird stumpf und muß es einer zweiten Generation (die wieder vom ABC anfängt, und die ganze Strecke, die schon zurückgelegt war, nochmals durchwandern muß) überlassen, noch eine Spanne im Fortschritte der Kultur hinzuzutun. Der Gang der Menschheit scheint daher unaufhörlich unterbrochen, und in ständiger Gefahr zu sein, in die alte Rohigkeit zurückzufallen.«⁵ – Und er selbst, Kant, sah noch so viel vor sich zu tun! Sein Alter aber spürte er nach dem Tod der Freunde vermehrt als Last. Im Revolutionsjahr 1789 seufzte er: »Es ist schlimm mit dem Altwerden. Man wird nach und nach genötigt, mechanisch zu Werke zu gehen, um seine Gemüts- und Leibeskräfte zu erhalten.« Das ist der Kant, wie man ihn kennt. Der stets auf seine geringe Belastbarkeit hinweist. Trotzdem bürdet er sich eine Arbeit nach der anderen auf. Er hat Angst, dass ihm die Zeit davonläuft.

Wahrenddessen zogen im Oktober 1789 hungrige Pariserinnen mit Knüppeln, Piken und sogar mit einer Kanone bewaffnet nach Versailles, um von ihrem König Brot zu fordern. In der Nacht wurde der König geweckt. »Ist es eine Revolte?«, fragte Ludwig XVI. bestürzt. »Nein, Sire«, war die Antwort. »Es ist die Revolution.« – Lichtenberg notierte in Göttingen: »Die französische Revolution das Werk der Philosophie, aber was für ein Sprung von dem cogito ergo sum bis zum Erschallen des à la Bastille im Palais Royal.« Kant nannte die Erstürmung der Bastille ein »Geschichtszeichen« und befand, von nun an werde die Welt nie mehr sein, wie sie vorher war. »Ich glaubte mich im Land der Glücklichen zu befinden. Denn jeder schien zu bezeigen, wie sehr er es fühle, daß er in einem Lande lebe, wo man das Joch und den Druck der Großen völlig abgeschüttelt habe, und wo Freiheit und die Rechte der Menschheit aufs höchste geehrt und in ihrer Würde erhalten wurden«, las der Königsberger in einem Brief, den er 1790 aus Paris erhielt.

Am Ende des Jahrzehnts schreibt Kant, Rousseaus Bild über sich, an seiner *Kritik der Urteilskraft*. Abermals wird daraus ein Mammutunternehmen. 482 Druckseiten umfasst das fertige Werk. Königsberg, das lag für die meisten Gelehrten im Reich wirklich am Ende der Welt. Wenn sie mit Kant sprechen wollten, mussten sie damit vorliebnehmen, sich mit dessen Büchern zu unterhalten. – Die neu erschienene *Kritik der Urteilskraft* wurde denn auch gleich ein Erfolg. Doch wie die beiden vorhergehenden Kritiken mutet auch die dritte den Lesern eine Menge Kopfarbeit zu.

Jede der drei Kritiken stellt unter anderem Aspekt dieselbe Frage: Wie kommt Einheit in die Mannigfaltigkeit, Ordnung ins Chaos?

Erinnern wir uns, das war schon die Frage der *Naturgeschichte* vor fünfunddreißig Jahren. Im Manuskript stand damals, dick unterstrichen, der Satz: »Es ist ein Gott eben deswegen, weil die Natur auch selbst im Chaos nicht anders als regelmäßig und ordentlich verfahren kann.«[6] Also, Naturgesetze steuern den Zufall.

In der *Kritik der reinen Vernunft* geht es immer noch um dasselbe Problem. Nur diesmal heißt die Frage speziell: Wie wird aus dem Chaos der Sinnesdaten diese Welt, in der wir leben? – Die *Kritik der praktischen Vernunft* untersucht wieder eine spezielle Frage, nämlich wie Gesetzlichkeit in das Chaos der menschlichen Antriebe kommt. In ihr geht es also um die besondere Welt der Moral. – Jetzt fragt Kant in der *Kritik der Urteilskraft*: Nach welchen Gesetzmäßigkeiten entstehen die Welten des Zweckmäßigen und Schönen, die für uns Menschen so charakteristisch sind?

Die drei Kritiken bilden also ein Ganzes. Verstand, Vernunft und Urteilskraft schreiben der äußeren Natur (erste *Kritik*) wie auch der inneren Natur des Menschen (zweite und dritte *Kritik*) gleichsam die Gesetze vor.[7] Das heißt, sie machen die an sich gegenstandslose Realität zum Gegenstand unserer Erfahrung.[8]

Die kritischen Untersuchungen sollten eigentlich nur das

210

Fundament für Kants alternative Metaphysik abgeben. Er ist nicht mehr dazu gekommen, sie vollständig auszuarbeiten. Als er mit der Arbeit daran begann, befand er sich bereits im achten Lebensjahrzehnt. Der Titel des alternativen Metaphysikwerkes stand bereits fest: *Der Transzendentalphilosophie höchster Standpunkt* ...[9] Sonst sind jedoch nur dicke Bündel fragmentarischer Entwürfe aus Kants Nachlass auf uns gekommen: Sie wurden hundert Jahre später in zwei Bänden mit 1269 Seiten von der Preußischen Akademie der Wissenschaften herausgegeben. Kants Hauptwerk ist unvollendet geblieben. Das »große Licht« des Jahres 1769 war dem Philosophen um ein Jahrzehnt zu spät aufgegangen. Doch wer weiß, vielleicht findet sich im neuen Jahrtausend ein Genie, das Kants Arbeit vollendet ...?

Nun zur *Kritik der Urteilskraft*. Die Welt der Ethik, des Zweckmäßigen und Schönen sind spezifisch menschliche Welten. Die Datenbrille, deren Konstruktion die erste Kritik untersuchte, haben zum Beispiel auch die Primaten im Kopf. In virtuellen Welten leben überhaupt alle Lebewesen. Das ist klar, wenn wir auch nicht wissen, wie Datenverarbeitung etwa bei Mäusen und Spinnen funktioniert. Uns Menschen ist es jedoch eigentümlich, in unsere virtuelle Welt zusätzlich noch menschliche Sonderwelten hineinzubauen. Kant sprach in seiner Idee zu einer Geschichte in weltbürgerlicher Absicht von dem besonderen menschlichen Antrieb, die »Leere in der Schöpfung auszufüllen«[10]. Wir haben Instinktdefizite und die müssen wir mit selbst gewählten Verhaltensregeln überbrücken. Und wir können gar nicht anders, als unsere Welt zweckmäßig zu gestalten. Menschen setzen sich Ziele, planen ihr Handeln; nur so können wir sinnvoll leben. Wir erschrecken zu Tode, wenn sich die »Leere der Schöpfung« in uns selbst, in unserem Inneren auftut, ein Weiterleben plötzlich als sinnlos, ohne Ziel und Zweck erscheint. Keiner erträgt Absurdes auf Dauer. »Das spekulative Interesse der Vernunft macht es notwendig, alle Einrichtung in der Welt so anzusehen, als ob sie aus Absicht einer höchsten Vernunft entsprossen wäre«[11], sagt Kant. Aber ist das Ganze der Welt denn tatsächlich eine sinnvolle und zweckmäßige Konstruktion? Diesen Gedanken thematisiert der zweite Teil der *Kritik der Urteilskraft*.

Überdies drängt es uns, unsere menschliche Sonderwelt zu verschönern. Ohne Kunst, ohne das Schöne ist die Schöpfung für uns »leer«, fremd und unwohnlich, wie eine Welt ohne Sinn. Das zeigt Kant im ersten Teil seiner *Kritik der Urteilskraft*.

Wir machen uns schön, kaufen Blumen, hängen Bilder auf. Wir wollen's schön haben. Wie kommen wir dazu, rein vom Gefühl her, etwas schön zu finden?, fragt Kant zu Beginn. Gibt es für unser menschliches Schönheitsempfinden so etwas wie allgemeine Regeln? – Und gleich wird's schwierig. Schließlich lassen sich Gefühle nicht verallgemeinern. Sie sind höchst individuell und sie in Worte zu fassen ist schwierig.

Und wie ist es mit unserem Gefühl fürs Schöne? Nun, Kant macht in seiner *Kritik der Urteilskraft* eine merkwürdige Entdeckung. Nämlich, dass wir bei unseren ästhetischen Gefühlen eigentlich immer stillschweigend die Zustimmung von anderen voraussetzen. – Also, ich lehne am Geländer einer Aussichtsterrasse, die Luft ist klar nach dem Regen und ich schaue in die Ferne. Unter mir liegt die weite Rheinebene. Ist das nicht schön?, entfährt es mir spontan. Die Frau neben mir – ich kenne sie gar nicht – stimmt mir aus vollem Herzen zu: Ja, is dees schee! – Schönes möchte sich mitteilen, ohne große Überlegung, rein vom Gefühl her. Das wenigstens sagt Kant. Wenn wir etwas Schönes erleben, sehen, etwas Schönes hören, möchten wir dabei am liebsten in Gesellschaft sein oder uns übers Fotohandy austauschen. Wir stehen dabei wie unter einem Mitteilungszwang. Dabei ist natürlich nie ausgemacht, ob andere mit mir übereinstimmen werden. Und aufzwingen kann ich mein Gefühl keinem. Über Geschmack lässt sich eben nicht streiten.

Ob es moralisch einwandfrei ist, wenn ein Sportler seinen Wohnsitz ins Ausland verlegt, um Steuern zu sparen, darüber lässt sich diskutieren. Weil es die Moral betrifft. Und ob ich die Schwingungen eines Elektrons in meinem linearen Potenzialtopf richtig berechnet habe, darüber muss gestritten werden, falls Zweifel bestehen. Denn jetzt beziehe ich mich auf einen wissenschaftlichen Gegenstand. Kunst ist jedoch weder Moral noch Wissenschaft, sie ist eine Welt für sich. In Kants Worten: »Schön ist, was ohne Begriff allgemein gefällt.«[12] Rein vom Gefühl her, aber doch eben allgemein. Das Schöne ist eigengesetzlich, ästhetische Produktion ist autonom. Von anderen Zwecken und Interessen lässt Kunst sich letztlich nicht vereinnahmen.

»Wo man singt, da lass dich ruhig nieder, böse Menschen singen keine Lieder«, behauptet das Sprichwort. Ja, wenn das so wäre! Rudolf Höß, der Meister des Todes von Auschwitz, saß am Flügel und spielte Beethoven-Sonaten, während nebenan Menschen auf sein Kommando in die Gaskammern getrieben wurden. Das ist moralisch gesehen pervers. Doch Beethoven blieb davon unbeschädigt. Kunst lässt sich immer nur in gewissen Grenzen zweckentfremden, missbrauchen; seine Existenzberechtigung hat das Schöne zuletzt in sich selbst.

Das war für Kants Jahrhundert ein neuer Gedanke. Kunst hatte höheren Zwecken zu dienen, das war die allgemeine Ansicht von Kants Zeitgenossen. Kant dagegen besteht auf der eigenen Daseinsberechtigung von Kunst. Sie schlägt aus der Art, sobald sie sich anderen als ästhetischen Interessen dienstbar macht. Und sei es auch zum besten Zwecke der Beförderung von Tugend und Moral.

Lassen wir Immanuel Kant einen Augenblick in Königsberg vor dem Keyserling'schen Palais verweilen. Gefällt ihm der Bau, findet er die barocke Pracht schön? »Wenn mich jemand fragt, ob ich den Palast schön finde«, antwortet er in seiner dritten Kritik, »so mag ich zwar sagen, ich liebe dergleichen Dinge nicht, die bloß für das Angaffen gemacht sind; ich kann auch noch außerdem wie Rousseau über die Eitelkeit der Großen herziehen, welche den Schweiß des Volkes auf so entbehrliche Dinge verschwenden; ich kann mich schließlich leicht überzeugen, daß ich auf einer unbewohnten Insel mir nicht einmal die Mühe geben würde, ein solches Prachtgebäude herzuzaubern, wenn ich schon eine Hütte hätte, die mir bequem genug wäre ..., nur davon ist jetzt nicht die Rede. Man will nur wissen, ob der bloße Anblick des Gegenstandes in mir von Wohlgefallen begleitet sei.«[13] Die Rede ist von jenem »interesselosen Wohlgefallen«, das nach Kants Theorie jedes Kunsturteil notwendig beinhalten muss.

Und genauso, mit »interesselosem Wohlgefallen«, reagierten die Berliner, als Christo und Jeanne-Claude 1995 den Reichstag verpackten. Millionen kamen, sahen, feierten. Wie unter ästhetischer Regieanweisung. Egal, welchen guten oder unguten Zwecken das Gebäude einmal gedient haben mochte. Davon war jetzt nicht die Rede, das interessierte plötzlich keinen Menschen mehr. Christos Verpackungskunst hatte den Reichstag zu einem Gegenstand des allgemeinen interesselosen Wohlgefallens gemacht. Christo über sich: »Mir gefällt Kunst einfach so sehr, dass ich glaube und denke: Kunst ist mein Leben. Ich kann überhaupt nichts außerhalb dessen sehen.« Und die Besucher verstanden den Mann. Ohne Begriffe, ohne Erklärung, rein aus

gefühlsmäßigem Sachverstand. Sie hatten mit den Füßen
abgestimmt: Das Monster war einfach schön! Wie aus einer
anderen Dimension.

Vielleicht hat das krumme Ding Mensch ein angeborenes
Bedürfnis nach Schönem. Kunst scheint sogar gleich perfekt
zur Welt gekommen zu sein. Die Malereien der Eiszeitjäger
in den Grotten von Lascaux und Chauvet (vor 35 000 Jahren) sind von expressiver Kraft, dass sie einem bis heute den
Atem nehmen. Andererseits lässt sich das Bedürfnis nach
Schönem auch am Alltäglichsten festmachen. Schönes ist
nicht museal. Was wäre Touristik zum Beispiel ohne diesen
Drang in uns, mal etwas anderes zu sehen, die Tapeten zu
wechseln, die Seele baumeln zu lassen? Kant war ja auch ein
großer »Lustreisender«, wenn auch nur im Kopf. Jedenfalls
las er Reisebeschreibungen sehr viel lieber als philosophische Bücher. Immer und überall drängt es uns, die »Leere
der Schöpfung«[14] mit unseren Bildern zu füllen, getrieben,
»aus dem gegenwärtigen Zustand herauszugehen«[15]. Die
Wirklichkeit als solche ist unerträglich. Sie ist einfach eine
Nummer zu klein für das krumme Ding Mensch.

Unser Normalzustand ist, dass wir uns unter lauter Zwecken befinden. Dies und das muss erledigt werden, alles will
genau kalkuliert sein, wir müssen unsere Dinge in den Griff
bekommen, und Zeit, das kostbare Verbrauchsgut, gilt es
nicht zu verschwenden. Reisen, Bücher, Musik, elektroni-
sche Medienangebote, sportliche Betätigung, die Bilderwel-
ten unserer Nachtträume – tausenderlei Sachen verschaffen
uns die nötigen Verschnaufpausen. Wir sind keine Zweck-
maschinen, können eben nicht ununterbrochen funktionieren.

Kunst dagegen, führt Kant seinen Gedanken fort, versetzt
uns in eine Welt von »Zweckmäßigkeit ohne Zweck«[16], in
der es allein nach den Regeln der Kunst geht. Das Schöne,

die Kunst, hat seine Gesetzmäßigkeit in sich selbst. Jenseits aller Gebrauchszwecke, mit denen wir uns sonst ständig herumschlagen. Kunst ist, so gesehen, »zweckfrei«. Doch hat sie ihre eigene Zweckmäßigkeit, der sie genügen muss, nämlich ihre Gestaltungsprinzipien.

Ihr Inhalt ist völlig beliebig. Die Form macht alles. Kant: »In der Malerei, Bildhauerkunst, ja allen bildenden Künsten, in der Baukunst, Gartenkunst, sofern sie schöne Künste sind, ist die Zeichnung das Wesentliche, das, was durch seine Form gefällt.«[17] Es versteht sich, dass das im übertragenen Sinn für Tanz, Literatur, Musik und so weiter ebenso gilt. Alle Künste müssen zuallererst dem Formprinzip gehorchen, ihrer eigenen Zweckmäßigkeit, jener »Zweckmäßigkeit ohne Zweck«, wie Kant das nennt.

Ein wahres Begriffsmonster! Aber es ist harmlos. Schon am simplen Monopoly-Spiel kann man diesen verzwackten Begriff festmachen. Das Spielbrett dient keinen äußeren Zwecken, die »Schlossallee« existiert ja nur auf dem Spielbrett. Aber das Regelwerk ist in sich rund, geschlossen, eine Welt für sich. Nur so erfüllt das Spiel seinen Zweck, indem es uns aus der verzweckten Gebrauchswelt herauskatapultiert. Wohin? In die verspielte Freiheit.

Der Mensch ist selbst das Loch in der Schöpfung. Er stellt einen Selbstzweck dar. Und als »Zweckmäßigkeit ohne Zweck« kann er in seiner Gebrauchswelt nicht aufgehen. Darum schafft und erfindet der Mensch Kunst. Wie unter einem Zwang. Die Sonderwelt seiner Kunst bringt den Menschen also vor sich selbst. So wird Kunst zu einem »Schema des Übersinnlichen«, zum Symbol, das auf unsere transzendente, übersinnliche Bestimmung verweist. Kant erläutert das am Beispiel der Dichtkunst: »Die Dichtkunst erweitert das Gemüt dadurch, daß sie die Einbildungskraft in Freiheit setzt. Sie stärkt das Gemüt, indem sie das Ge-

müt als freies, selbsttätiges und von der Naturbestimmung
unabhängiges Vermögen fühlen läßt, die Natur als Erscheinung zu betrachten, sie also zum Behuf und gleichsam zum
Schema des Übersinnlichen zu gebrauchen.«[18] Jedes weitere
Wort wäre zu viel. Auch metaphysisch lässt sich die Kunst
nicht einholen und verzwecken. Doch die freie Kunst, l'art
pour l'art, spiegelt uns, den freien Menschen: Dass er Selbstzweck ist, erfährt der Mensch nirgends so sehr wie in der
zweckfreien Kunst.

Gefühle kann man nicht verallgemeinern, sagten wir anfangs. Aber mit unserem Schönheitssinn ist es anders. Kunst
hat etwas Überzeugendes, Einleuchtendes. Anders hätte
Kunst schließlich kein Publikum. Die *Kritik der Urteilskraft*
kennt nur ein einziges ästhetisches Gefühl, das sich nicht
ohne weiteres verallgemeinern lässt. Es ist das Gefühl für
das »Erhabene« in der Natur, wie es bei Kant heißt: »Küh-
ne überhangende gleichsam drohende Felsen, am Himmel
sich auftürmende Gewitterwolken, mit Blitzen und Krachen
einherziehend, Vulkane in ihrer ganzen zerstörenden Gewalt, Orkane mit ihrer zurückgelassenen Verwüstung, der
grenzenlose Ozean, in Empörung versetzt, ein hoher Was-
serfall eines mächtigen Flusses u. d. gl. machen unser Vermögen zu widerstehen, in Vergleichung mit ihrer Macht,
zur unbedeutenden Kleinigkeit. Aber ihr Anblick wird nur
um desto anziehender, je furchtbarer er ist, wenn wir uns
nur in Sicherheit befinden.«[19] Wir sind hin- und hergerissen
zwischen fassungslosem Staunen und Entsetzen.

Es ist so ähnlich, als wenn wir Zeugen eines Unfalls werden. Ein demoliertes Auto, Blut auf der Fahrbahn, eine ver-
letzte Frau, ein schreiendes Kind – wir möchten am liebsten
nicht hinsehen und bleiben doch wie gebannt stehen. Wie
soll man sich das erklären? Kant deutet es an. Wir durchle-
ben im Schockerlebnis sozusagen unseren Tod von außen.

Was sich in Wirklichkeit so nie zutragen wird. Aber in dem Distanzbewusstsein angesichts eines Verkehrsunfalls fühlen wir uns für einen blitzartigen Augenblick dem Tod, unserer Endlichkeit überlegen. Wie unsterblich. Konfrontiert mit Extremsituationen, erklärt Kant, entdecken wir in uns ein Vermögen, uns von der Natur »als von ihr unabhängig zu beurteilen«[20], und dem Gemüt kommt dabei vermittels der Einbildungskraft »die eigene Erhabenheit seiner Bestimmung«[21] zum Bewusstsein. Der Verstand, mit dem wir sonst die Natur »durchspähen«, setzt unter der Schockwirkung aus, und unsere Einbildungskraft, die in der Nähe des »intelligiblen Substrats«[22] operiert, ihr kreativer Impuls übernimmt in uns die Regie.

Das Vermögen der »produktiven Einbildungskraft«[23] ist nach Kant der Geburtsort von Kunst überhaupt. Sie ist das Talent des Genies. Seine *Anthropologie* definiert es so: »Genie ist das Talent der Erfindung dessen, was nicht gelehrt oder gelernt werden kann. Man kann gar wohl von anderen gelehrt werden, wie man gute Verse, aber nicht wie man ein gutes Gedicht machen soll; denn das muß aus der Natur des Verfassers von selbst hervorgehen. Daher kann man es nicht auf Bestellung und für reichliche Bezahlung als Fabrikat, sondern muß es, gleichsam als Eingebung, von der der Dichter selbst nicht sagen kann, wie er dazu gekommen ist, erwarten. Das Genie glänzt nicht mit einem willkürlich angezündeten und eine beliebige Zeit fortbrennenden Licht, sondern wie sprühende Funken, welche eine glückliche Anwandlung des Geistes aus der produktiven Einbildungskraft hervorlockt.«[24] Unsere Einbildungskraft wird gewöhnlich vom Verstand reglementiert. Beim Künstler aber verfügt sie frei über »reichhaltig unentwickelten Stoff«[25], den die festgefahrenen Verstandesbegriffe nicht erreichen. So gesehen ist Kunst gerade nicht realitätsfern, bloß virtuell. Ganz im Gegenteil, Kunst ist real. Bloß virtuell dagegen ist das Einmaleins der Wissenschaften, so müssen wir Kant verstehen. – Was für Perspektiven tun sich da auf!

Wie mit Blick auf Rousseau stellt Kant dann in der *Kritik der Urteilskraft* fest: »So besteht das Genie eigentlich in dem glücklichen Verhältnisse, welches keine Wissenschaft lehren und kein Fleiß erlernen kann, Ideen aufzufinden, den Ausdruck zu treffen, durch den die Gemütsstimmung anderen mitgeteilt werden kann. Das letztere Talent ist eigentlich dasjenige, was man Geist nennt, sich ohne Zwang mitzuteilen.«[26] – Der Künstler erkennt nicht, was er tut, der Kunstliebhaber kann sein ästhetisches Urteil nicht begrifflich deduzieren, beide müssen sich letzten Endes auf ihr »inwendiges Orakel« berufen. Dennoch gelingt es dem Künstler, dabei »in Übereinkunft mit anderen« zu treten. Denn der Sinn fürs Schöne ist allen Menschen gemein. So eröffnet Kunst, wie Kant es sieht, über den Gemeinsinn, »sich an der Stelle jedes anderen zu denken«[27], einen fast direkten Zugang zu dem übersinnlichen Substrat der Natur, »welches ihr und zugleich unserem Vermögen zu denken zum Grunde liegt«[28]. Uns Irdischen begegnet das Göttliche im Schönen, sagte schon Platon im alten Griechenland. Kant spricht es ihm nach, doch er buchstabiert es neu unter den Bedingungen der Transzendentalphilosophie.

Im Anschluss an Kants Kunsttheorie sei eine Anmerkung zu Kants Religionsphilosophie eingeschoben.

Die einzige Idee der reinen Vernunft, die wir erkennen, ist, nach Kant, die der Freiheit. Sie ist ein »Faktum« der Vernunft: Auf dieses Faktum stellt Kant seine Ethik und hier siedelt er auch Religion an. Praktisch reduziert er damit Religion auf Moral, alles andere wäre in seinen Augen auch Schwärmerei. Gott wird allein zum Zweck der Pflicht gedacht, so sieht es das Nachlasswerk.[29] Doch schon in seinen frühen Magisterjahren lässt Kant »keine andere Eigenschaft in Gott« gelten als jene, »die auf Moralität abzielen«[30].

Entsprechend reduziert, weil bloß moralisch, bleibt denn auch Kants Gottesbild. Wieder im Opus postumum heißt es: Das höchste Sein, das höchste Denken, das höchste Gut – »Ens summum, summa intelligentia, summum bonum – diese Ideen gehen aus dem kategorischen Imperativ hervor«[31]. Ähnlich wie Newton spricht Kant viel von der »Heiligkeit, Güte und Gerechtigkeit« Gottes – der »liebe Gott« ist ihm jedoch völlig fremd. Denn so etwas wie »Persönlichkeit kann der Gottheit nicht beigelegt werden.[32] ... In ihm ist lauter Spontaneität, keine Rezeptivität, auf Gott kann nicht eingewirkt werden.[33] ... Es findet kein aktives Gegenverhältnis zwischen Gott und Welt statt.[34] ... Es ist fanatisch, von Gott eine Erfahrung zu haben oder auch nur zu verlangen.[35] ... Er ist Idee.[36]«

Mit dem Gottesverständnis der jüdisch-christlichen Tradition hat Kant gebrochen, vollständig. Denn in ihr ist der Gottesbegriff ja gerade auf Wechselwirkung, Interaktivität angelegt. Die allerdings muss Kant aus seinem Gottesbegriff ausdrücklich heraushalten. Aus dem bloß problematischen Begriff des »Ens summum, summa intelligentia, summum bonum« wäre sonst ein faktischer geworden. So versteht man denn auch die Notiz Jachmanns: Kant habe »alles, was Gefühl heißt, von seinen religiösen Handlungen ausgeschlossen«. Wir erinnern uns: Er schritt an der Kirchentür vorbei.

Hamann, der »Wilde«, lästerte über diese Art von »reiner« Vernunft: »Eine unbefleckte Jungfrau, die aber keine Mutter Gottes seyn mag«. Der Wilde hatte gut spotten. Kant hatte sich in seiner Kindheit an den »schmelzenden Gefühlen« so übergessen, dass ihm darüber jedes intuitive

Gefühl für Religion vergangen war. De nobis ipsis silemus. Immer noch Anna Regina.

Die ganze Welt erschien den Aufklärern als ein einziger großer Zweckverbund. In der Natur geschah schließlich nichts umsonst. Lichtenberg amüsierte sich über Gelehrte, die ehrfürchtig bestaunten, dass der liebe Gott den Katzen gerade an der Stelle zwei Löcher in den Pelz geschnitten habe, wo später die Augen hinsollten. So zweckmäßig war die Welt eingerichtet. Da konnten auch die Christen singen: »Nichts fehlt zum Zweck des Ganzen, / Vom Staub bis zu den Pflanzen / Ist keine Kraft vergessen / Ist alles abgemessen ...« Und Kant? Konnte der das »teleologische«, zielgerichtete Zweckdenken mithalten? Den zweiten Teil seiner *Kritik der Urteilskraft* widmete er genau diesem Problem. Auf zweihundert Seiten, unter der Überschrift *Kritik der teleologischen Urteilskraft*.[37]

In seiner Kunsttheorie hatte Kant die Welt der Kunst als zweckfreien Bereich ausgewiesen, als »Zweckmäßigkeit ohne Zweck«[38]. Das war bereits ein klarer Bruch mit dem Zweckdenken. Zu den »Gliedmaßen des Verstandes«, ins kategoriale Datenverarbeitungsprogramm, gehörte der Zweckbegriff nicht. Der Verstand denkt in Begriffen von Ursache und Wirkung, er ist Vordenker. Erst danach, innerhalb der gegenständlich erfahrbaren Wirklichkeit, kann sich die Urteilskraft daranmachen, die Welt nach Nützlichkeitsgesichtspunkten zu ordnen. Mithin ist Vorsicht angebracht. Zielvorstellungen sind Fiktion, nicht Fakten. Menschenwerk. Harte Tatsachen sind sie von Natur aus nicht.

Kants Problem mit den teleologischen Denkmustern können wir uns mit einem Text von Charles Darwin vor Augen führen. Rund fünfzig Jahre nach Kants Tod schrieb Darwin: »Man kann im bildlichen Sinne sagen, die natürliche Zuchtwahl sei täglich und stündlich dabei, überall in der Welt die geringsten Veränderungen aufzuspüren und sie zu verwerfen, wenn sie schlecht sind, zu erhalten und zu vermehren, wenn sie gut sind. Still und unsichtbar wirkt sie, wann und wo immer sich eine Gelegenheit bietet, an der Verbesserung der organischen Wesen und ihrer anorganischen Lebensbedingung.« – Der Text könnte so, fast wie er da steht, aus Herders Feder geflossen sein: Wie von unsichtbarer Hand werde die Entwicklung der Lebewesen zielstrebig gesteuert, immer mit der Absicht zu sortieren, zu verbessern, um den Lebensprozess insgesamt zu optimieren. Nur eben: Darwin spricht in diesem Text bildlich! Sein entscheidender Schritt war es, über das teleologische Denkmodell hinauszugehen. Indem er aufzeigte, welche kausalen Bedingungen der Evolution zugrunde liegen. Zur Höherentwicklung des Lebens, von der Amöbe bis Herder, braucht es kein Ziel, keinen vorgegebenen göttlichen Plan. Die Evolution organisiert sich selbst. Nach den Zufallsketten von Selektion und Mutation allein unter den Bedingungen von Ursache und Wirkung. Jetzt wäre Herder entsetzt.

Doch Kant? Der hätte den »Archäologen der Natur« überschwänglich dazu beglückwünscht, den »Mechanismus« einer »durchgängig zusammenhängenden Verwandtschaft«[39] der Organismen endlich ans Licht gebracht zu haben. Ja, wenn er's denn gekonnt hätte, wäre er sogar mit einem »aerostatischen Ball« nach England geflogen, um Darwin persönlich die Hände zu schütteln. Nun, wenigstens Darwins Werk hätte er in der *Hartungschen Zeitung* gewürdigt: Charles Darwin »sah zu allererst Ordnung und Regelmäßigkeit mit großer Einfachheit verbunden, wo vor ihm nur Unordnung und schlimm gepaarte Mannigfaltigkeit anzutreffen war«[40]. Seitdem läuft jetzt auch die Evolution in geregelten Bahnen: wie Newtons Kometenschar.

Wer weiß, vielleicht hätte Kant Darwin sogar einen Platz überm Schreibpult eingeräumt, neben seinem Rousseau.

Kurzum, als Leitidee der Forschung, regulativ, lässt Kant das Zweckmodell der Natur gelten. Unter Umständen ist es dort sogar unentbehrlich. Doch jeder Zweck bleibt Fiktion, bis Fakten ihn erhärten. – Kant war allerdings außerordentlich skeptisch, ob es je gelingen würde, Lebendiges wissenschaftlich bis ins Letzte zu erfassen. Denn das müsste bedeuten, dass ein Labor irgendwann tote Materie zum Leben erwecken könnte. In Kants Augen ein Hirngespinst.

Kant hat in der *Kritik der Urteilskraft* versucht, dem Begriff des Organischen wenigstens mit philosophischen Begriffen beizukommen. Allgemein gültige, notwendige Bedingungen für wissenschaftliche Aussagen über Lebensprozesse hatte er jedoch nicht formulieren können. Die Vision einer transzendentalen Naturphilosophie, welche an die Stelle der alten Metaphysik treten sollte, war nicht begrifflich einzulösen.

Die Folgen sind schwerwiegend, und zwar für das ganze kritische Unternehmen, das beanspruchte, die »Leere in der Schöpfung auszufüllen«[41]. Eine Metaphysik ohne Platz für das Leben wäre schließlich so etwas wie eine Arche Noah ohne Tiere. Und Kant wusste das. Sehr genau sogar.

Anlässlich einer geplanten Übertragung seiner Werke ins Französische zählt Kant als seine wichtigsten Werke folgende Bücher auf: »1a° Critique de la raison pure, 2° Fondement de la metaphysique de la Morale, 3° Critique de la raison pratique«. Die dritte Kritik ist nicht dabei. Sie hatte im teleologischen Naturteil ihren Anspruch nicht einlösen können.

Kant hat den Bruch in seiner Philosophie also selbst wahrgenommen. Der breiten Öffentlichkeit hat er das jedoch nicht eingestanden. Wahrscheinlich, weil er immer noch hoffte, den »Übergang von der bloß mechanischen zur organischen Natur« philosophisch bewerkstelligen zu können: die Brücke zu schlagen, um »von einem Ufer zum anderen hinüber zu gelangen«[42]. Diese Lücke in seiner Transzendentalphilosophie hat ihn bis in sein Alterswerk beunruhigt. Die fragmentarisierte Welt zu versöhnen, mittels transzendentaler Reflexion zu rekonstruieren war doch sein Lebenstraum gewesen.

Bei einem Traum ist es auch geblieben. »Der Mensch ist nicht im Besitz der Weisheit, die alleyn bei Gott ist«[43], heißt es unvermittelt im Opus postumum. Das klingt resigniert. Tröstlich ist es jedenfalls nicht. Denn der transzendentale Status Gottes ist der eines »Gedankendings«. – Anna Reginas fromme Lieder sind ausgesungen.

1791 – 1804
Arche Noah ohne Tiere
Kant erzählte, wie er einst eine Schwalbe in seinen
Händen gehabt, ihr ins Auge gesehen habe, und wie ihm
dabei so gewesen wäre, als hätte er in den Himmel
gesehen (Wasianski)

Im Folgejahr nach Erscheinen der dritten Kritik musste
Kant auch von Charlotte Amalie, der Reichsgräfin von
Keyserling, Abschied nehmen. Die Gräfin war keines jener
luxurierten Edelgeschöpfe gewesen, wie zeitgenössische
Wochenblätter sie gern darstellten: »Sich herausputzen,
mit dem Hunde spielen, Bediente ausschelten, Bilderchen
ausschneiden, im Spiegel sehen, Zierbänder aussuchen,
Schleifen knüpfen, Blumen ordnen, Besuch geben und annehmen, Caffeetrinken, Romanlesen, Lomberspielen – das
ist kürzlich der ganze Lebenslauf.« Kraus, dem Kant einst
eine Hofmeisterstelle bei den Keyserlings verschafft hatte,
schilderte Charlotte Amalie in einem Brief: »Die Vertraulichkeit, mit der der Graf und besonders die Gräfin mit
mir umgeht, ist unbegreiflich. – Und raten Sie, worüber Sie
mit mir redet? Vom Euler- und Newtonschen Lichtsystem,
von der Edda, vom Aberglauben und Unglauben, was von
beiden schädlicher sei, und von neuen Entdeckungen und
herausgekommenen Büchern ...« Kant hatte den Ehrenplatz am Tisch der Reichsgräfin gehabt und sie war ihm im
Lauf der Jahrzehnte so etwas wie eine Lebensgefährtin geworden. – Nach dem Tod der Gräfin ging Kant kaum noch
aus dem Haus. Er war in diesem Frühjahr siebenundsechzig
geworden.

Nach seiner *Kritik der Urteilskraft* publizierte Kant in den *Berlinischen Monatsschrift*en eine Folge von religionskritischen Aufsätzen und machte sich darin für eine »Dogmatik der natürlichen Religion« stark. In einer Fußnote zitiert er genüsslich eine orientalische Legende, welche die biblische Paradiesgeschichte karikiert: Demnach ist die Erde, der Aufenthaltsort der Menschen, »ein Kloak, wo aller Unrat aus anderen Welten hingebannt worden«[1]. Den Einfall bezeichnet Kant als »auf eine gewisse Weise originell«; er verdanke sich einer persischen Überlieferung, die »das Paradies, den Aufenthalt des ersten Menschenpaares, in den Himmel versetzte, in welchem Garten Bäume genug mit herrlichen Früchten versehen, anzutreffen waren, die man über eine unmerkliche Hautausdünstung verdaute; einen einzigen Baum im Garten ausgenommen, der zwar eine reizende, aber solche Frucht trug, die sich nicht über die Haut ausschwitzen ließ. Da unsere ersten Eltern sich nun gelüsten ließen, ungeachtet des Verbots davon zu kosten: so war, damit sie den Himmel nicht mit Unrat beschmutzten, kein anderer Rat, als daß einer der Engel ihnen in weiter Ferne die Erde zeigte mit den Worten: Das ist der Abtritt für das ganze Universum! – sie sodann hinführte, um das Nötige zu verrichten, und darauf, unter Hinterlassung unserer ersten Eltern zum Himmel flog. – Davon sei das menschliche Geschlecht auf Erden entsprungen.«[2] Durchfall als Sündenfall? Die Erde der »Abtritt fürs Universum«? Da war die Spottlust mit Kant durchgegangen. Wer weiß, ob er die Geschichte nicht sogar frei erfunden hat.

Das Ministerium hatte Kant anfangs geschont. Man scheute sich wohl, den berühmten »Propheten des Nordens« öffentlich unter Druck zu setzen. Doch die Zeiten des großen Friedrich, als in Preußen noch jeder nach seiner Fasson selig werden konnte, waren vorbei. Jedenfalls wollte die Berliner Zensur Kant nicht länger gewähren lassen, das Maß war voll. Friedrich Wilhelm II. ließ seinem Königsberger Untertan die höchstpersönliche Order zustellen: »Unsere höchste Person hat mit großem Mißfallen ersehen, wie unverantwortlich Ihr gegen Eurer Pflicht als Lehrer der Jugend u. gegen Unsere Euch sehr wohl bekannte landesväterlichen Absichten handelt. Wir verlangen, daß Ihr Euch künftighin nichts dergl: werdet zu Schulden kommen lassen; widrigenfalls Ihr Euch bei fortgesetzter Renitenz unfehlbar unangenehmer Verfügungen zu gewärtigen habt ...«

Kant tat nicht Abbitte, aber er ließ sich auch nicht den Konflikt vorschreiben. Und so teilte er dem König mit, er werde sich »fernerhin aller öffentliche Vorträge in Sachen Religion völlig enthalten«. Und das konnte er leicht versprechen, schließlich hatte er noch anderes zu tun.

Kants Abmahnung sprach sich im Deutschen Reich herum. Freunde boten ihm Asyl an. Kant war sichtlich gerührt über so viel Solidarität. Doch er winkte ab: Einen alten Baum verpflanzt man nicht. Lichtenberg notierte zu dieser Zeit: »Da wir nun einmal für allemal in des lieben Gottes Unterhaus sitzen und er uns selbst Sitz und Stimme aufgetragen hat, sollen wir unsere Meinung nicht sagen? ... Alle schwachen Regierungen gründen sich darauf, daß sie dem klügeren Teil der Nation ein Schloß oder Klebpflaster auf den Mund werfen. Wo ist denn der Maßstab? ... Mutter unser, die du bist im Himmel ...«

Immanuel Kant hatte seine Replik schon im Kopf: einen politischen Traktat, an dem Friedrich Wilhelm II. sich wenig erfreuen würde.

Ein Jahr nach der landesväterlichen Abmahnung lag Kants Traktat *Zum ewigen Frieden*[3] stapelweise in den Buchläden. Keine von Kants Schriften fand spontan so viele Leser. Den Verkäufern riss man das Büchlein förmlich aus dem Regal.

Gleich musste nachgedruckt werden. Eine Übersetzung ins Französische wurde vorbereitet, die dann auch in Auszügen im *Moniteur* erschien. Jedermann in Paris war davon »enthusiastisch eingenommen«, schrieb ihm ein Freund, »und wünschte, mit Ihrem System näher bekannt zu werden«. Die Herausgeber des *Moniteur* kommentierten Kants Essay mit den Worten: »Der berühmte Kant hat in Deutschland eine geistige Revolution zustande gebracht. Sie gleicht jener, die in Frankreich tatsächlich geschah, verursacht durch das lasterhafte Ancien Régime. Kant hat sich mit der ganzen Kraft seines Namens der Sache der republikanischen Verfassung angenommen.« Und genau das, die republikanische Idee, machte Kant zum Ausgangspunkt seines Traktats.

Kant versteht, im Unterschied zur Direktdemokratie, unter der republikanischen Verfassung eine parlamentarische Demokratie. Und von der war Preußen in Kants Zeiten noch Lichtjahre entfernt. Der König betrachtete sich als »Staatseigentümer«, nicht etwa als Staatsbürger. Als Staatseigentümer verfügte er wie ein Lehnsherr über Land und Leute. Seine »Tafel, Jagden, Lustschlösser, Hoffeste usw.« kosteten ihn nicht das Mindeste. Ja, er konnte einen Krieg »wie eine Art Lustpartie beschließen«. Schließlich hatte der Monarch auch nicht die »Drangsale des Krieges« zu tragen, musste ihn auch nicht etwa persönlich bezahlen. Die Verwüstungen, die Schuldenlast trug allein das Volk.[4] Tatsächlich brachte Friedrich Wilhelm II. mit kostspieligen militärischen Aktionen sein Land fast an den Rand des Ruins.

»Wenn aber, wie es in der republikanischen Verfassung nicht anders sein kann, die Beistimmung der Staatsbürger dazu erfordert wird, ob ein Krieg sein solle oder nicht, so ist nichts natürlicher als daß, da sie alle Drangsale des Krieges über sich beschließen müßten, sie sich wohl sehr bedenken würden, ein so schlimmes Spiel anzufangen.«[5] Kant war so überzeugt von der friedensfördernden Wirkung der Demokratie, dass er global forderte: »Die bürgerliche Verfassung in jedem Staat soll republikanisch sein.«[6]

Abgesehen von dem friedenserhaltenden Nutzen eines staatsbürgerlich verfassten Gemeinwesens spricht in den Augen Kants die »Lauterkeit ihres Ursprungs, aus dem reinen Quell des Rechtsbegriffs«[7] für die republikanische Verfassung. Weil sie allein die Freiheit gewährleistet, die ihre Grenze nur an der Freiheit jedes anderen findet. Sie ist schwer zu stiften, noch schwerer zu erhalten. Doch selbst ein »Volk von Teufeln«, wenn sie nur Verstand hätten, würde sich unter dem Zwang der Verhältnisse genötigt sehen, sich so zu verhalten, »als ob sie keine solche bösen Gesinnungen hätten«. Mithin keine Supermoral, sondern allein der »Mechanismus der Natur« führt Menschen dazu, »daß sie sich unter Zwangsgesetze zu begeben einander selbst nötigen, und so den Friedenszustand, in welchem Gesetze Kraft haben, herbeiführen müssen«[8]. Die Soziobiologie bringt diesen Naturmechanismus auf die Formel: »Der wahre Egoist kooperiert.« Es ist also gerade nicht so, als könne man nur einem Volk von Engeln die Rechte einer demokratischen Verfassung einräumen. Die Natur kommt hier vielmehr dem Menschen gerade durch seine »selbstsüchtigen Neigungen« zu Hilfe.

Kant geht so weit in seinem soziobiologischen Kalkül, dass er im Namen des aufgeklärten Egoismus einen »Völkerbund«[9] ins Auge fasst. In ihm hätten alle Staaten in ein föderatives Verhältnis zueinander zu treten, um aus schierem Eigeninteresse alle Kriege zu beenden.

Der US-Präsident Woodrow Wilson brachte 1919 den ersten Versuch eines Völkerbundes auf den Weg: einer Gemeinschaft, deren Mitgliedstaaten sich zur Friedenssicherung verpflichteten und damit auf einen Teil ihrer Souveränität verzichteten. Ganz gemäß der Forderung Kants: »Das Völkerrecht soll auf einen Föderalismus freier Staaten gegründet sein.«[10] Es wurde nicht viel aus Wilsons Idee. Der US-Senat weigerte sich, den Beitritt zu ratifizieren. So fehlte im Völkerbund gerade diejenige Macht, die Hitlers Aggressionspolitik hätte Einhalt gebieten können. – Ein Völkerbund war zu Kants Zeiten nichts als eine utopische Vision. Aber die Idee war in der Welt. Und sie verschwand nicht mehr daraus. Heute sind alle Überlebenshoffnungen der Menschheit mit dem »Föderalismus« der Völkergemeinschaft verknüpft. Denn die Alternative ist klar: Anders kehrte der »ewige Friede« eines Friedhofs auf unserem Planeten ein.

Ob Kants Landesvater den Traktat je in die Hände bekommen hat? Oder das Büchlein gar gelesen hätte? Das war kaum zu erwarten. Pflegten doch die praktischen Politiker »mit großer Selbstgefälligkeit« auf den Theoretiker als einen »Schulweisen« herabzusehen[11] und »Spott« über ihn auszugießen, indem sie die Hoffnung auf »Fortschritte zum Besseren« als »Träumerei eines überspannten Kopfes« denunzierten[12]. Wenn sie nicht gleich »Gefahr für den Staat« witterten, aus lauter landesväterlicher Sorge, versteht sich![13] Doch schon Rousseau wusste, was von solchen Sorgepflichten zu halten war: »Das Volk stöhnt schon im voraus, wenn die Herren von ihren väterlichen Bemühungen reden.« – Friedrich Wilhelm II. starb 1797, bis zuletzt ein Versager. Und seine »Hofbanditen« (Lichtenberg) versagten sich jeder Neuerung. Erst sein Sohn und Nachfolger hob bei Regierungsantritt die Gesetze gegen die Aufklärer auf. Die führenden Minister wurden entlassen.

In der Beamtenschaft kamen jetzt immer stärker Leute zum Zuge, die im Geist Kants erzogen waren. Kurz nach dem Regierungswechsel meinte einer von ihnen gegenüber dem französischen Geschäftsträger in Berlin: »Die heilsame Revolution, die ihr von unten nach oben gemacht habt, wird in Preußen langsam von oben nach unten vollzogen. In wenigen Jahren wird es in Preußen keine privilegierte Klasse mehr geben.« – Der Mann hatte vielleicht wirklich Kants Traktat studiert. Nur hatte er seine Rechnung ohne Friedrich Wilhelm III. gemacht. Der war nämlich, das zeigte sich dann bald, aus ähnlichem Holz geschnitzt wie sein Vater. Armes Preußen.

Im gelben Schlafrock sitzt Kant am Pult und schreibt. Die Toten besuchen ihn. Joseph Green, Moses Mendelssohn, der Graf und die Gräfin Keyserling, Hamann. In diesem Jahr, 1796, verlässt auch noch Hippel den Freundeskreis.

Wenige Tage vor seinem Ende vertraut der Fünfundfünfzigjährige seinem Freund Scheffner an: »Sie wissen nicht, welchen Wert das Leben hat, wenn es zur Neige geht.« Am 23. April lässt Hippel sich vollständig ankleiden, so als wolle er in seinem Rathaus noch einmal nach dem Rechten sehen. Dann unterschreibt er sein Testament. Er hinterlässt ein riesiges Vermögen: Millionen Gulden, 400 000 preußische Taler. Wem? Der Oberbürgermeister der Pregelstadt stirbt kinderlos. Seinem Wunsch gemäß wird er auf dem Armenfriedhof der Stadt beigesetzt, wo Kühe und Ziegen das Gras rupfen. Sage mir, mit wem du umgehst, und ich sage dir, wer du bist, heißt es im Sprichwort. Der engste Freundeskreis Kants bestand aus lauter merkwürdigen, sehr eigenwilligen Personen. Da ist Green, »der Mann nach der Uhr«, der sich mit kritischer englischer Philosophie und Kants Transzendentalmaschinerie gleichermaßen auskennt, Junggeselle, Kaviarliebhaber, ein erfolgreicher Geschäftsmann: der Widerspruch in Person. Und Hamann, der wilde Denker, der Mühe hat, sein Franziskusleben, schwarze Grütze, Pfeife, freie Ehe in die bürgerliche Gesellschaft einzupassen. Dann

Scheffner, Jurist, Schriftsteller, ein hoher Beamter, verheiratet und Erotomane; Scheffner verfasst schlüpfrige Gedichte. Er sollte den ganzen Freundeskreis überleben. Ja, und da war schließlich Hippel und der war ein ganzes Bündel von Widersprüchen. Kant bezeichnete Hippel als einen »Zentralkopf«, und seinen »princeps« nannte der Oberbürgermeister ihn. Kants Tischfreund liebte die Revolution und ließ sich adeln. War unverheiratet, aber ständig unglücklich verliebt. Die Königsberger Bordelldamen gingen in seinem Haus ein und aus. Doch, Hippel war ein tüchtiger Bürgermeister, die Stadt hatte nie einen besseren gehabt. Der Mann war ein Arbeitstier und der große Friedrich hielt große Stücke auf ihn. Sein kostbares Palais bewohnte er allein mit einem Diener. So ganz nebenher schriftstellerte Hippel auch noch sehr fleißig; seine gesammelten Werke umfassen immerhin zwölf Bände. Doch Hippels Gedichte, Glossen und Bücher erschienen alle anonym. Mit geradezu neurotischer Ängstlichkeit wachte er über sein Autorengeheimnis. Selbst seine besten Freunde ließ Hippel im Dunkeln. Und inmitten seiner glänzenden Pracht lebte der Mann in einer Abstellkammer, die Fenster verhangen. Am Ende ging's auf dem Friedhof unter die armen Leute, der Millionär wurde zwischen wiederkäuenden Kühen unter die Erde gebracht.

Sage mir, mit wem du umgehst. Wer also war Kant? Eines ist jedenfalls sicher, wer sich mit solch dissonanten, widersprüchlichen Leuten umgibt, mit ihnen vertrauten Umgang pflegt, dem ist selbst Antinomie, Dissonanz, zur zweiten Natur geworden. Kant war eigentlich immer Außenseiter geblieben. Wie draußen vorm Tor der Junge des Ziegenpropheten. Außen vor nicht allein in Anna Reginas Familie, sondern immerzu. Ein Fremder unter Fremden selbst in seiner eigenen Welt. Sogar unter Freunden. Daran änderte auch nichts sein verbindlicher gesellschaftlicher Charme.

Nicht lange nach Hippels Tod erscheint in einem Hamburger Intelligenzblatt eine Notiz, die großes Aufsehen erregt: »Entdeckung. Kant Verfasser ... des Buches über die Ehe und eines anderen über die bürgerliche Verbesserung der Weiber. Eine ausführliche Anzeige dieser großen Merkwürdigkeit wird das Publikum bald lesen.« – Hippel hatte sein Autorengeheimnis mit ins Grab genommen. Er war der Verfasser des skandalösen Traktats *Über die bürgerliche Verbesserung der Weiber*, nach dem die Öffentlichkeit schon seit langem fahndete. Jetzt, fünf Wochen nach Hippels Tod, erscheint er als Gespenst und legt Immanuel Kant sein Vermächtnis auf den Arbeitstisch. Kant muss sich, ob er will oder nicht, mit Hippels Nachlass befassen.

Es genügt, nur ein wenig in Hippels Buch zu blättern, um einen Eindruck von dessen Inhalt zu bekommen. Der Autor geht von der Frage aus, ob es »außer dem Unterschied des Geschlechts noch andere zwischen Mann und Weib« gebe. Und klar, die gibt es: Männer haben den Frauen schnöde die »Menschenrechte« entrissen, sie enthalten dem »fräulichen Geschlecht« ungebührlich die »Bürgerrechte« vor, Männer haben Frauen »zum Spielzeug für Männer gemodelt«. Wider alle Vernunft! »Der männliche Egoismus in Beziehung auf das andere Geschlecht ist der ungezogenste und grenzenloseste, den es nur geben kann.« Selbst die Französische Revolution hat den Frauen Gleichberechtigung, Gleichstellung verweigert. Ihr Antrag auf Sitz und Stimme in der französischen Nationalversammlung wurde mit überwältigender Mehrheit aller Männer niedergestimmt. Und es kam noch ärger: Ein Dekret vom November 1793 verbot alle Frauenclubs und -gesellschaften. Hippels Kommentar: »Es ist nicht zu begreifen, daß ein ganzes Geschlecht aus keiner anderen Ursache für unmündig erklärt worden ist, als weil bloß Männer bei der Versammlung und dem gewählten Ausschuß votierten.« Dabei hätte das »fräuliche Geschlecht« gerade eine natürliche Begabung zum Staatsdienst, woran es »den meisten Taugenichtsen von hohen Staatsbeamten ermangelt«. Weibliche Urteilskraft funktioniert besser als die der Männer, welche mit ihren festgefahrenen Begriffen nur Unheil anrichten. »Weiber verstehen jene Chemie, die man die höhere nennen könnte, Grundsätze in Gefühle aufzulösen, und das, was der theoretische Hexenmeister der Philosophie in schweren Worten ausschüttet, zur Leichtigkeit einer Gewohnheit zu bringen.« Männliche, weibliche Vernunft? »Niemand kennt das non plus ultra, das den menschlichen Geist beschränkt; und dieses findet statt, er trage in der Sinnenwelt ein männliches oder weibliches Kleid.« – Also sollen beide Geschlechter »an der Finanz- und Rechtsbetreibung gemeinschaftlich teilnehmen ... Wir haben alle Regierungsformen, alle bürgerlichen Verbesserungen versucht: allein, wir sind nicht viel weiter gekommen. Wohlan! laßt uns das Gute der Menschheit in der so guten Gesellschaft des anderen Geschlechts versuchen. Wäre es dem Staate ernst, die große und edle Hälfte seiner Bürger nützlich zu beschäftigen, fühlte er die große Verpflichtung, diejenigen, welche die Natur gleichmachte, auch nach Gleich und Recht zu behandeln, ihnen ihre Rechte und mit diesen persönliche Freiheit und Unabhängigkeit, bürgerliches Verdienst und bürgerliche Ehre wiederzugeben; öffnete er den Weibern Cabinette, Dikasterien, Hörsäle, Comptoire und Werkstätten; ließe er dem vermeintlichen stärkeren Manne das Monopol des Schwertes, wenn der Staat sich nun einmal nicht ohne Menschenschlächter behelfen kann und will, so würden Staatswohl und Staatsglückseligkeit sich überall mehren.« – Zugestanden, »Emancipation« ist nicht kostenlos zu haben. Und doch ist eben »die Freiheit mit all ihren Ungemächlichkeiten der gemächlichsten Sklaverei vorzuziehen. Weiber sind geborene Protestantinnen, und haben die Religion der Freiheit. Laßt uns auf den Zeitpunkt uns freuen, wo der Tag der Erlösung für das schöne Geschlecht anbrechen wird, wenn man Menschen, die zu gleichen Rechten berufen sind, nicht mehr in Ausübung derselben behindert.«

Das sind starke Worte in einer Zeit, wo männliche Arroganz, Aufklärung hin, Aufklärung her, in Europa noch alle Stühle der öffentlichen Verwaltung besetzt hält. Dorothea Christine Erxleben war die Erste ihres Geschlechts, die 1754 an der Universität Halle das medizinische Doktordiplom erwerben konnte. Friedrich der Große gab ihr eine Sondererlaubnis, in ihrem Beruf praktizieren zu dürfen. Die Erxleben sollte für lange Zeit eine der wenigen Frauen bleiben, denen man einen Studienplatz gewährte. Brandes, preußischer Ministerialbeamter, stellte eine Generation später fest: »Man denke sich männliche und weibliche Studierende auf einer Akademie, in den nämlichen Hörsälen vereinigt – und zweifelt noch, wenn man kann, an den Folgen, die hieraus für die Sittlichkeit entstehen müßten.«

Und Kant? Der angebliche Verfasser der *Bürgerlichen Verbesserung der Weiber*? Erinnern wir uns an die gelehrte Marquise Chatelet, welcher der Dreiundzwanzigjährige »einen Bart« umhängen wollte. In der Zwischenzeit ist Kant jedoch einen weiten Weg gegangen.

Erwähnt wurde schon sein intersexuelles Gleichheitsprinzip: Mann und Frauen haben die gleiche sexuelle Trieb- und Bedürfnislage, die sexuelle Aktivität kann von beiden ausgehen, beide, Mann und Frau, haben im Rahmen von Kants Sexualethik ein gegenseitiges Recht auf Bedürfnisbefriedigung. In der Sprache der Juristen stellt sich die Ehe für Kant dar als »die Verbindung zweier Personen verschiedenen Geschlechts zum lebenslänglichen wechselseitigen Besitz ihrer

Geschlechtseigenschaften«[14]. Und wo bleibt der Mensch, wo bleiben die Gefühle? Als »Schändlichkeit, muß man sagen« beurteilte Hegel Kants Ehedefinition. Bert Brecht wieder spottete, Immanuel Kant betrachte Ehe durch die Brille eines »Gerichtsvollziehers«. Und Karl Vorländer, der große Kant-Biograph, der sonst so schnell nichts auf seinen Helden kommen lässt, stößt sich an den allzu »juristischen, beinah brutalen Anschauungen«. Nur, gerade Vorländer hätte es besser wissen können. Kant weiß doch, dass Ehe mit dem »wechselseitigen Besitz der Geschlechtseigenschaften« unterdefiniert ist, eben rein rechtsphilosophisch. Wer es anders haben will, lese eine Bemerkung in der *Anthropologie*, wo es heißt: »Man will auch bemerkt haben: daß miteinander sich wohl vertragende Eheleute nach und nach eine Ähnlichkeit in den Gesichtszügen bekommen. Dies denkt man dahin aus, die Ursache sei, weil sie sich um dieser Ähnlichkeit willen geehlicht haben, welches doch falsch ist. Sondern die Vertraulichkeit und Neigung mit der sie einander in ihren einsamen Unterhaltungen, dicht neben einander, oft und lange in die Augen sehen, bringt sympathetische ähnliche Mienen hervor, die endlich in stehende Gesichtszüge übergehen.«[15] Selbst Hippel hätte in seinem Buch *Über die Ehe* nichts Ehefreundlicheres sagen können.

Es versteht sich eigentlich von selbst, dass nach den Maximen der kategorischen Imperative beide Geschlechter gleichzustellen sind. Allerdings ist es zunächst, in Kants Sicht, allein die Rechtsform der Ehe, in der eine Gleichstellung der Geschlechter schon erfolgen kann und soll. Anders als sein »Kommensal« Hippel glaubt Kant nicht, dass eine umfassende »bürgerliche Verbesserung der Weiber« zu seiner Zeit politisch durchsetzbar wäre.

Nicht allein die Ethik schließt eine Abwertung des weiblichen Geschlechts aus, sondern auch das Vernunftrecht:

»Der Probierstein alles dessen, was über ein Volk als Gesetz beschlossen werden kann, liegt in der Frage: ob ein Volk sich selbst wohl ein solches Gesetz auferlegen könnte.«[16] Man frage also das Frauenvolk. (Wieder eins von den Kant'schen Gedankenexperimenten!) Kants Zeitgenossen aber führten derweil immer noch das Argument von einer angeblich naturwüchsigen Unterlegenheit der Frau ins Feld: Die Natur selbst habe es eben so eingerichtet, dass der Mann seinen Platz oben, die Frau den ihren unter ihm habe. Naturzwecke sind jedoch, so Kant, bloß »spekulative« Fiktionen. Und im Rechtsbegriff haben sie schon gar nichts zu suchen.

Hippels Buch dürfte also auch Gedanken Kants aussprechen, provokative Gedanken, die Kant nicht in Druck gegeben hat. Hippel hatte es getan. Allerdings unter dem Schutz der Anonymität.

Kant hat den Streit um Hippels literarische Hinterlassenschaft ein halbes Jahr lang mit angesehen, ohne sich in die Diskussion einzubringen. Hasste er doch jeden Federfuchserstreit! Dann fand er es aber doch geboten, sich öffentlich zu erklären. Nein, er sei nicht der Verfasser jener Werke, die ihm das Hamburger Blatt zuschreibe, sondern »mein Freund« Hippel. Und der habe zum Beispiel aus Kants Vorlesungen manches mitgenommen, was später in dessen verschiedene Bücher eingegangen sei. »Gleichsam zur Würze für den Gaumen seiner Leser.« Und das sei ja auch ganz in Ordnung. »Es löst sich also das Rätsel auf, und einem jeden wird das Seine zuteil.« Wohlgemerkt, Kant distanzierte sich mit keinem Wort von Hippel. War doch Hippels Werk ein lebendiges Zeugnis einer langen Freundschaft.

Die Jahre waren für Kant gekommen, von denen man sagt: »Sie gefallen mir nicht«, wie es in der Bibel heißt. Amalia, Minna, Friedrich und Henriette, die Kinder des Kurländer

Bruders, schreiben nach Königsberg: »Bester Onkel! Sie persönlich zu kennen, – und Ihnen die Hand zu küssen – so wohl wird uns wohl nie werden; erlauben Sie also – daß wir uns einmal schriftlich an Sie anschmiegen. Kann es Sie wohl befremden, daß es der lebhafteste Wunsch unseres Herzens ist, von Ihnen geliebt zu sein? Bei dem allen bleiben Sie uns doch immer abwesend – immer entfernt. Eine Locke von Ihren ehrwürdigen grauen Haaren hätten wir doch sehr gerne – die würden wir in Ringe fassen lassen, und uns so fest einbilden, wir hätten unsern Onkel bei uns. – Diese einmütige Bitte können Sie uns gewähren, geliebtester Oncle. – Leben Sie noch lange glücklich und heiter für die Welt –.« Ach, das Familienschweigen nimmt kein Ende! Wenigstens wird Kant seine Bruderskinder im Testament ordentlich bedenken. Aber grausam sind Kinderwünsche für einen alten Mann: »Leben Sie noch lange glücklich und heiter«, während das Stundenglas leerläuft.

Kant schreibt an Lichtenberg, wünscht dem zwanzig Jahre jüngeren Kollegen »weiteres wissenschaftliches Fortschreiten«. Das könne er, Kant, »obgleich bei noch nicht völlig eingetretener Hilflosigkeit«, sich nur noch wenig versprechen. – Einem anderen Kollegen gesteht der Fünfundsiebzigjährige einen »tantalischen Schmerz« im Gedanken daran, »den völligen Abschluß meiner Rechnung in Sachen, welches das Ganze der Philosophie betreffen, vor sich liegen und es doch noch immer nicht vollendet zu sehen«. – Der junge Humboldt, deutscher Bildungsreformer, damals achtundzwanzigjährig, besucht Kant in seinem Haus am Prinzessinnenplatz 86/87 und berichtet Schiller, dass Kant eine unvorstellbare Menge Ideen im Kopf habe, die er alle noch aufarbeiten wolle, und das verleite den Alten dazu, »die Länge seines noch übrigen Lebens mehr nach der Menge jenes Vorrats als nach der gewöhnlichen Wahrscheinlichkeit zu berechnen ...« Ach ja, aber Kant weiß schon, »der Tod trifft uns noch auf dem Weg nach dem Ziel unserer Wünsche«. Wie Recht hatte doch Hippel, als er Scheffner gegenüber äußerte: »Sie wissen nicht, welchen Wert das Leben hat, wenn es zur Neige geht.« Darum sträubt sich Kant, feilscht um Aufschub. Er will doch noch das »Ganze« vor sich bringen, der spröden Dame Philosophie ihr Domizil fertigbauen. Und dazu fehlt immer noch viel.

Georg Christoph Lichtenberg stirbt fünf Jahre vor Kant, im Februar 1799. Unter den deutschen Literaten hat Kant ihn am höchsten geschätzt. Noch in seinem Nachlasswerk zitiert er ihn. Die Lektüre von Lichtenbergs Werken hatte offenbar starken Eindruck auf den Alten gemacht. Was hätte er erst zu den *Sudelbüchern* des Ober-Ramstädters gesagt! – Der Odenwälder Pastorensohn hatte zeitlebens nach dem Land gesucht, »wo die Tugenden wild wachsen«, vielleicht hatte er es jetzt gefunden. Hunderte von Göttinger Studenten gaben ihm das letzte Geleit zum Friedhof.

Mit fünfundsechzig Jahren beschließt im Jahr 1800 Johann Heinrich Kant sein Leben. Ebenfalls mit fünfundsechzig stirbt im Jahr darauf Greens Teilhaber, Robert Motherby.

Nun geht Kant nicht mehr in die Stadt. Die Toten haben aus ihr das vertraute Leben mit sich genommen. Vom »Königsbergschen Polizeidirektorio« lässt er sich »die monatlichen Sterbelisten einreichen, um darnach die Wahrscheinlichkeit seiner Lebensdauer zu berechnen«. Und einem Berliner Freund schreibt er in diesen Tagen: »Mein Gesundheitszustand ist der eines alten, nicht kranken, aber doch invaliden und ausgedienten Manne, der dennoch ein kleines Maß von Kräften in sich fühlt, um eine Arbeit, die er unter den Händen hat, noch zustande zu bringen; womit er das kritische Geschäfte zu beschließen und eine noch übrige Lücke auszufüllen gedenkt, nämlich einen eigenen Teil der philosophia naturalis, der im System nicht mangeln darf, auszuarbeiten.« Es wird Zeit. Die Wasser steigen, es müssen die Tiere in die Arche getrieben werden.

Jene Lücke, die im Schiff zu schließen ist, die philosophia naturalis, fordert noch einmal die letzte Kraft des alten Mannes heraus. Denn ohne eine Philosophie des Organischen würde »die ganze Schöpfung eine bloße Wüste, umsonst und ohne Endzweck« sein, käme doch der Mensch in ihr nicht mehr vor.[32] Die Transzendentalphilosophie wäre gescheitert. Also steht sein Lebenswerk auf dem Spiel. Denn sich geschlagen geben, das kann ein Kant nicht.

Noch einmal mühte er sich um eine Naturphilosophie, die seine Transzendentalphilosophie abrunden musste. Eventuell schwebte Kant eine Art Evolutionsbiologie vor Augen. Die zeigte, kraft welcher Gesetze sich das Leben aus seinen kleinsten Anfängen von selbst immer höher entwickelt. Doch, wie gesagt, Darwin war noch nicht geboren. Erst ein halbes Jahrhundert nach Kants Tod erschien dessen Werk »*Die Entstehung der Arten*« (1859), das darlegt, wie sich das Leben am Leben erhält. Darwins Werk wäre für Kant eine wahre Fundgrube von Anregungen gewesen. Und wer weiß, womöglich hätte dessen Evolutionsbiologie Kant instand gesetzt, seine Philosophie schließlich doch noch mit einer transzendentalen Naturphilosophie zu krönen.

Über seine letzte Arbeit, die uns in zwölf Manuskriptbünden erhalten ist, schreibt Wasianski: »Die Anstrengung, die Kant auf die Ausarbeitung dieses Werkes verwandte, hat den letzten Rest seiner Kräfte schneller verzehrt. Er gab es für sein wichtigstes Werk aus; wahrscheinlich aber hat seine Schwäche an diesem Urteil großen Anteil.« Fünf Jahre reichten Kants Kräfte immerhin, um daran zu arbeiten. Und sein Geist hatte an Scharfsinn bis drei Jahre vor seinem

Tod nichts eingebüßt. Dass Kant das so genannte Opus postumum für sein »wichtigstes Werk« hielt, kann man ihm abnehmen. Ob es auch sein größtes geworden wäre? Kant hat die Baustelle in wüstem Zustand hinterlassen. Aus dem Haus für die Geliebte war am Ende doch nichts geworden.

Die Nachlassverwalter wussten mit den Papieren nichts anzufangen. Achselzuckend legten sie das als *Höchsten Standpunkt der Transzendentalphilosophie*[33] betitelte Manuskript beiseite. Es brauchte mehrere Generationen, bis die Forschung sich wieder für Kants Hinterlassenschaft interessierte. Mittlerweile nimmt das Opus postumum längst den Rang eines Schlüsselwerks für das Kantverständnis ein.

Man kann es den Nachlassverwaltern, man kann es Wasianski nicht verargen, dass sie das Werk nicht richtig einschätzten. Wenn Lichtenberg darin geblättert hätte, würde er's mit der Bemerkung beiseitegelegt haben: »Eine Art Gang, als wenn er in seinen Kopf kriechen wollte.« – Besser könnte man Kants Denkmethode im Opus postumum gar nicht charakterisieren. Kant selbst definiert den *Höchsten Standpunkt* als Philosophie, die »sich zum Gegenstand des Philosophierens macht«[34], also in der Tat Maulwurfsarbeit im eigenen Kopf. Es ist wie mit dem bekannten Escher-Bild, wo jede der beiden Hände die andere beim Malen zeichnet. Eine total verspiegelte Welt. Bereits in einem Brief, der zehn Jahre vor seinem Tod datiert ist und in dem schon Positionen des Nachlasswerkes sichtbar werden, seufzt Kant: »Ich bemerke, indem ich dieses niederschreibe, daß ich mich nicht einmal selbst hinreichend verstehe«. Das ist kein Eingeständnis fortschreitender Senilität. Kants Philosophie hatte vielmehr eine Art Eigenleben gewonnen, bewegte sich in seinem Kopf wie unter eigengesetzlichem Zwang. Sie zwang ihn, in jedem Satz beliebig viele andere Sätze mitdenken zu müssen: »Wir können keinen Satz der Transzendentalphilosophie anders fassen als indem wir alle zusammenfassen.«[35] Und das wird jedem Leser von Kants Nachlasswerk nicht anders gehen: Die Transzendentalphilosophie wird im Prozess der Selbstreflexion überkomplex. Doch Kant muss sich stellen. Ohne Transzendentalphilosophie kann man kein »zusammenhängendes Ganzes zu einer Vernunfterkenntnis« gewinnen, »welches doch notwendig geschehen muß, wenn man den vernünftigen Menschen nicht zu einem sich selbst nicht kennenden Wesen machen will«[36].

Seit Kants Jahrhundert ist unser Wissen um die Welt, um den Menschen unvorstellbar gewachsen. Wir müssen uns nur an Freud und Einstein erinnern. Hat dies unser Wissen revolutioniert? Oder noch mehr fragmentarisiert?

Dennoch, der Mensch wird von der Metaphysik niemals lassen, so wenig wie vom Atemholen, meinte Kant. »Es wird also in der Welt jederzeit Metaphysik sein.«[37] Die drei Fragen der *Kritik* sind unhintergehbar: »1. Was kann ich wissen? 2. Was soll ich tun? 3. Was darf ich hoffen?« Und sie münden ein in die umgreifende Frage: »Was ist der Mensch?«[38] – Möglicherweise gibt uns die Kunst eher Antworten, mit denen wir leben können. Paradoxerweise entspräche dieser Gedanke vielleicht sogar dem *Höchsten Standpunkt der Transzendentalphilosophie.*

In Kants Opus postumum nämlich gewinnt plötzlich die dichterische »Einbildungskraft« eine systemstrategisch entscheidende Rolle. In der ersten *Kritik* trat sie gerade nur als Bedienstete des Verstandes in Erscheinung, in der *Kritik der Urteilskraft* gesteht ihr Kant eine besondere Nähe zum intelligiblen Substrat (der Primärrealität) zu. Und im Opus postumum »dichtet« die Einbildungskraft gar an philosophischen Texten. Transzendentalphilosophie, erklärt Kant hier, ist »objektiv betrachtet das System der Ideen, der Dichtungen der Vernunft«[39], also eine Art Geniekunst.[40]

Es bleibt im Dunkeln, wie Kant seinen Begriff von den »Dichtungen der Vernunft« weiterdenken wollte. Deutlich aber ist, dass er Denken jetzt nicht mehr rein technisch-maschinell definiert. Plötzlich kommt das Vermögen der »produktiven Einbildungskraft« als philosophische Grundausstattung mit ins Spiel. Durch sie wird »das Denken nicht allein erleichtert, sondern auch belebt«[41], hieß es bereits in der *Anthropologie*. Und ebenjener »belebenden« Funktion verdankt die Einbildungskraft ihre Schlüsselstellung im Opus postumum. Ihre belebende Kraft rückt Philosophie in die Nähe des Organischen: Wird Transzendentalphilosophie jetzt zur transzendentalen Lebensphilosophie? Möglicherweise gehen Kants Gedanken tatsächlich in diese Richtung. Denn auch das Faktum der Leiblichkeit, der körperlichen Existenz, wird im Opus postumum plötzlich als transzendentale Bedingung der Möglichkeit von Erfahrung angesprochen, »die Wahrnehmung des Menschen an seinen Organen«[42]. Hier werden die Umrisse eines Tragpfeilers sichtbar, der vielleicht doch auf Brückenschläge zum »anderen Ufer« hoffen lässt. Zu einer philosophia naturalis, in der die Natur »nur als durch Zwecke möglich gedacht werden kann«[43]. Kant selbst bezeichnete seine Gedanken hier immer wieder selbst als »erstaunlich«, »paradox«, »befremdlich« und als »scheinbar unmöglich«. Ja, als »widersinnig« – lauter Ausrufezeichen eines inneren Monologs.

Das letzte Manuskript ist Kants einsamstes Werk. Alle früheren Schriften konnte er mit Freunden besprechen, die erste Kritik Satz für Satz mit Joseph Green. Jetzt musste Kant mit sich selbst vorliebnehmen. Und als das nicht mehr funktionierte, legte er die Feder beiseite.

Wasianski organisierte den Haushalt in Kants letzten Lebensjahren. Martin Lampe musste »abgetan« werden. Der

Geduldsfaden zwischen den beiden alten Männern war endgültig gerissen. In sein Gedächtnisbüchlein notierte Kant: »Der Name Lampe muß nun völlig vergessen werden.« Ein neuer Diener wurde eingestellt, ein Neffe und Schwester Barbara übernahmen die Nachtwachen. Einst hatte Emanuel die um sechs Jahre jüngere Schwester gehütet, jetzt vertraute er sich ihrer Pflege an. An einer Stelle wenigstens hatte sich der Kreis wieder geschlossen. Und Ehrengott Wasianski nahm sich sehr viel Zeit für den beinah erblindeten, fast tauben, hinfälligen Mann, der einmal sein Lehrer gewesen war. Der größte Teil von Wasianskis Biographie ist diesen letzten Lebensjahren gewidmet.

Dort heißt es: »Unter dem 24. April 1803 schrieb Kant in sein Büchlein: ›Nach der Bibel: unser Leben währet 70 Jahr und, wenn's hoch kommt, 80 Jahr und wenn's köstlich war, ist es Mühe und Arbeit gewesen!‹ – Der Sommer näherte sich. Nun sollten weite Reisen ins Land und Ausland anfangen. Eines Tages, als ich ihn früh besuchte, wurde ich ganz betroffen, als er mir mit bestimmter Entschlossenheit auftrug, einen Teil seines Vermögens zu einer bevorstehenden Reise ins Ausland einzuziehen. Ich widersprach nicht«, erzählt Wasianski.

Nie im Leben wären Kant Auslandsreisen in den Sinn gekommen. Doch er spürte, dass es galt, die letzte Reise anzutreten. Und er wollte nicht wie ein Bettler reisen, sondern als vermögender Mann, der die nötigen Mittel dazu an der Hand hatte. – Er lauschte den Vögeln am Gartenfenster. Sie waren mit dem Frühling von weit her zurückgekommen. Und Kant schilderte Wasianski, »wie er einst eine Schwalbe in seinen Händen gehabt, ihr ins Auge gesehen habe, und ihm dabei so gewesen wäre, als hätte er in den Himmel gesehen«. – Wie weit war es bis dahin?

Die letzten Reisetage wurden zur Plage. »In sein oft bezeichnetes Büchlein zeichnete sich Kant unter dem 17. August folgendes Verschen ein: ›Ein jeder Tag hat seine Plage, hat nun der Monat dreißig Tage, so ist die Rechnung klar, von dir kann man sicher sagen, daß man die kleinste Last getragen, in dir du schöner Februar!‹ – Der nächstfolgende Februar war sein Sterbemonat.« Kant war zuletzt noch unter die Versemacher gegangen.

Sanft, ohne Kampf, schied Kant zehn Wochen vor seinem 80. Geburtstag aus dem Leben. »Sonnabend, den 11. lag er mit gebrochnem Auge, aber dem Anschein nach ruhig. Ich fragte ihn, ob er mich kenne? Er konnte nicht antworten, reichte mir aber den Mund zum Kusse. Tiefe Rührung durchschauerte mich. – Mir ist nicht bekannt, daß er je einem seiner Freunde einen Kuß anbot.«

Sonntag, 12. Februar 1804: »Er schlief nicht, sein Zustand war mehr Betäubung als Schwäche. Ich reichte ihm eine versüßte Mischung von Wein und Wasser. Er schien noch mehr zu wünschen; ich wiederholte mein Anerbieten, so oft, bis er durch diese Erquickung gestärkt, zwar undeutlich, doch mir noch verständlich sagen konnte: *Es ist gut.* Dies war sein letztes Wort.«

Letzte Worte haben verführerische Symbolkraft. Sie wirken wie Vermächtnisse. Auch wenn es jetzt gerade nur ein Dankeschön war. Zugleich klingt es aber wie ein befreiender Seufzer. – Und was soll gut daran sein, wenn einer wegmuss, bevor er seine Hausaufgaben gemacht hat? Nun, vielleicht ist es doch gut, dass die Welt größer ist als unser Kopf. So bleiben wir Reisende. Und jede Zeit muss unterwegs ihre eigenen Antworten finden, damit aus dem vielen Stückwerk vielleicht doch irgendwann ein Ganzes wird. Das jedenfalls war Kants Traum. Gibt es dazu überhaupt eine Alternative? Hoffentlich nicht. Das würde nämlich ein böses Erwachen.

Zeittafel

1724 22. April: Emanuel Kant in Königsberg/Preußen geboren; Mutter:
Anna Regina (27 J.), Vater: Johann Georg (41 J.); Geschwister: Regina, geb. 1719; Maria, geb. 1727; Anna Luise, geb. 1730; Katharina
Barbara, geb. 1731; Johann Heinrich, geb. 1735

1726 Jonathan Swift: *Gullivers Reisen*

1727 Isaak Newton stirbt; Quäker fordern Abschaffung der Sklaverei

1729 Johann Sebastian Bach: Matthäus-Passion; Bering durchsegelt die
später nach ihm benannte Seestraße

1730 Kant besucht die Elementarschule in der Hinteren Vorstadt
Friedrich Wilhelm I. lässt seinen Sohn verhaften; René Réaumur
konstruiert das Weingeistthermometer

1732 Kant besucht das Fridericianum (bis 1740)
Friedrich Wilhelm I. ruft 15000 aus Salzburg vertriebene Protestanten nach Ostpreußen

1733 Alexander Pope: *An Essay on Man*

1737 Lustspiel: *Die Pietisterey im Fischbein-Rocke* in Königsberg konfisziert
Anna Regina, Kants Mutter, stirbt (Emanuel ist 13 Jahre alt)

1739 David Hume: *A Treatise of Human Nature*; »Göttinger Gelehrtenanzeiger« wird gegründet

1740 Kant wird an der Albertus-Universität immatrikuliert (mit 16 Jahren) und zieht zu Hause aus
Friedrich Wilhelm I. stirbt; sein Nachfolger Friedrich II. fällt in
Schlesien ein; Kartoffeln kommen nach Preußen

1742 Georg Christoph Lichtenberg geboren

1743 Kants Lehrer Knutsen sichtet vorhergesagten Kometen

1744 Hans Georg Kant erleidet Schlaganfall
Friedrich II. beginnt zweiten Schlesischen Krieg

1746 Johann Georg Kant stirbt; wird auf dem Armenfriedhof beigesetzt
(Kant ist 22 Jahre alt)

1748 Immanuel Kants Erstlingsschrift erscheint: *Gedanken von der wahren Schätzung der lebendigen Kräfte*; Kants Hauslehrerzeit beginnt
(Judschen, später Groß-Arnsdorf)
Damenmode: Reifrock, Schnürmieder, Stöckelschuhe, Perücke, Herrenmode: Zopf, Rock, Weste, Dreispitz, Kniehose, Schnallenschuhe

1749 Johann Wolfgang Goethe geboren

1750 Jean-Jacques Rousseau (38 Jahre): *Discours sur les sciences et les arts*; Voltaire und La Mettrie in Sanssouci; die »Encyclopédie« beginnt zu erscheinen (35 Bände bis 1772); Einführung der Postpersonenbeförderung im Deutschen Reich

1752 »Blue Stockings«, literarischer Frauenkreis in London, gegründet; Franklin: Erfindung des Blitzableiters

1754 Dorothea Christine Erxleben promoviert in Halle zur Doktorin der Medizin

1755 Kant beendet seine Hauslehrerzeit; *Allgemeine Naturgeschichte und Theorie des Himmels*; 12. Juni: Promotion zum Magister (Doktorwürde); 27. September: Habilitation. Kant erhält Lehrerlaubnis
1. November: Erdbeben in Lissabon (30 000 Tote)

1756 Januar – April: drei Schriften zum Erdbeben; 8. April: Kant bewirbt sich (erfolglos) um Knutsens Lehrstuhl
Siebenjähriger Krieg (1756–1763) beginnt mit Einfall Friedrichs II. in Sachsen; Wolfgang Amadeus Mozart geboren

1758 22. Januar: russische Armee besetzt Königsberg (bis 1763)
14. Dezember: Kant bewirbt sich (erfolglos) bei der Zarin um Lehrstuhl in Königsberg

1759 *Versuch einiger Betrachtungen über den Optimismus*; Hamann plant mit Kant eine »Kinderphysik«
Friedrich Schiller geboren

1760 Rousseau: *La Nouvelle Héloise* (Roman; erreicht in kürzester Zeit 71 Auflagen)

1762 Rousseau: *Émile* (Erziehungsroman); 5. Mai: »Mirakel des Hauses Brandenburg« (neue Zarin schließt Separatfrieden mit Preußen)

1763 *Der einzig mögliche Beweisgrund zu einer Demonstration des Daseins Gottes*
Friede von Hubertusburg: Ende des Siebenjährigen Krieges;
13. März: Russen ziehen aus Königsberg ab

1764 Der »Ziegenprophet« vor den Toren Königsbergs; *Beobachtungen über das Gefühl des Schönen und Erhabenen; handschriftliche Bemerkungen* (1942 veröffentlicht); Ablehnung einer Professur für Dichtkunst; *Versuch über die Krankheiten des Kopfes*; 11. November: Großfeuer in Königsberg

1765 Theodor Gottlieb Hippels Lustspiel *Der Mann nach der Uhr* wird in Königsberg aufgeführt; James Watt erfindet die atmosphärische Dampfmaschine

1766	*Träume eines Geistersehers*; Kant Unterbibliothekar in der Schloss-bibliothek (bis Mai 1772)
1768	*Vom ersten Grunde des Unterschieds der Gegenden im Raum* »Encyclopaedia Britannica« beginnt zu erscheinen
1769	Oktober: Berufung an die Universität Erlangen (Kant lehnt im Dezember ab) Napoleon geboren; erste moderne Spinnfabrik in England
1770	Januar: Berufung an die Universität Jena (Kant lehnt im März ab); 19. März: Bewerbung um den Lehrstuhl für Metaphysik und Logik in Königsberg; 31. März: Ernennung zum Professor (Kant ist 46 Jahre alt); Dissertation *De mundi sensibilis atque intelligibilis forma et principiis*; 1770–1780 Vorarbeiten zur *Kritik der reinen Vernunft* Georg Wilhelm Friedrich Hegel geboren
1772	Kant gibt seine Bibliothekarstelle auf Erste Teilung Polens
1774	Goethe: *Die Leiden des jungen Werther*
1775	Kant lehnt Ruf an die Universität in Mitau (Kurland) ab Beginn des amerikanischen Freiheitskrieges
1776	4. Juli: Unabhängigkeitserklärung der dreizehn Vereinigten Staaten: Erklärung der Menschenrechte
1777	18. August: Moses Mendelssohn besucht Kant in Königsberg; jüdische Studenten promovieren in Königsberg
1778	Kant lehnt Ruf an die Universität Halle ab 2. Juli: Rousseau stirbt
1779	(ca.) Martin Lampe tritt als Diener in Kants Dienste
1780	Frühjahr/Sommer: Kant schreibt in fünf Monaten seine *Kritik der reinen Vernunft*; Dezember: Theodor Gottlieb Hippel Oberbürgermeister
1781	Frühjahr: *Die Kritik der reinen Vernunft* erscheint (Kant ist 57 Jahre)
1782	Schiller: *Die Räuber*
1783	Kant kauft sich ein Haus Beethoven: Drei Sonaten fürs Clavier; erster Heißluftballon der Brüder Montgolfier
1784	November: *Idee zu einer Geschichte in weltbürgerlicher Absicht*; Dezember: *Was ist Aufklärung?* Herder: *Ideen zu einer Philosophie der Geschichte der Menschheit*
1785	Rezension von Herders *Ideen*; April: *Grundlegung zur Metaphysik der Sitten*; Heißluftballon in Königsberg

1786	Kant erblindet auf dem linken Auge; 4. Januar: Moses Mendelssohn stirbt; Joseph Green stirbt
	17. August: Friedrich der Große stirbt; September: Huldigung zu Ehren Friedrich Wilhelms II.
1787	Kant richtet eigenen Haushalt ein; November: Graf Keyserling stirbt
1788	Die *Kritik der praktischen Vernunft* erscheint; 21. Juni: Johann Georg Hamann stirbt
	Juli: Maulkorberlasse gegen aufklärerische protestantische Pfarrer; Adolf Freiherr von Knigge: *Über den Umgang mit Menschen*
1789	Sturm auf die Bastille, Französische Revolution beginnt
1790	Frühjahr: *Die Kritik der Urteilskraft* erscheint
	Goethe: *Faust, ein Fragment*
1791	Gräfin Keyserling stirbt
	Mozart stirbt; das Brandenburger Tor in Berlin wird eingeweiht
1793	21. Januar: Ludwig XVI. guillotiniert, Beginn des »terreur«
1794	1. Oktober: Kant wird von Friedrich Wilhelm II. wegen seiner religionskritischen Schriften abgemahnt
1795	September: *Zum ewigen Frieden*; Übersetzung von Kants Werken ins Französische
	Erste Pferdeeisenbahn in England
1796	23. April: Hippel stirbt; Kant wird als Autor der *Bürgerlichen Verbesserung der Weiber* vermutet; 23. Juli: Kants letzte Vorlesung
1797	16. November: Friedrich Wilhelm II. stirbt; sein Sohn, Friedrich Wilhelm III., folgt auf dem Thron (bis 1840); Gesetze gegen die Aufklärer werden aufgehoben
1798	*Anthropologie in pragmatischer Absicht*; Kant arbeitet an seinem Nachlasswerk
1799	24. Februar: Georg Christoph Lichtenberg stirbt
1800	Kants Bruder Johann Heinrich stirbt in Kurland
1803	Oktober: Kant erkrankt
1804	12. Februar: Immanuel Kant stirbt (kurz vor seinem 80. Geburtstag)

Zitatnachweise

Zur leichteren Lesbarkeit sind manche Textbelege verkürzt und gegebenenfalls dem heutigen Sprachgebrauch angepasst worden. Um den Textteil nicht mit Verweisungen zu überladen, werden in der Regel nur Belege aus Kants Werken nachgewiesen. Zitiert wird wie gebräuchlich nach der Akademie-Ausgabe, Berlin 1902 ff.

Wer sich in Kants Schriften einlesen will, findet hilfreiche Anleitung in den beiden Taschenbüchern:

Ralf Ludwig: Kant für Anfänger. Die Kritik der reinen Vernunft.
München (dtv) 1995
Ralf Ludwig: Kant für Anfänger. Der kategorische Imperativ.
München (dtv) 1995

Als Einführung in Kants Denkwerkstätte sei außerdem empfohlen:

Manfred Sommer: Identität im Übergang; Kant.
Frankfurt am Main (stw) 1988

Erste Magisterjahre

Späte Magisterjahre

Professur: Kritik der reinen Vernunft

Haus, Diener, Schreibpult

Die Trauer und das Schöne

Arche Noah ohne Tiere

Bildnachweis

Titelbild: bpk
S. 2, 157, 169: Archiv für Kunst und Geschichte, Berlin
S. 131: Schiller Nationalmuseum Marbach / Deutsche Schillergesellschaft e.V.